國家社會科學基金重大招標項目

國家社會科學基金冷門絕學研究專項

湖北省公益学术著作
Hubei Special Funds 出版专项资金
for Academic and Public-interest
Publications

清代書院

詠藝選刊

魯小俊　主編

經正書院課藝四集

[清] 陳榮昌　選定　顧瑞雪　整理

長江出版傳媒　崇文書局

目　録

卷一　經學

1

卷二　史學

生於東晉，考亭生於南宋，皆偏安之世，以正統歸蜀，
而東晉、南宋均爲正統，無疑義矣。夫修史，是非
係《春秋》名教之防，而予奪各因所處之世，於義何
居？豈後人以私意度前賢歟？抑史法當然歟？六朝
之劉宋，漢氏之後也，非南唐李氏託於唐後者。比以
帝蜀之史例推之，亦可爲正統否歟？各出心裁以對

問：陳承祚《三國志》以魏爲正統，涑水《通鑒》因之帝魏
寇蜀矣。習彦威《漢晉春秋》以蜀爲正統，紫陽《綱目》
因之帝蜀伐魏矣。説者謂承祚仕西晉，温公仕北宋，
晉宋之受禪，等於曹魏，僞魏是僞晉、僞宋也。彦威
生於東晉，考亭生於南宋，皆偏安之世，以正統歸蜀，
而東晉、南宋均爲正統，無疑義矣。夫修史，是非
係《春秋》名教之防，而予奪各因所處之世，於義何
居？豈後人以私意度前賢歟？抑史法當然歟？六朝
之劉宋，漢氏之後也，非南唐李氏託於唐後者。比以
帝蜀之史例推之，亦可爲正統否歟？各出心裁以對

問:顧亭林謂《通鑑》本以資治,何暇録及文人?故屈原

　　亦不得書,是以原爲文人也,無資於治。然則朱子

卷三　雜文

卷四 賦

卷五　詩古近體

卷六　經文

經正書院課藝四集

陳小圃院長選定　監院張 督刊

光緒二十九年癸卯六月開雕

卷一　經學

"眾維魚矣，實維豐年"解

（丁督憲課第一名）

袁嘉毅

善哉，大毛公《訓詁傳》也！訓詁善，無訓詁之義亦善。如《無羊》："眾維魚矣，實維豐年。"《傳》不訓兩"維"字，但云陰陽合則魚眾多矣。夫豐年由於陰陽和，非由魚眾，特魚眾，可驗陰陽之和。故夢魚可以卜年，語簡意明，與下文"旐維旟矣，室家溱溱"，《傳》不訓"維"，但云"旐旟所以聚眾"，可一例通，奚以異説爲？

自鄭《箋》刱"眾人捕魚"之説，朱《傳》遂衍爲人變魚，爲陳長發《毛詩稽古篇》所攻。陸農師《埤雅》刱"魚子爲眾"之説。丁希曾廣之，證"眾"即"蟺"，"蟺"即"蝗"，見稱於盧抱經《鐘山札記》。而顧廣譽《學詩詳説》又攻之。王伯申《經義述聞》、胡墨莊《毛詩後箋》並攻二説，尤詳且顯。獨惜王、胡二家，泥求"維"字。王謂爲"眾"乃魚，胡謂爲"眾"有魚。引證雖精，而律以"旐維旟矣"，皆不可通，斯其失矣。夫"維"字特語助辭，猶"魚矣"之"矣"，"實維"之"維"，皆不關乎經義，但求之"眾魚實豐年"五字，則《傳》所謂"陰陽和，魚眾多"，昭昭然信矣。何必訓"維"爲，乃並訓爲"有"耶？

雖然，誤求"維"訓，豈獨二家？陳碩甫《毛氏傳疏》久稱爲毛公功臣，乃亦訓"維"："魚之維"爲具，"實維"之"維"爲"爲"，而"旐維旟"之"維"，則仍從王、胡訓與？三言有三"維"，義異至此。然則

1

《斯干》詩："維熊維羆,維虺維蛇。"與"衆魚皆夢中所見",豈四"維"字亦異義耶?《爾雅·釋詁》:"伊維侯也,匪伊垂之。維絲伊緡,侯疆侯以,侯薪侯蒸。""伊""侯"義,亦多異耶?

考"維"通"惟""唯",實義則"維",繫也;"惟",獨也,思也;"唯",應也。餘皆語辭不必征實,故顔師古匡謬正俗,歷辨"宗子維城,維師尚父。番維司徒,維彼哲人"之類,皆不過語之發端。必訓,乃訓"有",訓"其"。殆即師古所譏,不詳立語之體,因爾穿鑿者耶?

且師古於漢《藝文志》,《詩》載"熊羆虺蛇,衆魚旐旟"之夢,著明大人之占,注云:"《斯干》《無羊》之詩,言熊羆虺蛇,皆爲吉祥之夢,而生男女。及見衆魚,則爲豐年之應。旐旟則爲衆多之象。"删諸"維"字,《詩》毋不通,斯真得毛公之意者。近代惟戴東原《毛鄭詩考正》以"維"爲辭,不抱於對文詩中。此類甚多,説與師古爲近。今人《群經平議》引"迪惟前人,光天惟純佑命",謂《書傳》訓作"惟","迪惟天"證"衆維魚矣"。其説亦勝。然必顛倒經文,謂此爲古人文法之變,終不若師古之通。

兹謹守毛《傳》之陰陽和則魚衆多,取師古以輔之。若謂鄭、陸以後諸説,有當於"衆維魚矣,實維豐年",則何敢信?

"城小穀"解

(張學憲課十三名)

錢良駿

城穀,非小穀也。穀,齊邑,非魯邑也。自杜預以二《傳》之文改《左氏》舊經,遂啟後人"齊地""魯地"之疑。然猶幸其雖改本文,而不背《左氏》之義,使後人得以考核,斯乃杜注之長也。

蒙案：《公羊疏》云："二《傳》作'小'字，與《左氏》異。"可見《左氏》舊經本作"城穀"。"穀，齊邑"屢見於《春秋》；其以爲"小穀"者，乃《公》《穀》之文。故徐彥云二《傳》作"小"字，與《左氏》異。則《左氏》之"小"字，爲杜預注《左傳》時據《公》《穀》之文增之，無疑矣。阮文達《左傳校勘記》引孫志祖云："《春秋》之言'穀'者，除顧炎武所引外，尚有公孫歸父。'會齊侯於穀'定十四年，晉士匄侵齊至穀襄十九年，齊國佐殺慶克以穀叛成十七年。則齊地之名'穀'而不名'小穀'，灼然矣。""小穀"應屬魯邑，《左氏》不應謬誤如此。後讀《公羊疏》云："二《傳》作'小穀'，與《左氏》異。"始悟《左氏》經本作"城穀"，此與申無宇所言"齊桓公城穀而置管仲焉"語相合。臧氏燾壽《春秋左氏古義》云："據《公羊疏》説是。《左氏》舊經作'城穀'，今本作'城小穀'者，乃杜改從二《傳》。"李氏富孫《春秋左傳異文釋》、段氏玉裁皆主《公羊疏》説，則杜預之改《左氏》文以合二《傳》，益無疑矣。

夫增損一字，遂令異説紛騰，莫此爲甚。杜注自晉時盛行，迄今不能易，而古説亦遂湮没。如賈逵之説，亦僅附見於孔《疏》，與《左氏》合。賈云："不繫齊者，世其禄。"杜注雖不敢外《左氏》義，然改"城穀"爲"城小穀"，雖仍訓爲齊地，但既加"小"字，即不能令人無疑。范氏甯、孫氏復、趙氏鵬飛不明其故，遂謂"小穀"爲魯邑，而強以《春秋發微》曲阜西北"小穀城"當之。其説孤立無助，不知《左氏》舊經只言"城穀"，不言"城小穀"，特爲杜注所誤耳。

夫解經之善，莫如以經證經。"城穀"之文，證之《公羊疏》，信而有據，即阮氏、臧氏、李氏、段氏，皆博學而精考據者，未嘗主"小穀"爲魯地，則杜注改《左氏》舊經更無疑矣。愚故曰："城穀"非"小穀"也；穀，齊地，非魯地也。但杜注行已久，後人雖知其誤而不能更正耳。江子屏有言曰："杜預，名將也，非經師也。"味哉言乎！

《木瓜》詩說

（李藩憲課第二名）

袁嘉毅

訹齊桓霸業，萬千喙矣，獨衛國忠亡一舉，世猶頌之。若並《木瓜》詩而誤解之，則齊桓之一生，善也幾何？乃賈子《新書》竟有“上少投之，下以謳償”之說，《木瓜》遂爲尋常之報施。朱子《集傳》竟有男女相贈答之說，《木瓜》遂爲狎媟之淫詞，大悖《詩序》，不幾大悖詩教耶！

顧愚考賈生引《詩》，多斷章以取義，如解“驪者，天子之御；虞者，天子之囿”，以文王列諸侯，而僭用天子之官名，皆非《詩》義。況《新書》多後人竄亂，治《詩》者何庸坿乎？朱子之作《集傳》，不過心得之異，姑備一說，故教其門人看《集傳》者，必兼讀古注。見《語類》中沈杜仲所錄。觀其讀余允文《尊孟辨》有云：“《詩》錄《木瓜》，《春秋序》續之意。”《和劉抱一詩》有云：“木瓜更得瓊琚報。”則自異己說而從《序》也。賈、朱二說何必從？更何必議？

然則惟《序》爲信乎？曰：然。《左》閔二年《傳》：“齊侯使無虧戍曹。歸，公乘馬，祭服五稱，牛、羊、豕、雞、狗皆三百。與門材，歸夫人魚軒，重錦三十兩。”《國語·齊語》：“桓公城楚邱，以封衛。其畜散而無育，與之繫馬三百。”是桓公之施衛，昭昭然既如此碻。毛《傳》引孔子曰：“吾於《木瓜》，見苞苴之禮行。苞苴禮行，言報也。”《左》昭二年《傳》：“衛侯享韓起。北宮文子賦《淇澳》，宣子賦《木瓜》。”《木瓜》之賦，言報也，有施必報之義。昭昭然又如此顯。故《箋》《疏》而外，呂氏祖謙《記》、嚴氏粲《詩緝》、王氏夫之《稗疏》、胡氏承珙《後箋》、陳氏奐《疏》、朱氏芹《札記》，今古群籍悉協《序》義。

《序》明，《詩》益明，不誠勝賈子、朱子云云哉？

至明豐坊造《魯詩》説，襲取《新書》，失之僞。元劉瑾疑齊德豈比於草木，報之何？自擬重寶，失之愚。不僞不愚，曰惟《序》説。

"高宗伐鬼方，三年克之。"
鬼方今在何地，伐在何年考

（全糧憲課第一名）

李　坤

考"鬼方"者，大毛公尚矣。然《詩傳》云："遠方也。"不詳其地。詳其地，自宋衷氏注《世本》始。《世本》："陸終氏娶于鬼方氏。"注云："西落鬼戎，于漢則先零羌。"由是范書《西羌傳》遂有"武丁征西戎鬼方，三年乃克"語。厥後李善注《文選》，趙充國頌祖之，而《史記·五帝紀》："北逐葷粥。"《索隱》云："殷曰鬼方。"則又在北矣。

蒙以爲於古無徵，不之信。夫高宗伐鬼方，三年克之，蓋謂此歟？雖疑辭，碻可信。按《竹書紀年》："武丁伐鬼方，次於荆。"《詩》曰："奮發荆楚，罙入其阻。"荆楚非界鬼方，胡伐鬼方而次之也？謂荆楚即鬼方，胡既"奮伐"，而又"罙入"其阻也？可知朱子之説確非以臆；而黃氏震謂荆楚即鬼方也，亦談言之微中耳。

貴州永甯州有紅崖碑，鄒漢勛氏訂爲高宗紀功之刻。蒙讀之，有"王迺還，西方西旅"語。鄒氏釋"西"作"卤"，非也。"西"古文作"卤"，碑作"卥"，乃用古文而淆。班書《地志》："武陵郡有酉陽。"師古注："屬荆州。"則"西方"即"酉陽"，"西旅"即《詩》所謂之"荆旅"也。《詩》云"哀"，碑云"還"，可知高宗當日實收荆楚以益其師。碑在永甯，則貴州爲鬼方無疑。而陳氏啟源《稽古編》、朱氏右曾《詩地理徵》，僉謂貴州有羅鬼夷，非妄語也。其年代則《竹書》云在三十二祀，而《史記·殷本紀》不載。然不能因不載，遂謂無是事，則即不能因不載，遂疑非是年也。

"高宗伐鬼方，三年克之。"
鬼方在今何地，伐在何年考

（全糧憲課二名）

袁嘉穀

今將據《竹書紀年》"武丁三十二年，伐鬼方，次於荆。三十四年，王師克鬼方"，定高宗伐鬼方之年，碻乎？曰：此惠定宇、徐位山之所信，似也，而不盡然也。將據貴州紅巖碑"隹踏秋，尊齒刑威，虣虐，王乃還，卤方卤旅，竭䶒，東蹈義旙，南甶甶"，定鬼方即今貴州地，碻乎？曰：此魏默深、鄒叔勣之所稽，似也，而亦不盡然也。《竹書》，僞書也，即使真出晉初，已難盡言，況今本紀年之謬？

《四庫全書提要》攻其贋迹，百端莫揜。"高宗伐鬼方"繫諸三十二年，克則繫諸二年後，是僞編紀年者明明采《易經》"三年克之"文。文妄繫於書，如反據之以證經，愚乎？不愚。紅巖碑文固非僞紀年比，然碑未明言鬼方，亦未明言高宗，縱魏、鄒諸儒善譯古文，而必謂高宗摩巖，鬼方即其地，天下士顧如是易欺乎？

愚嘗讀《詩》，習《小序》，習《傳》《箋》，未之敢踰。《殷武》之篇曰："撻彼殷武，奮伐荆楚。罙入其阻，裒荆之旅。有截其所，湯孫之緒。"《序》云："祀高宗也。"案：宗廟樂歌，以揚大烈。高宗伐鬼方，大烈也，而《詩》乃頌其伐荆楚，則其爲一事無疑。毛《傳》云：

"殷武，殷王武丁也。荆楚，荆州之楚國也。罙，深。裒，聚也。"鄭《箋》云："罙，冒也。冒入其險阻，謂踰方城之隘，克其軍帥，而俘虜其士眾。所猶處也，高宗所伐之處，國邑皆服其罪，更自敕整，截然齊邑。"夫"冒入"即深入也，"聚旅"即俘虜也，"伐荆楚而截之"，並非截荆楚外之國，豈方加奮伐之荆楚，即可用其旅以截荆楚外之國哉？

且夫以經證經，經學之要。《未濟》之"震用伐鬼方，三年有賞於大國"，較《既濟》卦，可證據而無可闡發。《蕩》詩之"覃及鬼方"，乃泛言遠方，可闡發而又非的證。僅《殷武》一篇證《易》爲宜。宜證不證，證或誤證，何怪"荆楚"之説不明，而北戎、西戎諸謬解且紛紛以出哉？主西戎、北戎者，李氏方湛。《鬼方考》已駁之，不贅及。今特取朱子、黃氏震、王氏應麟、李氏方湛諸家，斷鬼方爲荆楚。伐之之年，古籍實無明文，然考之《尚書大傳》："武丁内反諸己，以思先王之道。三年，編髮重譯來朝者六國。"斷在即位三年後。彝器款式，載《曾侯鐘銘》曰："惟王五十有六祀，徙自西陽楚王。"薛氏曰："背有兩'商'字。"商人稱祀，自太戊外，惟高宗享國五十九年。據此鐘已言"楚徙"，斷在五十六年前。夫《竹書》列"三十二年"，原在三年之後、五十六年之前，故雖不信紀年而亦謂之近似也。

古之夷國屬地甚廣。貴州鄰楚，即謂紅巖碑處，亦屬荆楚。高宗深入鬼方，遍歷今湖南、貴州地，理亦有之。故雖不盡然之，亦不得不謂之近似。

"桓公九合諸侯"解

（湯糧憲課三名）

張儒瀾

解經之道，信傳不如信經，信箋、註不如信子、史。"桓公九合諸侯"，《論語》《管子》《晏子》《史記》作"九"。考之《春秋》，亦適合九次之數，則明明爲九次無疑矣。乃自漢儒證"九次"，牽強附會，然後宋儒遂引《左傳》"糾合"之説，而謂"九"與"糾"通。

愚謂宋儒之誤解爲"糾"者，固非漢儒之引證"九合"者，亦陋。而國朝諸家之紛紛證"九合"之數者，則亦沿訛襲謬而未深考夫聖經耳。何以言之？宋儒謂"九"爲"糾"，固與《左傳》相合也。然所謂"九"與"糾"通者，於古書果何所據乎？既無所據，而欲信傳疑經，有是理乎？且"九""糾"均可解，又安得因彼之所言爲督合，而遂謂此之所言必非屢合乎？故曰宋儒之考"九"就"糾"者，非也。至漢儒之解爲"九次"，是也。然以會柯、兩會鄄、兩會幽、會檉、會貫、會首止、會甯母，爲"九合"之證，而謂桓公"衣裳之會"十一。今之言"九"者，蓋不言北杏及陽穀，何其不思之甚乎！夫柯之會，惟魯莊與齊桓會耳。兩君相見亦得謂之"合諸侯"乎？貫與陽穀，《春秋》所書之諸侯惟宋公，其餘則書"人"。若北杏之會則皆書"人"，而無一諸侯焉，豈桓公與諸侯之大夫會，又可謂之"合諸侯"乎？故曰漢儒之誤證"九合"者，亦陋也。至國朝諸家，又去柯及貫，而加葵邱。無論數僅八次，而謂鹹以下皆兵車之會，又何所據而云然乎？故曰：此亦沿訛襲謬，而未深考夫聖經耳。

然則所謂"九合"者，何也？曰：莊十五年，會鄄，一也；十六年，盟幽，二也；僖元年，會檉，三也；四年，伐楚，四也；六年，伐鄭，五也;七年,盟甯母,六也;十三年,會鹹,七也;十五年,盟牡邱,八也;十六年,會淮,九也。鄄之始會不與,單伯在故,不予桓公。以能合也,聖人尊王之心也。觀《左傳》於次年之會,而曰"齊始霸"可見也。洮之會、葵邱之會不與,皆此意也。首止之會不與,亦尊王之意。故《春秋》特書"公及",而不"書會"也。

或者疑此九會非盡衣裳之會,未嘗不以兵車也。不知先儒之所以誤解"九合"者,正誤會下句"不以兵車"之故也。孔子之所謂"不以兵車"者,言管仲能以德懷諸侯使合,非以兵車威諸侯使合,如晉會平邱之類也。不然,諸侯相見,軍衛不徹,古之制也。必欲棄兵車以示不用,豈聖人有文事必有武備之心哉?

"春王正月非用夏正"辨
(松府憲課三名)

孫文達

辨春王正月之非夏正,先儒眾矣,亦詳矣。雖然,其大要有三:作《春秋》之義也,立《春秋》之名也,行《春秋》之法也。三者明而春王正月之為夏正,為周正,不待辨自明,煩其辭奚為者? 何言義? 孟子謂懼亂賊,莊子謂正名分,邵子謂君弱臣強而作,朱子謂代王者賞罰而作,周子謂正王道明大法而作。

且孟子稱《春秋》天子之事,是《春秋》之作原以周道衰、王綱替,亂賊將接迹天下,故假魯史以寓王法,俾天下咸知有周,此孔子作經之義。經苟用夏正,不用周正,不奉正朔,經先無王,何以正天下之無王哉? 亦甚非孔子作《春秋》之旨也。故曰知作經之義,可不必疑為夏正者一。

何言名? 春行賞,秋行罰,此《春秋》所由名,先儒言者甚眾。

又邵子曰："《春秋》者，孔子之刑書。先褒其功，後貶其罪。"又韓文公曰："《春秋》謹嚴。"是《春秋》原以賞罰立名。賞罰本天子事。行天子之賞罰，其必用周天子之正朔。此所謂"謹嚴"，亦斷然無疑者。如行天子之賞罰，而所用時月概行夏正，是夏之賞罰，非周之賞罰矣。謹嚴之書顧如是耶？故曰知經之名，可不必疑爲夏正者二。

何言法？鄭樵曰："東遷以後，史官有書美隱惡者，善善惡惡，不足勸懲。聖人因魯史記聞見其事，筆而爲經。"又歐陽文忠公曰："《春秋》以王法正是非。凡其所書，一用《周禮》，月曰王正、王人、王使，尊王褒，違王貶，皆是明王道以扶周意。"是《春秋》之法，莫要於勸懲是非也。開卷時，月用夏正，不用周正，則作經者不尊時王之制，有非無是，尚能勸懲他人哉？觀其立法之嚴，則春王正月之用周正益見。故曰知經之法，可不必疑爲夏正者三。

此三者，皆《春秋》之至要也，皆足破用夏正之惑也。然孔鄭僉謂用周正，僉謂時月俱改得之矣。自程子、胡氏，始有改月不改時之説。至蔡仲默、魏華文，復有時、月俱不改之説。吁！是皆泥孔子行夏時之語也。夫行夏時之語，爲萬世言，非爲一時言也。若修《春秋》，時王之事當用時王正朔，從周尊王，此言此志，斷斷不能移易，而乃以行夏時一語，遂附會爲《春秋》時月，豈不泥哉？

特李氏廉證以《泰誓》，呂氏大圭、熊氏朋來證以經、傳所書，周氏章成又證以孟子、朱子説，攻其泥亦詳且賅矣。竊以爲不必爾也，知《春秋》之三大要，其非用夏正，固昭昭然可見，何必據其他？

讀《酒誥》

（堂課一名）

袁嘉穀

披《酒誥》之文，真昌黎所謂"佶屈聱牙"者哉！然劉氏《七略》、揚子《法言》皆言《酒誥》脫亡，則其文自古難通。通者，止酒之義爾。

夫儀狄作酒，禹疏之曰："後世必有以酒亡其國者。"及紂而果以酒亡。此史遷《本紀》所以云周公鑒紂而作《誥》也。乃後世良宵灌夫，接踵不悟；而劉伶《頌德》、杜甫《歌仙》，猶盛稱之。

夫祀神、事親、養老，酒固非屬禁之物，故《誥》曰"無彝酒"，言暫飲可也；曰"不腆之酒"，言薄飲可也；曰"飲惟祀"，言祀事可飲也。然酗酒者以此藉口，反以止酒爲末事，豈知孔子以酒困自審，孟子以好飲爲不孝？湯、文、武、周之大業，禹以惡旨酒配之，止酒顧末事乎哉！

愚恒服陶公爲人，而彭澤種秫，不能不愛而知惡，良以負七尺軀，清明在躬，安用醉爲？況乎次公醒而狂者哉！

讀《酒誥》

（堂課二名）

蔣 谷

嗟夫！神禹鑒酒禍，疏儀狄，而不殺之，並禁天下之爲酒。及飲者厥何故哉？子姬以還，《詩》《書》所傳言酒者多，尚已。然觀彝、舟、尊、罍、觴、傷、觶、單、瓿、孤、醆、㸑，其所以制器命名之義，殆非不知酒易及亂者然。余尤怪助祭，大禮也；賓興，大典也；養老尊賢，皆盛舉也，何必用此溺人之物耶？且余聞之堯飲千鍾，孔子飲百觚。說雖不經，然而《論語‧鄉黨》記孔子"惟酒無量，不及亂"，不可謂無徵。聖人何樂於酒，而酒何以不爲聖人累哉？

今夫酒，穀味之芬芳，而天之美禄也。酒之興，其初蓋以奉祭祀，而藉以將其誠敬者也。而以用之人，則必燕饗之會，亦以致其誠敬也，非徒合歡也。《詩》曰："人之齊聖，飲酒溫克。"又曰："飲酒孔嘉，維其令儀。"先王儻將於是觀人之德，是耶？非耶？

《酒誥》一篇，言德者八，蓋德明則民新，號呶沈酒之風不禁而自絕。不然，父母慶則可飲，克羞耈則可飲，羞饋祀則可飲。禁之不暇，而反縱之，何耶？由此觀之，奚必禁乎？

且夫大欲所在，雖以聖人莫之能禁。何者？勢有所不行而矯而克之，必不足持久故也。後世如漢武帝、唐代宗、宋仁宗、孝宗之榷酤，皆唯恐民之飲酒不多，而課不裕。蓋緣以爲利，固大悖先王治民之道。即魏文成之釀酤飲者皆斬，又金海陵之朝官飲酒者死，元世祖之造酒者本身配役，財産子女没入官，大抵深知酒禍，而思禁之以重典。然皆不知坊民以禮，亦豈可謂得先王教化之意者哉？

讀《酒誥》

（堂課七名）

劉奎光

《書序》以《康誥》爲成王書。朱子力辨其僞，謂其篇與《酒誥》《梓材》皆爲出於武王。予觀之，豈獨"寡兄之辨"足知非成王書，而尤有顯然可見者，如"至今受命"一語乎？

夫周受命之君，武王也。果周公代成王言歟？則尚克用文王教，不腆于酒；下當謂武王受命，乃云"故我至於今克受殷之命"，則是周公以受命，歸之成王，使成王蔑視其親矣，安在達孝之周公而出此？予故致疑焉。以附於朱子"寡兄之辨"，而因嘆《書序》果非孔子所作也。

《鄭風·叔于田》凡二篇，先儒謂短篇曰《叔于田》，長篇加大以別之。今玩《詩》辭，或亦大其意旨，不僅大其篇幅歟？試詳言之

（堂課二名）

袁嘉穀

《鄭風·叔于田》詞諫叔段，意刺莊公。即見于段，宜稱"叔"，"公"不當謂之。《大叔》兩篇同旨。經固本無"大"字也，自誤《序》於經。而孔氏《正義》本仍之。後篇之首章，遂有"大"字。

然經雖誤增，讀《序》者尚無誤也。自蘇氏《詩傳》、嚴氏《詩緝》，誤讀爲"大小"之"大"，而《序》之《大叔于田》文理遂並不可通。吁！是一誤再誤也，何不讀陸氏《釋文》乎？《釋》前篇云："大，音泰。後大叔皆放此。"《釋》後篇云："《叔于田》本或作'大叔於田'者，誤。"隋末唐初之經說，昭昭如此，而後人猶屢誤之。請徵之經，證之傳。

傳載："叔段居京，謂之'京城大叔'。大者，尊稱，猶'大弟''大子'之類，非'大小'之'大'也。"既非"大小"之"大"，何至執篇幅長短而分大小哉？經於後篇之三章，言"叔于田"者三，決無首章獨多一字之理；三"叔于田"之外，言叔者七，決無首句獨多一字之理。惟其前後篇同，故《序》不得不別之。初不意增字別之，遂混衍於經文也。

全經之篇目繁矣，重者亦廣。《柏舟》見《鄘》《邶》，《無衣》見《唐》《秦》，《杕杜》見《唐》與《小雅・鹿鳴之什》，《白華》見《白華之什》與《都人士之什》，兩篇皆相隔頗遠，故重目不煩改爾。若兩篇相近而易混，則《序》者必增文別之。故《齊風》曰《東方之日》，曰《東方未明》；《唐風》曰《杕杜》，曰《有杕之杜》；《陳風》曰《東門之枌》，曰《東門之池》，曰《東門之楊》；《大雅》曰《文王》，曰《文王有聲》。甚者《齊》有《南山》，《小雅》則必曰《南山有臺》，曰《節南山》，曰《信南山》，總不使其文易混。《鄭》之兩《叔于田》何以異？是乃《序》不過增一"大"字以爲別，而一誤則衍經之文，再誤則改《序》之讀。異議蠭午，懼無當也，謹條辨之，其詳如右。

問：《秦風・無衣》之詩，在《黃鳥》之後，《渭陽》之前。其爲康公時作，可知也。所謂"王于興師，修我甲兵，與子偕行"者，殆亦勤王之義歟？抑別有説歟？以爲勤王，則詩義正大；而康公時無此事。或不必泥爲康公時詩歟？不然，春秋時秦未稱王，詩中之"王"字，果何指也？

（堂課首名）

張儒瀾

解《詩》莫精於《小序》，而《小序》則以首句爲當。特其説渾而略，故後人不得確解耳。

《秦風・無衣》之詩，《序》以爲刺用兵，而未明言刺何人何事，後之解者其說遂歧。然如莊、襄、穆之説，則不當在《黃鳥》後。且既係勤王，《序》不應以爲刺，如秦民平居相謂之説，則孔子不應選此好亂之詩。如哀公之説，則孔子選《詩》未嘗至春秋末，惟指康公之説爲得。然以詩中"王于興師"爲陳古刺今之作，則《詩》意太迂曲；以康公爲假王命及勤王，則《書》《傳》無明證。

　愚以爲此當是刺康公以兵助楚之詩也。考康公之世，秦、楚最睦。秦人嘗從楚師滅庸，《詩》殆陳康公對楚使之辭以刺之也。楚僭王，諸侯對其臣稱其君，皆曰"王"。晉景公問鍾儀"君王何如"可證。惟其爲秦助楚詩，故其後申包胥乞師秦哀公，即引以賦。包胥亦即會其意，而遂九頓首坐也。《詩》殆惡康公既屢用兵伐晉，又復以兵助楚，民不堪鋒鏑死亡之憂，故《序》曰："亟用兵，而不[与]民同欲也。"

問：《秦風·無衣》之詩，在《黃鳥》之後，《渭陽》之前。其爲康公時作，可知也。所謂"王于興師，修我甲兵，與子偕行"者，殆亦勤王之義歟？抑別有説歟？以爲勤王，則詩義正大；而康公時無此事。或不必泥爲康公時詩歟？不然，春秋時秦未稱王，詩中之"王"字，果何指也？

（堂課二名）

袁嘉毅

　謂《無衣》爲秦哀詩，此王夫之《稗疏》之説，據《左傳》也。然以詩中之"王"爲楚王，僭甚。聖人何爲存之耳？謂《無衣》爲秦穆時作，此陸堂《詩學》之説，據《史記》也。然《左傳》言晉辭秦師，穆公實未勤王。"王"究何所解耶？

至金氏《前編》、何氏《古義》，定爲秦莊時；許氏《名物鈔》、李氏《解頤》，定爲秦襄時，則以《史記》紀莊、襄，皆有"王命伐戎"事。然"王命伐戎"非"王興師"。《記》亦言宣王以秦仲爲大夫，誅西戎，可坿會莊、襄時，豈不可坿會爲仲時耶？總之，《黄鳥》後，《渭陽》先，必不當有秦仲、莊、襄、穆、哀之詩。

善哉《序》乎！《無衣》，刺用兵也。善哉《傳》乎！天下有道，則禮樂征伐自天子出。善哉《箋》乎！此責康公之言也。蓋《晨風》刺康，《無衣》繼之，知屬康公時無疑。"王于興師"，爲有道之征伐，知屬古天子無疑。夫以天子征伐，康公屢誤而好用，知用兵之宜刺無疑。顧直以斥君不禮，淡漠以忘國不仁，不得已陳前王之大義，爲康公諷，信乎！

非《序》不可讀《詩》，非《傳》《箋》不可通《序》也。愚嘗謂君臣名分，莫嚴於古。亂如殷紂，獨夫也，而周人念之曰"王室如燬，弱如周桓"。弁髦也，而衛人亦念曰"爲王前驅"。"王"之一字，天子外，無敢僭者。《無衣》之"王"，非指古天子而何？乃《序》與《傳》《箋》，昭昭天宇。孔《疏》取王肅説，朱《傳》取蘇轍説，范處義、吕祖謙、嚴粲、胡承珙、陳與善推古義，本極正大，而"王"字之解，人猶泥之，雖博引左、馬諸書，以釋《詩》論事可也，論理可乎？

讀《下泉》

（堂課首名）

袁嘉毅

傷哉曹也！古時勞於郁，今時殘於晉，同一伯也，何仁不仁之殊耶？顧吾謂晉伯不仁，固非郇比。而曹共公侵刻下民，不得其所，雖無駢脅之觀，晉亦無獻狀之討。然民之疾視不救，恐亦自取之耳，烏足傷？乃賦《下泉》詩者，汲汲思明王賢伯，於曹無咎，抑何厚也！

費子陽曰："吾念周室將滅，泣涕不可禁也。"《傳》曰："嫠婦不恤其緯，而憂宗周之隕，爲將及焉？"曹之詩人，其此意歟？夫子删《詩》，列《國風》終於是篇，亦孰非此意也？

嗚呼，千古之陵弱如晉伯者，何可勝道！況陵弱者不出於伯，而伯者比比又遠遜乎晉伯。詩人思郇伯，吾其思晉伯乎哉！

讀《下泉》

（堂課七名）

張　璞

作千古血性之文章，必千古憂愁幽思之人也。憂愁幽思之作，必忠孝所流溢而始可傳也。《下泉》詩，可悲矣。

曹共公時，王室之綱紀不振，齊桓之霸業已虛，天下諸侯強淩弱，眾暴寡，同姓相魚肉，不復見"存亡"字。小之大國，即有繼齊桓而起者，又不能釋私憾以恤人，故曹之臣民見其君之被執，而盡然傷王澤之竭而霸圖隳也，豈不哀哉！豈不哀哉！

疾痛慘怛之苦衷，發而爲傷今思昔之苦語，則不但爲曹哀，爲四國哀；不但爲四國哀，爲王運哀也。謂非忠孝之所發哉？夫子取此以殿變風，意深遠矣！

問：魯莊公九年乾時之戰，説者以爲雖敗猶榮，其信然歟？

（堂課首名）

錢良駿

乾時之敗，《春秋》明書之以示貶，何足榮？以爲榮者，其胡文定之《傳》乎？

胡《傳》云：“能與仇戰，雖敗亦榮。”後儒不究文定用意，羣起而攻其立言之非；不知文定之書，奏御於宋高宗紹興八年，多借《春秋》以記諷時事，於經義不甚相符。蓋宋當紹興時，二聖未還，高宗乃奉表稱臣於金，每歲貢獻，不缺於金府。是高宗之忘親事仇，不惟不能復先人之讎，並不敢與之戰。故雖有宗澤、李綱、韓世忠、岳少保之才，前後皆因高宗主和，墮其成功。故文定以“莊公之能與讎戰，雖敗亦榮”諷之。此微意也，非經旨也。若乾時之敗，《春秋》明明書以示貶，豈文定不知而故留遺議於後人歟？

嗚呼！世之學者，苟能究文定立言之意，則不敢輕議古人矣。

問：魯莊公九年乾時之戰，説者以爲雖敗猶榮，其信然歟？

（堂課二名）

袁嘉穀

“雖敗亦榮”之言，何始乎？始乎胡安國《傳》。然《公羊傳》有云：“曷爲伐敗？復讎也。”孔巽軒云：“伐，《詩》也。”何休《公羊解詁》有云：“復讎以死敗爲榮。”先胡《傳》而標此意，所以勵天下萬世之有讎而不復者，蓋猶是不共戴天之義爾。胡《傳》於乾時之戰雖貶魯莊非復讎，而嘗襲公羊學之意，別爲之詞曰：“雖敗亦榮，主持大過。”遂啓後人之誤會。

張浚符離之敗，喪師三十萬，宋遂不可復振。本朱竹垞《静志居詩話》。韓侂胄之伐金，函首送虜，宋遂不可爲國。是皆不度德量力，輕於戰，而以敗爲榮也。然則秦檜、史浩始爲度德量力耶？是大不然。《公羊》之傳《春秋》，最重復讎。故齊襄滅紀，尚大其復九世之讎，豈真許齊襄耶？抑借以明復讎之義耳？

乾時之戰，見魯莊猶能戰齊，故不究其爲納糾而戰，而直以爲復讎而敗，豈真許魯莊耶？抑借以明復讎之義耳？孔氏廣森《公羊通義》云：“復讎者，雖不愛其死，要期於有成，豈以敗爲榮乎？”斯言補《公羊》本旨，遠勝胡《傳》。蓋忘親事讎，託於度德量力，而不敢與讎戰者辱；知不可託於度德量力，而不知修其德強其力者，亦云辱矣。豈輕於戰而不期有成可以謂之榮乎哉！

孟子不云乎：“仁則榮。貴德而尊士，賢者在位，能者在職。國家間暇，及是時，明其政刑，雖大國必畏之矣。”荀子不云乎：“有義榮者，志意［修］，德行厚，知慮明，是榮之出中出者也。”是真仁也，是真義也，是真榮也。法孟、荀以復讎，可也。愚取以申胡《傳》之言，其諸有合於《春秋》之義乎？

問：魯莊公九年乾時之戰，説者以爲雖敗猶榮，其信然歟？

（堂課三名）

秦光玉

臣子之義，莫大於復君父之仇。

我太祖高皇帝書七大恨告天，赫然興師問罪前明，卒能爲景、顯二祖復仇，大義炳然，照耀千秋矣。其次則夫差報越、燕昭之報齊，亦能發憤治軍，爲先人洒恥。此皆慷慨復仇，戰勝而著有成績者也。至不幸而謀之未成，志之未遂，如張良博浪之擧，雖不中猶榮也；諸葛街亭之役，雖不勝猶榮也；張浚富平、符離之師，雖不濟猶榮也。何也？良爲韓復仇，諸葛爲漢復仇，浚爲宋復仇也。

何居乎魯莊公九年乾時之戰，先儒亦以爲雖敗猶榮耶？乾時之戰何爲也？納子糾也，非復父仇也。使莊公果有復父仇之志，於即位之初，即宜繕甲治兵，討罪齊國。當此之時，雖塗地一敗，天下後世仁人志士猶將深諒其心，稱道之弗衰，以其爲桓公復仇耳。乃計不出此，於即位之三年，會齊師伐衛；四年，及齊人狩於禚；五年，會齊人伐衛；八年，及齊師圍郕，忘乃父擽殺之仇，納污含垢，與齊襄周旋而不之羞，在公無復仇志久矣。故子糾之奔，不當受，受之；子糾之入，不當納，納之。乾時之戰，爲納子糾敗也，非爲復仇敗也。不爲復仇而敗，焉得爲榮？

且也齊莊公，不共戴天之仇也，以不共戴天之仇，皇皇焉而納之使入，即使一戰而勝，適足爲忘親事仇大辱耳，而況以其敗乎？此趙氏匡、劉氏敞、胡氏安國、趙氏鵬飛、汪氏克寬、湛氏若水、王氏錫爵、萬氏斯大、張氏應昌，所以不滿意於莊公也。

噫，犬戎弑幽王，而周平不能復仇；嬴秦虜懷王，而楚頃襄不能復仇；劉聰辱懷、愍，金源幽徽、欽，而晉元帝、宋高宗不能復仇。後人讀史至此，未嘗不唾之罵之，貽終古羞。魯莊公不復父仇，何以異是？然則乾時之敗，榮如何有！

問：魯莊公九年乾時之戰，說者
以爲雖敗猶榮，其信然歟？

（堂課五名）

張　權

嗟乎，千古辱及祖宗，辱及子孫，辱及臣民，不止辱及一身者，未有甚於魯莊公者也。不能報齊襄殺父之仇、淫亂之行，其辱亦已甚矣。乃齊襄甫没，不追念其昔日之仇，竟欲爲齊納子糾。夫子糾何人哉？殺其父、淫其母者之枝葉也。殱子糾之首不足以代齊襄，戮齊襄之屍不足以報亡父。齊襄既死，公已永無復仇之期，正人子痛哭流血，不能東面向齊之日，而乃欲納糾以結齊；納之不克，而與爭；爭之不克，而至爲齊敗。噫，戎路喪矣！傳乘歸矣！

孰教公以招此辱哉？自取之也。且夫公之辱於乾時者，固非辱於敗耳。魯之與齊，仇不止於殺父，即不當釋仇而納糾；既納糾，則雖勝亦辱，尚何論乎敗？君子觀於乾時之敗，未嘗不歎莊公合其前日之辱而成一大辱也。

夫乾時一戰，亦榮辱攸分者耳。使公移此師爲復仇之師，用之於齊襄未死之日，微論一敗而已，即致身爲齊虜，首爲齊戮，亦心之所至甘，身之所至榮。舍至甘至榮而招至辱，在公靦顏雖厚，誠不知何以對祖宗、對子孫、對臣民矣。嗟乎！胡《傳》所言，誠莊公之鍼砭與！

問:齊桓、晉文之事，莫大於召陵、城濮。二者孰快於人心？試詳説之

（堂課首名）

袁嘉穀

楚，周封也，而齊桓、晉文之霸，咸以攘楚而盛。豈不以楚用夷禮則夷之，夷之則必攘之哉？顧同一攘也，齊攘以辭，晉攘以威；齊攘以盟，晉攘以兵；齊以蔡姬之憾伐蔡而遂以伐楚，晉以救宋之圍伐衛伐曹而因以勝楚。不知者以爲晉尚力，齊尚德，晉不如齊；其知者以爲攘夷尚力不尚德，齊不如晉。

夫齊也，果能尚德乎哉？動諸侯之師，遠集召陵，屈完數言，受盟而返。縱不似和親之漢、割地之晉、加幣之宋，而務不勤遠略之虛名，惑羈縻勿絶之謬論。千載而下，有可滅之夷，可郡縣之地，而妄矜德化，棄之以貽無窮患，雖非齊桓禍始，而召陵實開其漸也。如曰德也，天下何貴有此德哉？且德之爲言，得也。夷不得而攘，烏乎德？觀城濮之功，歎晉文之有得，愈不得不爲齊桓惜矣。

然則晉文之尚力，其足取乎？曰:然。然晉非止尚力也，德豈不藉力而行哉？郤縠、趙衰，兢兢於詩書禮樂，是可謂之無德乎？枝曳柴，臣蒙馬，偏設旆，雖若有悖於德者，然兵不厭詐，師直爲壯。與其效宋襄仁義，沽德名而爲楚敗，何若好謀而成，有大德於中國乎？

先師曰:"晉文公譎而不正，齊桓公正而不譎。"斯實論。桓、文爲人，如拜胙、請隧、存衛、分衛之類，召陵則非正，城濮亦實非譎爾。不然，《春秋》之修，義重攘楚，豈齊桓市攘楚之名，反勝於晉文盡攘楚之實哉？

嗟夫！嗟夫！楚雖夷矣，猶吾族類。獨至悍甚楚，狡甚楚，異

類甚楚，而中國無力。如晉文矜言德化，且尚不如齊桓焉。《詩》曰："無淪胥以亡。"能無懼乎？《詩》曰："戎狄是膺。"能無奮乎？

問：齊桓、晉文之事，莫大於召陵、城濮。二者孰快於人心？試詳說之

（堂課二名）

席聘臣

齊桓以八國之師，不能痛懲荆楚，使之返侵地而去王號；乃反低首下心，結盟而退，此誠中國之大辱也。而爲之解免者，乃謂有力者不盡其力，可以養威；屈人者使其易從，可以就服；不責僭王而責苞茅，使就服也。屈完來盟，即旋師以養威也，況方城、漢水之固，不識可一戰勝乎？一戰而勝，能保其再戰而勝乎？

豈知事爲義所必爭，不以成敗利害論。楚以諸侯而僭王，義所必爭也。爭之而出於戰，敗楚則尊攘之功益著；敗於楚則淮西、符離之事，後人壯其氣而諒其心。且師以直爲壯，曲爲老。齊桓問罪，直在齊也；楚子僭王，曲在楚也。曲直既分，安見楚之果能勝齊？齊之果不能勝楚哉？況當日諸侯之所恃者，齊耳。齊人畏葸如是，以致從齊諸國，不旋踵即爲楚人侵之滅之，則謂諸國之受禍，即召陵一盟，肆其毒焉可也。晉文之伐楚也，楚之屬國半天下，其強遠非齊桓時所能及。而晉文能執宛春以怒之，復曹、衛以攜之，退舍曳柴以誘之，卒使百年鴟張，負固不馴之國，摧其鋒而奪其氣，以視齊桓之退縮不前者，其榮辱不有辨耳！

總之，夷狄之國，但解畏威，不知懷德。桓公之意，但欲楚稍服其罪，遂可以博攘楚之名，故藉口德綏以欺天下，此特伯者權謀耳。晉文不綏之以德，而折之以威，論攘楚之功，所以高出齊桓上也。

23

問:《禮》稱爲人臣,三諫不聽,則
逃之;子之事親,三諫不聽,則
號泣而隨之。君親一也,所以
處之不同者安在?

（堂課首名）

袁嘉毅

大哉五倫! 自二典迄唐、宋、元、明,無弗重者。顧五倫無輕重,而恩義不無稍殊。試問身所從來,則知父子之主恩,恩之至即義之至。無論夫婦主別而夫可出婦,長幼主序而有時肩隨,朋友主信而有時責善,均不可施於父子。即君臣之主義,《禮》謂:"三諫不聽則逃者。"子亦豈可施於父哉? 子之於父,三諫而不聽,則號泣而隨之,豈惟無逃父之事,而且無逃父之心? 此申生、子伋之死,雖曰愚孝,千古所以憐之而不忍苛議之也。

雖然,號泣隨父,人子知之;逃君之義,人或誤會。愚聞《禮》之爲經也,七十子後學者所記,所謂臣可逃君,殆指春秋戰國之君臣,而言宮之奇之去虞,樂毅之去燕,漠不聞苛議之者。以燕、虞周所封,所封且不止燕、虞,普天之下,莫非王土,奇、毅雖逃,猶是居周之土耳。盧綰、陳伯之且失《禮》意,況中行説、趙信之流哉?

《孝經》云:"父子之道,天性也,君臣之義也。"子無二姓之父,古"三父"之説,通儒多駁之。臣亦無二姓之君。子事父必竭其力,臣事君亦致其身;父之仇不共戴天,君之辱臣亦當死。故事親能孝,忠可移君;事君不忠,謂之能孝——忠孝一也,恩義豈二?

然則子之事父,如舜可也,如曾子可也,有隱而無犯,可也。當不義則幾諫；幾諫而不從，又敬不違，可也；臣之事君，無道則隱，可也；有故而去，亦可也。若時非春秋戰國，輕于言逃則不可。彼陳東、楊漣、楊繼盛強諫而殺；屈平既放，戀戀故君，君不聽而仍不逃，不尤爭日月光哉？愚謹由《禮經》推之，使今人知君父一尊，爲臣終不殊爲子。

問：《禮》稱爲人臣，三諫不聽，則逃之；子之事親，三諫不聽，則號泣而隨之。君親一也，所以處之不同者安在？

（堂課二名）

秦光玉

君臣，人倫也；父子，天倫也。天倫者，天定之，縱處家庭之變，可合者不可離也；人倫者，人定之，苟處朝廷之變，可合者亦可離也。明乎此，可以讀《禮》。不然，臣之於君，子之於親，一也。何以《禮》稱爲人臣，三諫不聽，則逃之；爲人子者，三諫不聽，則號泣隨之。其故何哉？

顧或曰："苟爲輔弼大臣，上繫社稷安危，下繫生民休戚，縱三諫不聽，亦當號泣隨之，安所謂逃？"不知君臣以義合，至三諫猶不見聽，此而不逃，則失補過盡忠之職，蹈尸位素餐之謂也。

或謂曰："子三諫不聽，必至於干親之怒，而撻之流血，亦當思大杖則走之，義逃之，可耳。"不知大杖之逃，其暫也，非其常也。

然則子之事親，可合不可離；臣之事君，可合者亦可離，彰彰明矣。蓋爲臣者，自其筮仕之初，已存擇主而事之意，可以進則進，可以退則退,定之自人者也。故其諫之之時,可以諫則諫,可以逃則逃,亦定之自人者也。至若子之於親,勿論智愚賢不肖,無所於擇也,定之自天者也。及至親之有過,直不啻己之有過。其媿恥之心,奮勵之心,遂迫而爲號泣而隨之舉。

天親之愛,天性之真,有以使之然也,亦定之自天者也。故曰:君臣,人倫也;父子,天倫也。

問:《禮》稱爲人臣,三諫不聽,則逃之;子之事親,三諫不聽,則號泣而隨之。君親一也,所以處之不同者安在?

（堂課三名）

丁庶凝

君有過而不諫,非臣也;親有過而不諫,非子也。君有過必諫,諫君而豈能必君之從?親有過必諫,諫親而豈忍親之不從?且夫君臣以義合者也,父子以天合者也。以義合者,有時盡;以天合者,無極盡。可盡而不盡,則是爲貪禄;不可盡而盡,是直爲負恩。《禮》言:"諫君諫親之道,而各處之不同。"意蓋以此也。顧愚竊謂《禮》言君親之不同,諦矣;而所以爲諫之道,恐非極則也。

自古納諫之主,無不見稱於史册;而於人子之事親,未聞或稱其敢諫。夫朝廷尚義,家庭主恩。尚義者無妨從直,主恩者宜出於婉。如謂事君不可以顯諫,則何以責唯阿之臣也?如謂諫親可號泣以隨,是何殊於責善也?

或曰:孔子從諷諫,舜號泣旻天,非歟?曰:孔子從諷諫,《家語》無稽之説也。舜號泣旻天，號於田，而非號於其親之前也。夫堯設諫鼓設於朝，而未聞設於其家。如諫君微，而諫親反號，將敢諫之？鼓當在家而不當在於朝乎？

且夫朝廷者，威權之地。君患不仁，不患其不威；家庭者，恩私之所親，患不嚴，不患其不慈。是故明主必召臣工言，而人猶多不敢言。聖人必教人子敬，而人猶多不能敬。若反教其用，天下孰不爲苟禄，而貽逆子以逆爲愛之口實也已。

然則當奈何？曰：《檀弓》曰："事君有犯而無隱，事親有隱而無犯。"孔子亦言："事君勿欺而犯之。事父母幾諫，見志不從，又敬不違，勞而不怨。"

問：《論語》以潔身非君子之義，《孟子》以潔身爲聖人之行，試詳辨之

（堂課三名）

張崇仁

《孟子》"或遠或近，或去或不去，歸潔其身而已矣"，此千古聖人君子之道之絶不可易者也。孔子"可以仕則仕，可以止則止，可以久則久，可以速則速"，亦何莫非《孟子》之義耶？

《論語》丈人章曰："欲潔其身，而亂大倫。"此特爲丈人言之也，亦以丈人未盡知潔身之義，故曰"欲欲者思之而未然"之辭也。何者？《春秋》□文人，沮溺、晨門、荷蕢輩，不過一輕世肆志之流，聖賢所謂"潔其身者"，豈如是乎？潔身者，不苟於去就之謂也，丈人欲學爲不苟去就之人，而適成果於忘世，故以爲非君子之義。非之者，所以非丈人，而豈以潔身爲非也？不然，"危邦不入，亂邦不居"，《論語》之言也。

季氏使閔子騫爲費宰。曰："善爲我辭焉。如有復我者,則吾必在汶上矣。"《論語》之所許也,何嘗以潔身爲非耶? 管幼安、諸葛孔明同出一時,而幼安不仕魏,千古嘉之;孔明仕蜀,人亦以爲得出處之正。則"潔身"之義,誠有如孟子所云者。《論語》之言,不過以之責丈人,而非教天下後世以"不潔身"。

如謂《論語》以"潔身"爲非,則吾恐馮道、譙周之流,皆藉口於《論語》,而不復知人間有廉恥事,則天下豈尚有名教之防耶?

問:《論語》以潔身非君子之義,《孟子》以潔身爲聖人之行,試詳辨之

(堂課四名)

丁庶凝

蓋聞身不可不潔,身又不可徒潔。不潔身,則何以立天下之大節? 徒潔身,則何以擔天下之大任? 故《論語》以潔身非君子之義,《孟子》以潔身爲聖人之行。斯二者,義相反而實相成也。

蓋聖賢之道,以兼善爲極,然而苟不先潔身,則獨善且有不能也,而何論兼善? 是故聖門諸子,先求獨善。夫子之大,終不枉合。《大學》曰:"身修而後齊家治國平天下。"《中庸》曰:"性盡而後可贊天地之化育。"誠以潔身者體,兼善者用,人之不可務體廢用,亦猶不可務用略體也。

然則《論》《孟》皆不兼言之,何也? 曰:《論語》之言,爲丈人發也;《孟子》之言,爲萬章發也。丈人以潔身爲高,故子路以兼善之義擴其量;萬章疑伊尹枉道,故孟子以潔身之義立其防。且《論語》曰:"君臣之義,如之何其廢之?"則亦非不重潔身,特以潔身而廢君

臣之大倫，是則不可也。《孟子》曰："聖人或遠或近，或去或不去。"又曰："吾未聞枉己正人者。"則亦非不重兼善，特以兼善而又能潔身，斯爲聖人之道也。獨是《論》《孟》之言，皆爲不易之論矣。

顧愚意"潔身"而不能至於兼善之詣，終不失爲獨善之君子；託兼善而枉道求合，未有不爲無恥之小人者也。是故與其不善學《論語》，甯爲不善學《孟子》？

《孝經·廣揚名章》説

（堂課首名）

蔣　谷

曩時讀《孝經》首章，至"立身行道，揚名於後世，以顯父母，孝之終也"，掩卷淒然曰："昊天罔極！而人子之孝有終，且不過終於區區之名！悲夫！悲夫！"洎讀《禮記·祭義》，至"國人願然曰：'幸哉，有子如此！'"復喟然感曰："《孝經》所謂揚名顯親者，如斯而已矣。"更進而求之，至《哀公問》"百姓歸之名，謂之君子之子"，迄莫以加矣，《孝經》所謂揚名顯親者，如斯而已矣。

然則人子可忽乎哉？獨是名固爲孝子所不敢忽，而其實則吾儒所不暇計者也。千古能顯其親之孝子，大抵皆聖賢豪傑之人爲之。有立百年不朽之名者，有立數百年不朽之名者，有立數千年不朽之名者。然試竊觀其生平，豈嘗汲汲於名哉？

今夫名者，實之賓也；實者，名之券也。孝子之事親也，亦惟實焉耳矣。《孝經·廣揚名章》曰："行成於内，而名立於後世矣。"夫"内"之云者，蓋謂躬以内也；忠君，順長，治國，推之於平天下，皆所謂"行成於内"者也。立百年之名，立數百年之名，立數千年之名，亦在人子善推其孝而已矣。

三古而下，好名之人日多，而孝子日寡，何耶？好名之人，皆行飾於外。行飾於外以博名，是謂盜名以欺世。即謂盜名以欺其親，欺世則爲不忠，欺其親可謂孝乎？古今之聖賢豪傑，不必皆有名；古今之聖賢豪傑，斷無或好名。《傳》曰："太上有立德，其次有立功，其次有立言。"《詩》曰："夙興夜寐，無忝爾所生。"請以釋《孝經·廣揚名章》"行成於內"之旨。

《孝經·廣揚名章》說

（堂課二名）

袁嘉穀

君子惡名，非惡名也，惡不實之名也。若其實矣，揚之宜也，惡乎惡？《孝經》云："立身行道，揚名於後世，以顯父母，孝之終也。"於戲諒哉！揚名者何？揚其行道之名是。行道者何？行其立身之道是。立身者何？《經》所謂君子之事親孝，故忠可移於君；事兄弟，故順可移於長；居家理治，可移於官是。"居家理"下，本無"故"字，唐明皇增之。見邢《疏》。

顧聖言明矣，復繼之曰："是以行成於內，而名立於後世矣。"唐開元君臣，遂據以分爲第十四章，標爲《廣揚名》。夫分章標目似可已也，然揆之夫子立言之意，則固無大乖剌矣。《四庫提要》云："傳録者分章標目，未實指爲唐君臣。"謹按：《漢書·匡衡傳》引《詩·大雅》曰："無念爾祖，聿脩厥德。"孔子著之《孝經》章。《藝文志》："《孝經》，古孔氏一篇，首自注二十二章。《孝經》一篇，自注十八章，邢《疏》引劉向《校經籍》。"比量二本，除其煩惑以十八章爲定，而不列名此三說者，皆漢已分章之證。特漢雖分章，不過如《論語》"學而章""有子曰章""巧言章"之類，並無"學而章第一""有子曰章第二""巧言章第三"等文也。觀陸元朗《釋文》可證。鄭注本尚無"第一""二"字。觀邢《疏》載《荀昶集》，其録及諸家《疏》並無章名，則是漢無"開宗明義"等字之證也。然則"開宗明義第一"等字，果誰加乎？曰：據邢《疏》云："《援神契》自《天子》至《庶人》五章，唯皇侃標其名而冠於章首。"又云："御注依《古今集詳議》，儒官連狀題其章名，重加商量，遂依所請。"是知"廣揚名章第十四"等字，爲唐明皇依儒官議而定者，可以無疑矣。蓋"立身"一語，統詞也；"事親孝"數語，推而言也，皆名之説也，而無非務實之説也。何也？務實者，雖不務名，而名自無不立矣。舜之大孝也，必得其名；武之達孝也，身不失天下之顯名。夫舜、武豈樂於立名哉？《中庸》引聖言，亦豈僅重舜、武之名哉？

抑以孝子揚名，不啻揚親之名耳，請徵《大戴禮》；慎行其身，不遺父母惡名，可謂能終矣，請徵《小戴禮》。將爲善，思貽父母令名，必果。

《孝經・廣揚名章》説

（堂課三名）

李楷材

愚嘗讀《孝經・廣揚名章》，而因有悟乎忠孝一貫之理也。

曰：語有之："求忠臣必於孝子之門。"又曰："移孝作忠，蓋國家同揆。"君父一致，未有在家非孝子，而在國可爲忠臣者也。或曰：是不盡然。如魏之王祥，孝於親而後不必忠於君。晉之溫嶠，急赴國難，其母留之，因而絶裾。忠則忠矣，其如虧孝何？

愚應之曰：否，否。祥父融，生當獻帝之世，知魏之必篡漢也，遂終已徵辟不出。祥不能體父志以仕魏，烏得謂之孝？若夫嶠當國急難，其母而知大義也者，尚當勉嶠以急赴，乃從而留嶠。然則嶠之絶裾，雖少傷於忍，未可遽目爲不孝也。且夫臣子之義，容有不能兩全之時，而盡忠即所以爲孝。是故趙苞棄母，後人猶多方曲諒其心，而何況嶠之絶裾哉？然嶠能急公赴義，而復處其母以從容,則可謂善全忠孝者矣。

總之,忠孝同源,而處變則有異。故方正學之刑十族,即覆宗焉,而不爲非孝。或者以爲正學十族之刑,由是正學之憤激,豈委蛇觀望而後得謂之非憤激乎!噫,弗孝固不克忠,非忠而何以見孝?後儒不明忠孝一貫之理,迄漢馬融乃於《孝經》外復有《忠經》之作。然融非正士,彼烏知夫忠?又烏知乎忠由孝出哉?是則既有《孝經》,而《忠經》可以不論不議矣。

至於前人説《孝經》此章,以爲移孝作忠,顯親揚名,《孝經》篇首始事親,終事君,即繼之以念祖脩德,已見此意。而此章復引伸其旨,故曰《廣揚名》。是説也,又一義也。

《孝經·廣揚名章》説

(堂課四名)

秦光玉

嗟嗟,以"廣揚名"名是章,恐無當於聖人之旨也。何也?移孝事君,移悌事長,移居家之理以爲居官之治,初何嘗非成行以立名?然揆諸聖人立言之旨,特爲爲士者言耳,爲爲卿大夫者言耳。

即爲士言,爲卿大夫言,亦只略舉二三端以垂訓耳,豈首章立身行道、揚名顯親之總旨哉?且夫立身行道、揚名顯親之義,奥矣,博矣。凡上而天子諸侯,下而庶人,悉範圍於立身行道之中,豈獨士與卿大夫爲然耶?凡天下無窮名理,皆渾括於立身行道之中,豈獨二三端爲然耶?以"廣揚名"名是章,廣之之義安在?

然則古人之名章非乎?曰:然。名章,不始於古人,而杜撰於後人耳。夫《孝經》舊無所謂章名也。自《援神契》標《天子》至《庶人》五章之名,皇侃踵之。至唐玄宗御注時,遂使儒官連狀,分章題目。嗟嗟！以管窺天，以蠡測海，實足啓後人增竄古經之漸耳。即以是章論，彼不過以章末"名立後世"一語，遂以"廣揚名"名之。然揆諸聖人立身行道、揚名顯親之總旨，當焉否耶？願質諸世之讀《孝經》者。

卷二　史學

管子之"連鄉軌里"與古法
"計井出車"同異若何辨
（丁督憲課一名）

袁嘉穀

惟管子可言變法。兵其尤卓卓著者。然而迄今三千年，管子之兵制早以變矣，管子不得不變古，猶今之不得不變管子。不然，古軍政寓兵於農，千古豔稱之，果可不變，管子亦何必變哉？

考《周禮·地官》："遂人以土地之圖經田野。"五家爲鄰，五鄰爲里，四里爲酇，五酇爲鄙，五鄙爲縣，五縣爲遂。鄭注"遂"即"鄉"之異名，孔《疏》以爲小異。是一鄉爲萬二千五百家。管子五家爲軌，十軌爲里，四里爲連，十連爲鄉，則以二千家爲鄉，此其異也。《管子·軍政》，見《小匡篇》。王西莊《周禮經賦説》引作《中匡篇》，誤。

周計井出車，説莫明於仲達孔氏。孔據《司馬法》之文："諸侯車甲馬牛，皆計地令民自出。若鄉遂之眾七十五人，則遣出車一乘。"見《禮記·坊記》正義。管子則五鄉爲軍，三軍用車八百乘。夫三軍爲三萬家，是不足四十家而出一車，又其異也。顧當井田漸廢，鄉井幾幾無定制，《管子》之異於周，良非得已。

綜而斷之，周戎車一乘，步卒七十二人，萬二千五百人爲軍；齊車一乘五十人，萬人爲軍，徒損於周三萬人，車增於周三百乘，馬貴與所以謂齊略依周，變從輕便。而蘇子瞻亦詡管子制兵如責繩，如棋局，截然易曉矣。兵之患，患乎縣。縣則不齊，制奚由勝？

管子三分國軍,公將一,卿將二,至簡且一,强齊也。宜哉!宜哉!議者卑視霸略,謂國中之士爲兵,鄙里之民爲農。兵不諳耒耜,農不識干戈,廢寓兵於農之法。管子其罪,而究何罪也?良法不能百年而無弊,刭兵制乎?

且抑思齊之兵農雖分,猶未若唐宋後之募兵乎?若必苛議管子募兵,不更可知乎?夫募兵之壞,於齊且遜,豈敢望周?然兵由將募,法亦簡一,但得良將,無弗勝者。自封建廢,井田廢,僅僅求寓兵於農,是不揣本而齊末,求合古而害甚於異古者也。

然則管子法亦不可求合乎?曰:然。管子軍令强,根本於作内政。内政其兵要乎?

陶桓公惜分陰論

(丁撫憲課一名)

袁嘉毅

清談足以速晉亡,而晉乃不果速亡,則以二三名臣,猶有不尚清談者。

夫人生風俗波靡之會,移風俗,不爲風俗移,此枕戈越石、擊楫士雅、絕裾太真、惜陰士行,所以稱砥柱中流無愧色也。獨是士行之才高於太真,智復勝於越石,權且重於士雅,而世責士行,不使居太真諸臣之列,則勤王趑趄之故耳。

且夫分陰之惜,爲學成耳。使學足以自成,而任國家事,視其亂而不之救,則學適以濟其姦。王敦吟"烈士暮年,壯心不已"之詩,擊缺唾壺,豈非欲及時有爲者?而無如其姦也。士行鎮武昌,作八州督,宜非敦比。及《晉書》載其覬覦晉室,因天門折異之夢,乃自斂抑。後之人詠史,遂有"惜陰何異擊壺心"之句。吁!士行其亦奸矣哉！

　　顧吾稽士行爲人，投拇蒲酒器，斥牧豬奴輩之行，其勤勞也見之運甓，其惜物也見之竹頭木屑，生平事蹟皆惜陰一念所充。陳敏之破，杜弢之走，王敦之討，亦汲汲而恐失時者。何獨平一蘇峻，勞太真勸，猶不乘時亟進耶？豈史氏曲筆媚庾亮而誣士行？誠有如蘇文忠、陳忠肅、朱子之所辨耶？《晉書》修於唐，本於王隱。隱貧無貲，修史不就，依庾亮而供紙筆。詳隱本傳，庾憾士行而隱誣之，宜也。公論有大明之日，於士行究何損？

　　然則百世而下，有聞風興起，慕士行而儔諸越石、士雅、太真者，姑勿問其他，學其惜陰可也。不然，庸庸而生，虛度時日，清談之盛，將較晉而益甚。試問天下之無學而有功家國者，誰哉？

陶桓公惜分陰論

（丁撫憲課三名）

吳承鑫

　　陶桓公，晉之純臣也。其謂大禹聖人，尚惜寸陰，吾輩當惜分陰，是即文王日昃不遑，周公坐以待旦之心。誠名言也。

　　當晉之時，遵老莊，逞清談，流風相煽天下，以曠日廢事爲高，無復刻苦自勵、勤於職業者。桓公獨能力矯其失，以惜分陰自勉，亦以勉人，志清中原，洵賢矣哉！吾常歎以桓公之忠勳德望，不媿典午一代偉人，而史氏乃多誣枉之詞。蘇峻之變，既誣以不預顧命，觀望於前；又誣以因貸糧怒，欲迴兵於後。而謂其赴難，則溫嶠力説之；迴兵則溫嶠力阻之。盡以勤王之功歸之嶠矣。甚至誣其暮年有異志，謂因夢登天門，折翼而止。噫，何其謬也！

　　夫不顧其子，投袂而起者誰耶？使果不欲進兵，雖百溫嶠説之何益？王敦之叛，甘卓擁强兵據上游，勢足滅敦，而終坐視不動。說之者眾矣，迄不一聽也。則非嶠之説能動桓公，洵桓公之量能用溫嶠矣。使果欲迴兵，嶠何能止？時陶軍强而溫軍弱，陶軍飽而溫軍飢，非陶公並力，則嶠不敢獨進，即進兵亦敗。倘陶公迴軍，則嶠之飢軍立潰，晉祚立移，尚何有義旗之迴指耶？則此言非事實也。

若心之所之爲志，公之志未形，而公之夢無蹟，史臣何以知之？誕妄尤不足辨。蓋事出王隱《晉書》。桓公與庾亮不和，而王隱，庾亮黨也；又有私恨於桓公，故誣枉至此。唐人修《晉書》，不知核正；而紫陽《綱目》，書溫嶠與陶侃來赴難，亦爲王隱所惑，均非良史之識。

若桓公者，忠於君，勤於國，可謂晉之純臣矣。吾故因"惜分陰"之語而申論之，以詔天下後世之多讀書而具史識者。

陶桓公惜分陰論

（丁撫憲課七名）

吳　琨

《晉書》載桓公鎮荊州時，嘗語人曰："大禹，聖人，乃惜寸陰。至於眾人，當惜分陰。"於是後之論者，皆以爲桓公之真能惜時矣。愚謂千古之惜時者桓公，即千古之失時者亦桓公。何徵之？於王敦、蘇峻之役徵之也。

夫桓公當東晉時，都督荊、湘、雍、涼諸州，聰敏恭謹，勤乃職事，實過於茂弘、安石遠甚。吳養心以爲典午中流砥柱，狗非溢美之詞。愚於桓公何責之有？不知王敦之反，甘卓約侃起兵武昌，不聞侃出一旅之師以赴之。蘇峻之亂，溫嶠亦約侃起兵荊州，侃亦答曰："吾疆場外將，不敢越局。"然則敦、峻爲亂之時，非桓公致力中原之時耶？胡與運甓之心竟相左耶？胡誤於敦而又誤於峻耶？此真不可解也。使嶠無溫嶠以大義曉之，則桓公不惟生無益於時，死無聞於後，吾恐負晉誤晉，必於此時矣。

　　且蘇峻之亂，宮闈爲墟，乘輿播遷，晉祚幾斷。一綫之延，侃始按兵不救，繼又欲追襲登而返，終又不肯以糧貸嶠，則吾不知侃所遷延者，幾何時矣！夫人臣致力之時，莫甚於君父危急之時，侃於此時而遷延之，則吾不知侃所謂惜寸惜分者，又居何等也？昔文信國家居時，聲伎滿前；及勤王兵起，遂屏絶嗜好，涕泣興師，而況侃之身爲督將，而手握重兵耶！

　　孔子曰："見義不爲，無勇也。"桓公奚辭其咎？或者曰："桓公之破杜弢，誅郭默，非有勇者能之與？"不知杜弢之破，敦、峻未亂也；郭默之誅，敦、峻已滅也，皆非晉之存亡所關繫之時也。侃何急於彼而緩於此耶？豈侃之蘇峻，與左良玉之不肯盡殲流賊者，同一詭謀與？嗚乎！王敦、蘇峻之役，固一時而千古者也，侃尚因循如此，則平日惜分陰之説，吾幾不敢信矣！故以爲桓公非真能惜時者也，其所以終不失時者，溫嶠之力也。

富弼論

（張學憲課一名）

李　坤

　　有宋自景德及元豐，中間百有餘年，邊寒乂安，兵革不試，論者推所由致，僉謂微寇準，富弼不及此。愚謂準固有之，弼似未許蒙也。若宋傳三百餘年，而終淪於夷，雖非弼之咎，然咎弼，弼也何敢辭？

　　方契丹之求關内十縣也，時元昊新叛，王師無功，饟竭兵疲，天步艱甚。使苟辱命，邊釁必開。既蹶於西，復困於北，雖未即覆，然亦已憊矣。乃弼以孑然之身臨不測之地，抗辭直辨，婉導力爭，卒不勞一夫，不折一矢，使大河以北數十年無烽火之驚，弼之功亦甚偉。然無澶淵之役震於前，定州之閱讋於後，弼雖善説，恐未易以口舌辨也。

夷狄畏強而凌懦，中國懼戰而喜和，古今無二致也。然歷觀已事，從未有積弱而能制強，不戰而可議和者。蓋彼既挾全力以圖我，意不獨柔之也，必將疆域我土，臣僕我民，賦我財，役我眾，區區歲幣，曾何足饜其心哉！即封數城，妻數女，亦難必其難之紓。然求一二於千百，未嘗無有紓之者，或當是時，彼見我天眷未衰，人心猶附，操之過疾，轉致僨敗；退而俟之，亦謂之姑徐徐云爾。非果憐其懦，德其不戰，而與之和也。庸者不察，遂奉誓書為秘略，親敦槃若金湯，武備不修，政事不飭，一聞邊警，即遣行人。苟可以媚強鄰，賈速死也，雖極之割地和親，括金帛不恤，究之戰既不能，和亦難恃。歲幣偶歉，責使即來。至不得已，而始見以兵，如蹶之趨，自趣其躓耳。有宋其章章者矣。

北之潰，南之沈，弼皆無罪也。使弼在契丹求地時，議和不成，終出於戰。即不幸而敗績，苟不至於亡也。宋之人絕望於和，積數十年賂敵之幣，蓄死士，練精甲，臥薪懸膽，思紹章聖之餘烈，而逞志於一戰。北狄雖勁，亦可戡也，又何至令安石、秦、賈輩，日橫和議於胸，而一再誤人家國哉？

愚感弼以和著聞，故備論之，以見主和如弼，猶不免於訛。庶後之柄人國者，或不師弼而漸師準也夫！

富弼論

（張學憲課二名）

袁嘉毅

和戎，謬策也；幣以和之，尤謬之謬者。顧勢處不得不和之時，終存一不肯言和之心；既和之後，日日以坐薪嘗膽警其君，勿恃乎和。

和其庶幾乎可也？宋富鄭公弼，殆其人歟？夫以宋遼力敵時，北兵果南，勝負豈能預知？況呂夷簡謀城大名，王德用之流耀兵示武，較澶淵之役未必遜之。宋之於遼，不用和，焉用幣？特無如時方用兵西夏耳。西夏，一遼也。宋敵一遼則有餘，敵二遼則不足，不足則必和一遼，勢不容已。不然，鄭公王佐才，充行人使。子產、子貢，當鼎峙矣，何至一往再往，猶增歲幣而始和哉？

且"納幣"之名異於"獻幣"幾何？鄭公爭於遼，不能禁宋廷之不納。雖忠誠感蕭英，得遼主，謀以密報，而幣則竟已增矣，增之且竟稱納矣。公初心本不願和，故雖未割地，未和親，公恥之不以爲功。觀他日對仁宗曰："增歲幣，非臣本意。"千古可味其意矣，嘗慨千古誤國臣，莫不誤於身家念重。身家重而視國輕，任敵人辱國，仍祇以身家富貴爲得計。公念主憂臣辱之義，不問子女之存沒，不受樞密之命，視身家與國，輕重何如？議者不察，以和遼功公，固失之淺。

或又因和議誤人，罪公之和遼，貽人口實。是不思和戰無常。姑以宋事言。真宗宜戰；徽宗宜和；仁宗既爭西夏，雖和遼不爲失策。況納幣本澶淵故事，罪公何爲？至於一和之後，文荒武嬉，北宋南宋均以和亡。此則宋之君臣不克坐薪嘗膽，副鄭公修政之望耳。

夫人不發憤修政以自強，則雖得百鄭公，戎亦噬我；矧鄭公不可再，國勢又不如宋者哉？

富弼論

（張學憲課三名）

吳承鑫

千古和戎之策，幸而爲富鄭公，不幸則爲李邦彥。秦檜之誤國矣，而覆轍相循，後世甘蹈之而不悟，何也？彼主和者，豈不曰"姑與議和，以紓目前之禍；而徐脩戰備，爲異日自強計"乎？而不知一議和，則墮天下忠義之心，朝野偷安，斷無能自強者。如富鄭公之使契丹，於割地則拒之，如和親則折之，於"獻""納"二字則力爭之；惟許加歲幣，動之以利，折衝尊俎之間，卒使契丹復和，河朔獲免用兵，不可謂無功於宋也。

然宋當仁宗全盛之時，動天下之兵，不能制西夏一隅，致契丹乘機，敗盟求地。幸賴鄭公出使，不辱君命，得以言歸於好，而西夏亦旋就款。迨二虜和後，天下承平，竟不能發憤自強，宋之爲宋，亦可知矣。況處積弱之世，而欲效鄭公，非自取危殆而何？

夫四夷之性，但知畏威，不知懷德。中華果彊，則能戰能守，可不必議和。即和，亦信而能久。中國既弱，則不能戰，不能守，並不能和，縱忍辱求和，聊支旦夕，亦決不能久也。考春秋和戎，始於魏絳；漢和匈奴，始於婁敬；唐和突厥、吐蕃，甚至嫁以公主，而朝受盟，暮入寇，終不免爲患也。沿及有宋，則北和契丹，西和夏，前和金而有靖康之禍，後和元而致德祐之亡。殷鑒不遠，有國者當引爲前車之戒矣。寇萊公澶淵之役倘不能大破契丹，令其稱臣納貢，終以歲幣議和，況鄭公以單車出使，仗三寸舌鋒，能不割地，安能不加幣耶？

今世之和夷者,賂以重金,賂以重地,並任其出入中國,盤據都會關隘,以通商奪我利權,以傳教蠱我愚民,其禍並爲宋所未有,是豈惟富鄭公之罪人,恐李邦彥、秦檜輩,亦當鄙其所爲而齒冷於地下也,悲夫!

富弼論

(張學憲課七名)

趙永鑫

宋室亡於主和,論者故於《宋史》言戰之臣,每左袒之。然而北宋之時,兵力弱於漢唐,將材亦少於南宋。故開國之年,置燕雲十六州而不能取,其後迭受外夷之侵侮。逮至仁宗之世,以小醜之西夏,猶猖獗特甚,竭天下之力而不能制。可知爾時內政未盡修,不能力圖自強,以大肆撻伐也。然則斟酌於和戰之間,不以一盟爲可喜,不以偶和爲可安,勸君修政,思爲能戰能守之計。問孰知此意乎? 吾以爲非富鄭公見不及此。何也?

當契丹遣使求關南地也,孰不曰"必出於戰"? 及其增幣而訂盟也,孰不曰"可安於和"? 乃公始則以西夏之故,折衝樽俎,隱忍而議歲幣;繼則以契丹之平,辭禄郤賞,而以思恥修政勸君。洎乎神宗初元,不度德,不量力,訪公以邊事,公懍以履霜之漸,即以二十年口不言兵規君。

嗟呼! 俗儒瞀亂,不揆事機,不明時務,見有古人言戰者,輒津津稱道不置,遇議和增幣者,遂鄙薄之。豈知戰者,經也;暫議歲幣者,權也。知其恥而以修政望君者,老臣謀國之深心也;郤其問而以言兵爲戒者,元輔審時度勢之苦衷也。公之不辱君命,如此;公之不以爲功,如此;公之愛君,恐爲秦皇漢武也,又如此。吾不禁憶范文正之言以論斷公曰:"是真王佐才!"

駁王鳳洲孟子論

（張學憲課二名）

袁嘉穀

人即無耳，不毀簫韶；人即無心，不毀孔孟。異哉，王鳳洲之妄也！方其初有知覺也，於父師前，未必不耳孔孟之名；及其壯，昌言復古，睥睨一時，四部著書，孔孟書詎未之習，乃無端而論及孟子。夫孟子尚何論哉？

如曰論世之人，本孟子訓。孟子雖聖，尚論亦宜，則將如史公言，言其通唐虞三代之德，言其述仲尼之意作七篇，定論爲孔子後一人可也。鳳洲不然，以孟子尊孔子爲功，闢楊墨爲非功。夫天下萬物，視如秦越，民傷不恤，國危不救，楊氏爲我，禍千載矣。矯者以墨氏救之，枉己狥人，身名瓦裂，無父之教，與無君等，孟子昌言闢之，而後世猶有崇楊墨者。鳳洲謂楊墨如善，可至今存；如不近情，不闢自廢。然則禹不必治水，周公不必治獸，獸與水將自治，即不治亦無害耶？

至於沾沾於善戰服刑之言，謂齊用孟子，秦楚趙燕之兵至，人皆畏上刑而不出，必以委孟子，翼以章、丑，必敗。嗟乎！戰國尚兵，刃骨鋒血；吳起、白起，殺人盈城。服以上刑，詎曰失濫；況齊果用孟子，德之流行，豈僅如在滕之日，編氓踵至？齊民安，天下舉安，勿論其無兵事也。及有事於兵，豈制梃之外，別無制勝策乎？章、丑篤學，講習皆天下務，又安見其必敗也？

鳳洲云“如其勝之，先移二周之鼎，天下之罪叢焉”，則尤謬！保民而王，孟子勸齊行王政，非勸其奪天下也。取燕且不勸之，況滅周乎？若謂望人以湯武，不滅周不足以爲湯武，然則孔子爲東周，又將疑其代周耶？

悲夫！悲夫！井蛙之鳴，蚍蜉之撼，鳳洲何足論？特世風日變，雖以孔子後之一人，橫被污衊，斯亦不得已於辨也。士君子立言，要自有體，鳳洲與亏鱗輩，是古非今，此丹彼素，卮言論詩，老而悔爲少年事。意者孟子一論，特少年浮薄之言，鳳洲未必不悔耳。然何如少年，而並無浮薄言之爲愈哉？

問：陳承祚《三國志》以魏爲正統，涑水《通鑒》因之帝魏寇蜀矣。習彥威《漢晉春秋》以蜀爲正統，紫陽《綱目》因之帝蜀伐魏矣。説者謂承祚仕西晉，温公仕北宋，晉宋之受禪，等於曹魏，僞魏是僞晉、僞宋也。彥威生於東晉，考亭生於南宋，皆偏安之世，以正統歸蜀，而東晉、南宋均爲正統，無疑義矣。夫修史，是非係《春秋》名教之防，而予奪各因所處之世，於義何居？豈後人以私意度前賢歟？抑史法當然歟？六朝之劉宋，漢氏之後也，非南唐李氏託於唐後者。比以帝蜀之史例推之，亦可爲正統否歟？各出心裁以對

（李藩憲課二名）

袁嘉毅

漢亡久矣，而今之華人猶沿其稱曰"漢人"，況古之劉淵、劉智

遠、劉崇、劉龑，有不僭而稱漢者哉？然淵本匈奴，雖尊後主，廟三祖，實非漢裔；智遠、崇亦沙陀人，又與龑之去漢同遠，斷乎不足繼漢後。繼漢後者，獨昭烈耳。昭烈之爲正統，習彥威《漢晉春秋》開其先，朱子《綱目》定其後案。

或乃疑習生東晉，朱生南宋，兩賢帝蜀，所以尊偏安晉宋。夫讀書知人論世爲貴，然而勿求之深也。唐虞揖讓，周武征誅，孔、孟生周，不非堯舜。古自古，今自今，通如習、朱，豈必借古以媚今耶？陳承祚身仕篡魏之晉，而《志》猶正名曰"三國"。彼此未必借古以媚今，矧習、朱耶？

且夫承祚之詬於世，其故在作《魏帝紀》。溫公因之，《通鑒》亦帝魏寇蜀。然詬其謬誤可也，如諒之曰："生於篡周之宋，有所忌諱。"是生盜賊之世，即宜指古之盜賊爲正人？以是而爲史法，史乎？法乎？且劉知幾《史通》、劉恕《通鑒問疑》（是書乃恕子羲仲著，而所載皆恕之論辨），皆帝蜀而僞魏。知幾生於隋，恭所禪之唐；恕則與司馬同時，果無誤識，何忌諱之有乎？

天下大統，屬於帝王；大統之正，定於史筆。漢昭烈，帝室之胄，繼獻帝而立正統無疑。若劉裕之篡晉，雖《宋書》稱爲"楚元王後"，長安父老亦言"長安十陵"是公家墳墓，咸陽宮殿是公家故宅，決其爲漢室之裔。然而漢統久絕，不得援九世復仇之義。謂裕能復晉助魏虐之仇也。倘以昭烈正統，裕亦可以爲正統。將千百年後之劉氏皆可謀逆而紹漢，不尤悖哉！

嗟乎！後唐之李，唐宗賜姓者也，而不紹唐統；南唐之李，託祖於唐永王璘者也，而不得紹唐統。正統之不得不嚴如此，昭烈外之諸劉統安正者？顧或如承祚、溫公並昭烈而嚴之，則又過也。請定昭烈之正統，前準以習，後準于朱。

問：陳承祚《三國志》以魏爲正統，涑水《通鑒》因之帝魏寇蜀矣。習彥威《漢晉春秋》以蜀爲正統，紫陽《綱目》因之帝蜀伐魏矣。説者謂承祚仕西晉，温公仕北宋，晉宋之受禪，等於曹魏，僞魏是僞晉、僞宋也。彥威生於東晉，考亭生於南宋，皆偏安之世，以正統歸蜀，而東晉、南宋均爲正統，無疑義矣。夫修史，是非係《春秋》名教之防，而予奪各因所處之世，於義何居？豈後人以私意度前賢歟？抑史法當然歟？六朝之劉宋，漢氏之後也，非南唐李氏託於唐後者。比以帝蜀之史例推之，亦可爲正統否歟？各出心裁以對

（李藩憲課四名）

張儒瀾

正統之名難矣哉！歐陽氏之言曰："正者，所以正天下之不正也；統者，所以一天下之不一也。"由此論之，則三代後之可稱正統者，鮮矣。陳承祚及司馬温公以魏爲正統，習彥威及朱子以蜀爲正統，紀文達謂承祚、温公仕受禪之西晉、北宋，僞魏是即僞西晉、北宋；彥威、朱子仕偏安之東晉、南宋，僞蜀是即僞東晉、南宋，故即以所處之世爲予奪，確哉！此論可謂深窺數子之心也。

雖然,史也者,天下之至公也。不幸而天下無正統,作列國紀,可也。承祚、溫公,必欲以歸之魏者,歸之西晉、北宋,豈知魏之時,蜀、吳並立;宋之初,北漢猶在,無論以篡得者,不得言正,而四方分崩,亦可謂之統乎?至晉終滅蜀、吳,宋終并北漢,統則統矣,其如得之不正何?則承祚、溫公之以魏、西晉、北宋爲正統者,固非史法之當然矣。

若夫彥威、朱子,又以歸蜀者歸之東晉、南宋,後人多從之,而不知亦非也。夫蜀者,雖爲劉氏之後,而偏安一隅,又正而不統者也。至東晉、南宋者,即西晉、北宋之後,其祖已混一寰區,猶不免爲僭僞;其孫偏安半壁,而反謂之正統,千古有如是之史法乎?且但求其正而不求其統,則竊據太原一郡之北漢,亦可謂其先人非篡逆,而以正統予之乎?故彥威、朱子之書,其失亦與承祚、溫公同矣。至六朝之劉宋,雖與南唐之冒李氏後不同,然既已仕晉而篡晉,又安得以正統予之乎?

總之,正者,所以正天下之不正也;統者,所以一天下之不一也。兼此二者,而正統之名出焉。三代後之可稱正統者,惟兩漢、元、明及我聖朝而已。正統之名,難矣哉!

韋皋招南詔以攻吐蕃論

(李藩憲課一名)

丁中立

南詔倀吐蕃,侵掠唐邊界。韋忠武王招撫之,命擊吐蕃,取十六城,虜五王,降眾十餘萬。論者短之,謂唐室之禍卒起於雲南,以是知中國以自治爲強也。蒙竊不謂然。夫防邊,猶河深其渠,厚其隄,以時淪濬,治之經策也。然災或以猝至而告決,橫流泛溢,力不及施，則穿別渠以殺其勢，亦未嘗非策。如必縮九河之漲，同歸九仞之城，謂恐支流之易堙，而以疏導爲非計，雖神禹亦不能告厥成矣。

唐至德宗中葉，逆泚、懷光後先作亂；淮西繼之，久乃梟殄。間以夷患，吐蕃尤數。士卒疲於奔命，財力竭於轉輸，則國之弱也滋甚。苟可以紓其難而强其勢也，藉之可矣，而必責之以自治，如時有所不可，力有所不逮何？

且忠武之攻吐蕃也，亦未嘗盡藉南詔也。考《唐書》貞元四年，吐蕃寇西川，忠武遣兵拒擊，敗之清溪關外。十七年，吐蕃寇鹽州，又陷麟州。忠武遣將，將兵二萬，分出九道，破之維州，初何嘗藉南詔哉？其藉之者，亦會其勢有可乘耳。南詔本臣唐，其歸吐蕃也，由張虔陀輩爲之。藐使吐蕃鑒唐之失，稍事羈縻，若匈奴之於烏孫，先零之於罕开，不苦以橫征，不困以暴斂。忠武雖辯如博望，智如營平，亦安能間無疑之黨哉！四忍四難忍，此天所以褫吐蕃之醜，而予忠武以可乘之勢也。天與不取，反受其咎；招以攻敵，烏得爲失？厥後肇禍，乃杜元穎不恤軍士，驅與蠻合。使忠武不死，雖百年無事可矣。

韋皋招南詔以攻吐蕃論

（李藩憲課二名）

袁嘉穀

捐小忿，成奇功，韋皋輝映一時矣。然皋之功奇於一時，而不可通行於後世。後世無皋才之招之夷，非南詔比，猥欲效皋之以夷攻夷，所攻之夷亡，我亦隨亡；所攻之夷即不亡，我已先亡。吁，危哉！

或怪於愚曰：招南詔，攻吐蕃，皋行之，李鄴侯先議之。皋縱未足法，李猶不足法乎？曰：以唐事言，皋與鄴侯皆表表。西川屢苦南詔，皋獨有威惠，服撫諸蠻，蓋自立之術定矣。自立者，乃能立人。制吐蕃策，操之裕如，況異牟尋南中之傑，遺皋書以明志，自矢其世爲唐臣。志之堅，性情之摯，無論爲國家計，不宜棄之。即比之飛鳥依人，人亦豈忍棄之哉？點蒼一盟，吐蕃奪氣，一敗神川，再敗融城，三敗鹿危山。南詔盛而吐蕃衰，唐君臣舊恥以雪。昔班（勇）[超]通西域以拒匈奴，郭子儀和回紇以拒吐蕃，以皋方之，色無愧矣。

雖然，以後世論，斷不可以鄴侯名言，謂皋可法。夷勢本無常，今日信之，明日猜矣；今日利之，明日害矣。宋之攻遼也，彼不嘗招金乎？金之被攻也，宋不又嘗招元乎？乃宋亡之禍，即在亡遼、金之日。將以爲爲皋所誤，則君子無此苛謬之談。然則宋人之初心，未嘗不欲功皋之功也，豈知冬夏異時，湯水異飲，矧天下事膠柱，奚爲步皋之迹、異皋之實？宋車已覆，覆者又豈止宋也？

偉哉贊皇！繼皋而鎮西川。如其庸才，鮮不守皋之成法；而贊皇籌邊，不惟欲西撻吐蕃，並南詔而亦兵之。誠以南詔非皋時之南詔，故不必法皋之招南詔爾。使後人謀國，不效贊皇之奮發，而誤從鄴侯之成言，自立無術，依人而立，竊恐蹈宋覆轍，且加禍焉。皋而有知，不將痛憾千古乎！

韋皋招南詔以攻吐蕃論

（李藩憲課四名）

張儒瀾

以夷攻夷，計之上者也，然必其極可乘，而後吾謀可遂。韋皋之招南詔攻吐蕃，可謂善乘機者也。

　　考吐蕃之禍中國，莫甚於唐德宗之世。當其時，鹽、夏、銀、麟諸州皆爲所陷，京師震恐，生靈塗炭。南詔爲之羽翼，隴蜀以西岌岌乎殆。自皋貽書異牟尋，勸其歸命，而後吐蕃之右臂斷。皋又與異牟尋并力攻吐蕃，卒使嶲州克復，蕃將屢擒，蕃兵屢挫，蕃部落多降，而吐蕃勢遂弱焉。則皋以夷攻夷之功，遂覺駕班定遠而上之矣。夫論皋之才，豈定遠之倫哉！而功反駕之者，無他，乘機焉耳。

　　從來小夷樂附中國，而不樂附他夷者，中國仁而夷狄暴也。而卒不免棄中國而附他夷者，中國弱而夷狄强也。若中國一旦發奮自强，則彼皆思助中國以復其讎矣。夫至諸小夷皆思助我以復其讎，則我之藩翰既固，雖有狡夷，安能復爲我患哉！南詔自異牟尋以來，久苦西戎之暴虐，而懷中國之寬大。其欲助中國而攻西戎者久矣，特中國畏難苟安，日求和於西戎，故彼隱忍而不敢發耳。而皋能乘此機會，内自强而外招徠之，無怪彼傾心而致死於吐蕃也。

　　嗟乎！夫與不取，反受其殃。雖有智慧，不如乘勢。世之屬國，淪於夷狄，苦暴虐而思中國者多矣。於此而練兵選將，發奮出師，則我攻其外，彼應於内，安見韋皋之功不再見於後世也哉！奈何昧唇齒之誼，偷旦夕之安？吾恐一旦禍起倉猝，有不僅如吐蕃之禍唐也。

　　賢哉韋皋！何不見於後世乎！

王通李泌合論

（鄒梟憲課五名）

袁嘉穀

　　人不幸而以隱士稱，有道不行，有才不展，斯亦痛矣。然與其行道而見疑，展才而不盡，反不若以隱士稱者，猶得以潔身著書，爲後世式。此文中子之終隱，所以高於李鄴侯之不隱也。

或疑之曰：文中子之獻《太平策》，惡乎隱？鄴侯屢請放歸，又惡乎而不隱？曰：是不盡然。長安獻策，固有類躁進之行，然亦救時心切耳。人生救時之心，最不可一日不切。一日不切，則胞與也而胡越之，天下之不危希矣。顧君子之義，不可則止。文中子之歸，授徒樂天，屢徵不起。嗟夫！不觀於屢徵不起之節，孰信獻策之非躁進乎？鄴侯大異於是。身一委贄，心心乎社稷，不敢惜身以自潔；歷唐肅、代、德之朝，政無弗知，知無弗言。子夏曰："事君能致其身。"鄴侯有焉。其初之白衣立朝，不過進身不苟之義。肅、德時，雖求歸者二，其故皆力爭太子，以異姓而處人骨肉，嫌疑易生，不得不以去就明志耳。鄴侯豈真欲隱哉？如真隱者，則出仕肅宗猶可解也，出仕德宗復可解乎？況肅宗欲相之，鄴侯且辭；何代宗出之於外，且加以小人讒毀，而猶不決然去耶？愚故曰：鄴侯不隱，非文中子之終隱者比也。

顧以聖賢之道論，出以救時，隱以著書，其道雖一，而宏濟艱難，救時者尤侗乎遠，況鄴侯一代偉人，何得謂遜於文中？然愚之有取於鄴侯者，舊日之志，今則讀隋之《中說》，味深於讀《唐書》列傳也。古人契今吾，吾因舍鄴侯而取文中子。

匈奴未滅何以家爲論

（曹臬憲課一名）

袁嘉穀

既不能毀家紓難，如子文之於楚，斯亦誤矣；況身任國事，斤斤如婦人女子，謀家室之安居？君子曰：是心可誅也，獨不思霍景桓侯之言乎？景桓百戰開邊，擒降夷王數十計，武帝爲之治第，君非濫賞,臣受之亦非濫受矣,乃竟辭之曰:"匈奴未滅,無以家爲。"壯矣哉景桓也! 然非忠烏有此壯哉!

且吾謂景桓深識,殆不僅以忠壯見。武帝撻伐四裔,雄才大略,洵足千古。特用兵忽作忽輟,今日立功,明日師還;今日師還,明日復出。故衛青、李廣與景桓皆大將才,用之未竟其功,匈奴遂無由卒滅。設令漢兵大舉,存一勞永逸之見,不滅不止,不尤千載一時耶? 乃治第之武帝,若欲令景桓以稍息肩者,宜乎景桓之辭,且以自鞭,且以警帝矣。

人臣舉家而狥國,首文信公。信公知事不可爲猶爲之,以愧天下。其事較子文苦,其心即景桓之心。富鄭公曰:"主憂臣辱,臣不敢愛其死。"岳鄂王曰:"主上宵旰,豈大將安樂時?"是皆與景桓同心,知有國而不計及身家者。而景桓則言開其先,茲其所以尤著爾。

然使景桓用兵,不克自運方略,拘拘古法以求勝,雖忠忱志壯,欲警君以滅仇讎,而才不足以濟識,雖無家,益國幾何?

薛仁貴戚繼光合論

(全糧憲課二名)

袁嘉穀

論戚繼光才,豈薛仁貴所能及? 然仁貴驍將,時亦有大將之識,如恤賀魯之疏,新城之治,寓仁於勇,何遽出繼光下哉? 特繼光百戰百勝;仁貴則烏海大挫,乞和吐蕃,始得脱歸。其故何也? 愚竊推仁貴生平其失三,因益以爲繼光服。

當仁貴任大總管,入死地以求生,不自操全勝之權,而待屬將之救援。屬將而忠勇也,則亦勝矣。郭待封久違節制,仁貴何猶恃之耶? 繼光則不然,每戰先謀,自立不敗之地,雖劉顯、俞大猷且不恃之爲救援；況薊北諸將視繼光如贅旒者，繼光肯任之而違吾展布哉？

且夫疆場大事，非一人任。顧庸將仰人鼻息，不克自立，往往敗事。仁貴失之，繼光其倜乎遠矣。然繼光之敢犯不測者，非輕也。戚家軍名聞天下，地形戰艦，陣法器械，講之素精，南北豐功，基於浙卒。夫廉頗趙卒、岳王背嵬，不有腹心，奚助指臂？如僅恃一身忠勇，與大敵搏，即勝一時，必難久勝。仁貴之騎射，華震夷懾；而一犯不測之險，即不如繼光之必勝，豈非親軍有無之判乎？

顧親軍之患，不患弱，患縱；不患散，患衵。衵親者而縱之，古有之矣。繼光薊鎮上疏，頡頏孫吳，家丁盛而軍心離，未嘗不明言防之。讀所著《紀效新書》《練兵實紀》，士卒同甘苦，既嚴且明。嗚呼！於唐將中求其匹，李靖近之。彼仁貴多納賕遺，取所部爲妾，其失更不待問乎！

愚獨悲繼光晚年，得君遠不如仁貴，漂泊嶺表，且罷且死。繼光死，討倭者遂永無聞。人君棄才，明其衰也。顧尤有莫解於古之人君者。高麗，古嵎夷，唐倚仁貴諸將，復郡縣之。倭亦皮服之島夷。明成祖時，且航海而受王封。是二國者，可省之以杜萬世患。乃中國淺識，務不勤遠略之虛名，但事羈縻，不乘時收爲内地，縱仁貴、繼光，亦僅功在一時。夫仁貴、繼光，而乃令其功僅在一時哉？

薛仁貴戚繼光合論

（全糧憲課三名）

張儒瀾

中國與東夷搆兵，數千年鮮得志者。惟唐高宗之滅高麗，大振國威；其次則明世宗之破倭寇，差強人意。夫高麗之滅，主將雖爲李勣，而薛仁貴功居多；倭寇之破，雖俞、譚諸將同心，而戚繼光功尤著。然愚嘗合二子生平觀之，未嘗不歎二子才同而志異，故仁貴不以著書名，繼光不以犁庭顯也。

乃世之論者，謂仁貴恃勇而輕，故有大非川之敗，豈若繼光謀勇兼優，而又出以持重，是故終身不敗也？然則仁貴不過一驍將之流，而繼光乃大將之器，未可並日言也。不知大非川之役，仁貴之謀何嘗不善？特郭待封不受其節制，失輜重以致敗。此仁貴之不幸，非仁貴之輕也。若必以副將違節度致敗，遂謂其非大將才，然則武侯之敗於街亭，李顯忠之敗於符離，熊廷弼之敗於遼東，孫傳庭之敗於潼關，皆可謂其非大將才乎？

且仁貴所遇者欽陵，非若繼光所遇者汪直之流也。仁貴所敵者六十萬之眾，非若繼光所敵者數千之眾也；仁貴之戰在塞外，非若繼光之戰在邊境也；仁貴所共事者待封驕將，非若繼光所共事者劉、俞諸忠臣也。設令二子易地而處，安見薛之必敗而戚之必勝哉？至於安市戰之先摧大敵，黑山戰之擒契丹王，天山戰之弱九姓，金山、扶餘、雲州諸戰之平高麗而散突厥，凡茲數大捷者，繼光生平無一焉，豈殄數勁敵者僅足稱驍將，而摧一倭寇者反足爲大將乎？

論者又謂仁貴雖善戰，武將云爾；繼光儒將，豈仁貴所可比。不知繼光固儒將，仁貴獨非歟？觀其疏上高宗，則欲師出有名；留守新城，則恤孤老；任幹能，旌忠孝節義，何莫非儒將舉動耶？向令於十年見廢之時，著兵書以傳世，當亦必有可觀，惜乎仁貴不爲也。

或曰：如子之論，繼光之才，不亦遠遜仁貴乎？曰：又不然。觀繼光《練兵實紀》《紀效新書》，其將才當不在仁貴下。向令其鎮薊門之時，能請命於朝，率眾北征，斯時張居正當國，繼光言聽計從，未必不許。以繼光用兵之精，乘俺答衰弱之日，必能掃穴犁庭，比績仁貴。而惜乎繼光志不及此，僅求自守之策。亦猶仁貴之志不在著書,而僅求以邊功顯耳。然要不可謂仁貴不能著繼光之書,而繼光不能奏仁貴之績也。吾故曰:二子才同而志異也。

金元侵宋,分兵所出之道形勢利便說

(湯糧憲課八名)

許韻璋

宋敝於金,亡於元。敝猶可偏安,亡則慘矣。嗟乎! 金究何長於宋? 元究何長於宋?

或亦惟是侵宋之道,得形勢而知利便耳。當金之會宋攻遼,海上之使取海道以至登、萊,及席捲燕北,空城歸宋,宋即不納降,金亦必長驅而進。山西振動,汴京深入,其形勢僅一大河,而河防又復無人。宋之失,金之得也。

南渡以來,金兵西侵陝,東侵淮,南侵江浙,幸二三將才皆萬人敵,韓禦大儀,劉禦順昌,吳禦和尚原、大散關,岳則收河、洛,直擣中堅,幾盡復天下形勢。然則宋之幸獲偏安者,賴此數人力。金人笑南朝無人,南朝果終無人哉?

元之於金,力倍之,智什之。宋又日趨而日下。元一滅金亡立決。然愚謂宋之亡也,不亡於滅金,而亡於失襄陽;元之滅宋,不決於得襄陽,而決於得大理國。夫大理一國,固宋人所玉斧劃之者也。開基藝祖已失雄國,何況後代孱主哉! 元乃包西域,滅阿羅思,西撻日耳曼之地,然後略印度而東,武功之雄,中國千古所未有。及入大理,宋已成坐困之勢。而伯顏入浙,弘範歸粵,元遂收建瓴之功也。

嗚乎! 元人之先謀大理,金愧之,宋尤愧之。欲固中原形勢者,慎勿輕視大理哉!

陸宣公論

（興鹽憲課四名）

楊恩第

唐以來學術、文章、經濟，得其一節而名世者，蓋不少。若合學術、文章、經濟而一身兼之者，則惟陸宣公當之無愧。而卒貶竄以死，論者或歸咎於德宗之不明，或歸咎於公之不見幾。咎德宗者，謂其棄賢；咎公者，謂裴延齡用，公諫不從，不即去。蒙謂德宗之棄賢固是，如以爲公不能去，豈知公之心哉？

夫公之語人也，不嘗曰"上不負天子，下不負所學"乎？學者何？學爲忠與孝也。一言不用而即高蹈遠引，則智略之士優爲之，豈忠於國家者忍遽出此？況公年少得君，及位宰相，荷恩不可謂不厚，見信不可謂不專。且相從患難，共事危疑，其勞且瘁亦至矣。而禍亂方平，顧縱此奸諛小人，亂我國是，知而不言，如所學何？

矧言之從不從，固未可必也。君幸我從，固社稷之福；君不我從，即以膏斧鉞，吾以盡吾心耳。論者顧以不能去責公，是不惟不知公，且不知全身遠害非忠臣之用心也。蒙故舉公爲後世負學術、文章、經濟者告。

孫承宗論

（興鹽憲課二名）

袁嘉穀

綜觀千古亡國之際，明最多才，盧象昇、袁崇煥、熊廷弼，皆表表者，孫文忠尤其冠也。乃竭羣才以當我朝，而邊事之壞日蹙百里。此固王師烜赫，非螳臂所能當；然使明之君相，任人盡其才，如盧，如袁，如熊，當不至無救於亡，況文忠之曉暢邊事，忠誠如金石，雖言戰不足，言守無不足也。

夫天下之兵之制人勝人者，戰耳。然未有欲戰而不先固守者。文忠知必言，言必切，拳拳於練兵覈餉，撫西部，恤遼民，簡京軍，修薊鎮亭障，開京東屯田，議守關外，關外之守，所以爲關內守也。幼孩之奔走者，必其筋骨強，足力健，而後免趨蹶之虞。文忠之節既固，烏有能守而不能戰者哉？不觀其守通州而足解都城之圍乎？不觀其飭守撫甯、昌黎諸城而計克遵化四城乎？乃明人猜忌，其主款如王象乾，固無足責。王化貞知戰而不知守，張鳳翼知守關而不知關外之守。由文忠觀之，皆辱國之罪人也。矧魏忠賢輩爭起，而撓文忠哉？崇禎之末，文忠廢職，高陽城危，僅能率子孫家人以拒以殉，文忠殉，明亡決矣。

我朝修《明史》，贊文忠以慎固封守。惜廷論紛呶，亟行薊除。嗚乎！崇煥殺象昇陷，廷弼傳首九邊，文忠又以薊除殉。造物生才，明人棄才，悲夫！

孫承宗論

（興鹽憲課三名）

張儒瀾

明季任東事者，惟熊、孫、袁三人才。然廷弼褊，崇煥專，身敗名裂，已則取之，不足深論。乃以智勇忠貞，生立功，死立節，如高陽孫公者，猶遭時謗焉，是安得不爲之辨？

夫世之詆公者，皆曰：重用馬世龍，失人；築城大淩河，失計；魯之田等之死，吳襄等之敗，皆公罪也。不知智者千慮，必有一失？明如武侯，猶誤用馬謖；智如曹操，且敗於赤壁，安得以一眚而遂掩公之大德乎？且夫世龍，又豈真庸才乎？貌偉中怯，史雖云然，以今觀之，惟不救劉之綸一事；耀州之敗，輕也，非怯也。然識曹文詔於偏裨，畀所賜尚方劍，其知人之明，有足多焉。且北當插套，屢奏大捷，又安得謂寇勢微弱，遂詆爲庸才，而並詆公之重視之也？至大淩河之城，雖由公輕進，而亦邱禾嘉軍謀牴牾，故致敗耳。是則失人失計，安得爲公咎哉？

方公之再起督師，功與于忠肅埒。是時熊、袁並死，能任東事者惟公，而能辦流賊者惟盧象昇、洪承疇。向令莊烈帝知人善任，專以盧、洪辦流賊，而以公任東事，則北邊可以自保，而流寇不難立平。乃棄恢復之大功，責一敗之小眚，竟以讒言逼公告退。公去而北邊無人，乃調盧、洪於北。盧、洪調，則流賊不可制，而明亡徵遂決。何莫非罷公一人實階之厲耶？

夫一人之去留，天下之安危繫焉。後世豈無老而益壯可寄邊疆之任如公者，而顧靳其大權，使能不得展。嗚乎！天下事尚堪問哉！

歐陽《五代史》與薛居正舊史異同得失論

（松府憲課二名）

袁嘉穀

薛史公，歐史精；薛史弱，歐史略，新舊《五代史》之得失，斯言盡之。顧自金章宗後，歐史行而薛熄，令非我朝右文從《永樂大典》抄出之，何以使二史相資，爲考古得失之林耶？

愚嘗讀《四庫提要》，旁及竹汀、簡齋、西莊、甌北諸著作，於二史言之鑿鑿。彭文勤注歐史，又條薛史而證之。其異同之大端，殆莫如帝紀多寡耳。新史十三紀，歐不紀朱友珪，據《五代會要》。周張昭修《實錄》，已依劉邵例，書爲“元凶友珪”，薛紀十四，則有“帝友珪”之失。今本仍歸列傳，雖不合《中興書目》，而匡薛之失，不已大乎？

雖然，綜論帝紀，紀友珪失之，不紀友珪亦失之。夫以朱溫盜，石敬塘、郭威之篡，此而可謂之帝乎？唐滅梁，漢承晉，雖非盜篡，而羣雄角立，天下未一，又可以帝制予之乎？乃歐、薛咸帝之紀之，其何解於角立諸國也？歐作諸國世家，似乎仿《史記》法，然試問五代之帝，類周乎？類漢乎？況李茂貞、楊行密、王建，何遽不高季興若？何爲世家獨闕也？

薛史於不僭號者傳世襲，僭號者傳僭竊，然則列本紀者，非僭竊乎？起歐、薛而問之，當無説以處此。果有作者再修之，要必如《十六國春秋》之例，各不相統而後可。凡帝紀之朱溫輩，降之於吳、閩之列；凡列傳之李茂貞輩，亦改之與吳、閩等，統名之曰世家，庶幾乎無失耳。不然，《五代史》之名，已至謬而不可解；區區新舊之異同，誠有如相如所云：“楚則失之，齊亦未爲得也。”噫！

歐陽《五代史》與薛居正舊史異同得失論

（松府憲課三名）

孫文達

史之祖，其《春秋》歟？《春秋》足以爲史之祖者，褒貶耳。褒貶別善惡，善者知勸，惡者知懲，其維繫於天下人心世道者，良非淺鮮。後世之史，合《春秋》者，良史也；否則非良史矣。然則歐史、薛史之得失，其亦以《春秋》以繩之也可。

史之要，莫大於兩端，曰君道也，曰臣道也。然五代之敗壞此道也，則又莫極於兩人，曰朱溫也，曰馮道也。請即以兩人之書法，徵兩史之得失。

朱溫篡逆之尤，歐史於《梁紀》先稱"朱溫"，賜名後稱"全忠"，封王後稱王，僭位後始稱帝。且首篇但言其父誠；及即位，則突敘追尊四代事。其書名而不遽帝，所以標篡賊之目。其突敘追尊事，所以明其爲微賤羣盜。高、曾失考，言外貶詞，具見深意。薛史則開首即稱帝，且《紀》首則實敘四代之名，平鋪直敘，全無貶詞。於戲！以朱溫之爲君，而得與三王五帝相類，何以教天下後世？薛史悖《春秋》之旨，其不逮歐史遠矣。此君道之書法一。

馮道仕四朝，相十君，臣節埽地，洵無廉恥之尤者。歐則區之雜傳，所以別始終一朝之臣。《春秋》誅心，孰過於是？薛以死於某朝，即入某朝傳內。道死於周，編入《周書》，是舉道與死節之韓通並列，道於九京，能無深愧？且《晉帝紀》道爲契丹冊禮使，薛爲道諱，歐則大書。晉之始末於契丹使大有關係，薛竟略之，《春秋》之直筆安在？此於臣道之書法，其不逮歐史者二。

甚矣！君道、臣道，史之至要也。至要者已不逮歐陽遠甚，其他奚取乎？況其他之不逮者尤多也，吾故舉《春秋》之法以繩之。歐史有褒貶者也，薛史無褒貶者也，二書之孰得孰失，宜無不爽然者？《簡明目錄》謂薛近《左氏》，歐近《公》《穀》，吁，未足以定二史也！歐則全本《春秋》，奚止近《公》《穀》？薛則全背《春秋》之旨，《左氏》烏得背《春秋》乎？

陳師錫曰："歐公《新史》褒貶義例，仰師《春秋》，遷、固以來，未之有也。"又《書錄題解》曰："歐公以薛史繁猥失實，故作《新史》。"李方叔謂："公學《春秋》於胡瑗孫馥，故褒貶謹嚴，得《春秋》之法，雖司馬子長無以過也。"由此言之，謂歐史得《春秋》之法，先言之者眾矣。吾茲執《春秋》之法以讀二史，益信。

歐陽《五代史》與薛居正舊史異同得失論

（松府憲課四名）

張儒瀾

論歐陽公《五代史》者，多謂體例嚴於薛居正舊史，而事實遜其詳備。以愚觀之，歐史之事實，未嘗無足補薛史之漏者，而其體例，又未嘗無不及薛史者也。蓋薛史雖詳，然惟詳於中朝梁、唐、晉、漢、周五家，而於割據諸家，則合世襲僭爲傳，僅歐史世家之半；《外國傳》尤略，尚不及歐史《四夷附録》之半焉。且歐史《家人傳》，又較薛史《后妃諸王傳》增多而減少，此皆歐詳於薛者也。故曰：歐史之事實，未嘗無足補薛史之漏者也。

雖然，史也者，文獻並存者也。有紀傳而無志，文將何所徵乎？故《後漢書》無志，後人取司馬彪志補之，誠謂其萬不可少也。夫前人所無者，後人且蒐羅而補之，安有以前人所有而反削之者哉？歐公乃謂五代禮樂文章無足取，遂删薛史《禮樂》《食貨》《刑法》《選舉》《職官》諸志，僅作《司天》《職方》二考，無乃詳獻而略文歟？且歐公體例，自以爲仿《春秋》也。《春秋》之意，善者褒之，以爲後世法；不善者貶之，以爲後世戒。歐公既以五代禮樂文章爲無足觀，存而貶之可也，何爲竟删之哉？夫文無足觀，而遂可删之；是獻無足觀，亦可删也。歐公又何以不删《雜傳》中諸無足觀之人乎？故曰：歐史之體例，又未嘗無不及薛史者也。

總之，薛多據《實録》，故中朝之事詳於歐；歐多採野史，故各國之事詳於薛。薛之體例，皆沿古人，故無得亦無失；歐之體例，多創自己，故得多而失亦不少。彼極推歐史體例精當，而謂事實遜薛史詳備者，不過見薛史篇帙倍於歐史，而震驚歐公爲大儒之故，實未嘗熟讀二書，而詳證之也。

陽城論

（松府憲課二名）

袁嘉毅

余恒佩昌黎愛材，如李賀，如李觀，如趙德，如李翱，如郊、島、湜、籍，獎之成之，俾卓卓各表於宇宙。及讀《舊唐書》列傳，羨陽城其人，救陸贄，沮裴延齡，以直諫顯。廢書歎曰："城之直諫也，得毋亦昌黎激而成之耶？"

方其拜右諫議大夫，搢紳望風采，以爲城且死職，城獨緘默醉酒，八年而莫聞一語。以德宗猜忌而論，厭諫官紛紛苛細，即使城累牘瀆之，誠恐無功而反罪。然試問德宗之政何政乎，己之職又何職乎？以道事君之身，不能時時匡救，而反委之於待時，而謂爭臣之論，昌黎能已於激哉！幸也，城之善改過也。一言而贄獲不死，延齡不獲相，唐之元氣不盡於剝，而城之以不諫譏者終，竟以直諫顯。城固非常才，而昌黎激以成之之功，抑何可没也？

遷司業而教忠孝，治道州如治家事。罷侏儒，掘徵科，名臣循吏，萃於一身。觀其禁諸生沈酗，知其悔以醉溺職之非；觀其黨狂直言事之薛約，知其悔不與它諫官紛紛言事之失。嗚呼，孰非有悟於爭臣論，而亟亟於晚救哉！

《新唐書》傳城卓行，似僅重城之不娶與化盜、寬奴、養姊、助葬諸奇節。夫城之節誠奇也：不娶終身，奇而過，余故稱城節，而尤服其直諫後事，真有得力於昌黎論者。信乎昌黎之愛才也！誰繼昌黎成城乎？余將推范希文之成狄青，成張子。

陽城論

（松府憲課六名）

吳　琨

　　夫使疏上辨姦，延齡遠竄；詔聞悔過，陸贄生還。恩再洽於白衣，鬼難容於藍面。開誠納誨，長沙無賈誼之遷；補過拾遺，内史有汲黯之戀。則見朝廷肅靜，心腹無虞。雖或藩鎮強橫，枝葉易折，豈賀太平者獨萬福，而論令主者非貞元哉？

　　且使房君暫黜，虞愿終歸。破十年無赦之條，佐八月有爲之主。黃金橫帶，遽驚賢者遷官；白鹿夾輪，轉見使君入相。齊賢未用，終輔太宗；望之左遷，聊試宣帝。則法度雖弛於德廟，而紀綱可復於順朝已。

　　乃唐德宗者，性本昏庸，心尤猜忌。舉枉錯直，顯違宣聖之言；安危利菑，隱符孟子之論。伯玉雖賢未進，恨抱史魚；惠卿以利終遷，心傷司馬。前之忤於延齡者，縱雪朱穆之冤；後之黨於薛約者，難入劉陶之訟。以致淮陽老臥，十年不召長孺；張敞久遷，五日何來京兆？是以君子在外，小人在朝，平準之法方行，均輸之議復起。朝征夕斂，賦甚毒蛇；白放黃催，政苛猛虎。人心漸喪，國本必搖。吾嘗謂德宗之治難返，未始非玄宗之諫不待也。

　　顧或者曰：職居諫議之班，宜納朝夕之誨。當是時也，内有宦者之專權，外有諸藩之跋扈。延齡雖險，險者不僅延齡；陸贄雖賢，賢者非徒陸贄。而城也彼則緘默，此則力爭，豈欲以一事之長，遂掩終身之短乎？不知豺狼當道，安問狐貍橫行；鸞鳳在林，詎容鴟鴞並集？弊去太甚，疾且治心。是以躡虎尾而莫驚，觸龍鱗而不懼。斬佞臣以屬鏤，敢請朱雲之劍；慨賢才而盡黜，痛陳劉向之書。

君子謂貞觀如相延齡，其爲貞元不難；況貞元之時，其爲昭、僖尤易。城殆見之者深，故爭之者力歟？

或又曰：君子道消，小人道長。宜窺之於事前，勿失之於事後。安石方用，何無老泉之明；晁錯不誅，固有申屠之悔。且城也，既居五載，獨無一言？此所以前來韓子之譏，後有歐公之貶也。不知用賢去佞，元宰之權；補過效忠，諫臣之職。既無汾陽巨眼，焉知盧杞大奸？況夫弘羊拜官，幾危漢家社稷；九齡罷相，原關唐室安危。凡人所敢言者，而城默之；人所不敢言者，而城爭之。《史記》齊威王曰：“不鳴則已，一鳴驚人。不飛則已，一飛沖天。”其玄宗之謂也。

嗟夫！三代以後，既少完人；一節可矜，便稱佳士。觀其“當壞白蔴”之語，信增青簡之光。況當日手足聚歡，痛飲曹參之醹酒；蒼生戴德，徧留召伯之《甘棠》。隱中條則講德行，入太學則明忠孝。固雖卓行隱逸，舊有傳書；敢同循吏儒林，重編佳傳。方見論之公，識之篤也。說者不察始末，猶肆譏彈，是今人駁古人固甚易，不知後人之論今人，又何如也？

“文臣不愛錢，武臣不惜死”論

（謝縣尊課一名）

袁嘉穀

位愈高，心愈驕；任愈重，身愈縱。驕者清之，縱者輕之。心清身輕，是文臣之德也，是武臣之則也。岳鄂王曰：“文臣不愛錢，武臣不惜死，天下定矣。”嗚呼，豈欺我哉！螟之食苗也，苗死而螟隨之也；象之畏狻猊也，欲奔不奔，欲鬥不鬥，龐然雖巨，不自陷於死不止。文臣愛錢，武臣惜死，誤國自誤，異乎不異乎？

然此僅論利害耳。以理言之，愛錢者貪，貪者不仁；惜死者懦，懦者不勇。不仁不勇，是謂不忠。夫既云文也武也，而可不仁不勇哉？既云臣也，而可不忠哉？愚觀南宋之初，文如李綱、宗澤，武如韓吳、劉錡，仁勇且忠，一時之盛。鄂王兼之，宜乎挽南宋而北。顧宋之終不復北者，則其君貪位，惴惴退縮之故也。

然則不愛錢，不惜死，臣既尚之，君亦宜然。千古禍變，或甚於宋。君立臣之型，臣亦以忠君爲念。請從鄂王言。以"錢"與"死"爲首戒，而後舉鄂王之行盡法之。法其念民力之竭，則必省刑薄斂，以教以養，盡保民之道可知；法其運用一心之兵法，則必敵愾同仇，攘外安內，盡復仇之義可知。而要皆不愛錢、不惜死之一本充之而已。

且夫不愛錢，非難事也。思民膏民脂，則不忍愛；思天下公利，則不宜愛；思象齒之焚身，則不敢愛。何愛錢者之昧昧也？人莫不死，處死爲難。馬革裹屍，爲國殞命，夫非死而猶生耶？乃世風不古，鄂王言幾成虛語。甚者文臣千萬，或公卿，或牧令，平日剝民以招敵，敵至則委蛇逃亡，惜死者比比而是；武臣惜死，亦且蝕兵糧，盜器械，愛錢之禍，較文臣什倍之。嗚乎！天下不定，有自來矣。令鄂王當此，其將太息痛恨於惜死之文臣、愛錢之武臣，而不僅責"文臣之愛錢，武臣之惜死"也哉！

"文臣不愛錢，武臣不惜死"論

（謝縣尊課二名）

張儒瀾

岳忠武"文臣不愛錢，武臣不惜死"二語，人競稱之，愚則以爲猶未盡善，當曰"文武臣皆不愛錢，不惜死"，則當矣。

蓋以不愛錢專屬之文臣，彼不學無術之武臣聞之，必謂文臣之所以當不愛錢者,防納賄之弊也。若夫武臣以血肉之軀爲國家冒白刃,出九死一生之地,既有大功,又非納賄,雖愛錢何害?此忠武所以專言不惜死也。於是剋軍餉者有之,肆擄掠者有之,奪民利者有之。夫剋軍餉,則三軍心攜矣;肆擄掠,則歸化者阻矣;奪民利,則百姓擾矣。以此爲武臣,雖不惜死,能以單騎制敵耶?吳漢激反鄧奉,陳璘激反粵苗,鄧圯爲部下戕,皆武臣愛錢之貽害也。不然,夫豈不奮不顧身也?

至以不惜死專屬之武臣,彼文臣之畏葸自安者聞之,必將藉口於爲國捐軀此乃武將之事,吾輩文臣但勵清操可也。於是督師遷延,則如吳牲之亡明;望風奔潰,則如殷浩之敗晉;依附權奸,則如褚淵之啟蕭道成;奉表請降,則如譙周之誤劉禪。此又文臣惜死,實階之屬也。不然,彼諸臣者,又何嘗貪黷也?

總之,天下之亂,多起於文武諸臣皆貪而怯,而其治則由於文武諸臣廉而勇。若文臣廉而怯,武臣勇而貪,誠未見其即能太平矣。夫見利思義,見危授命,合之久要不忘,而孔子猶衹許爲救世成人,況僅居三者之一,即欲望天下之太平,難矣。雖然,世運人才,愈趨愈下,今即欲求僅不愛錢之文臣,僅不惜死之武臣,如忠武所云者,亦殊少概見矣。嗚呼,天下事尚可問哉?

"文臣不愛錢,武臣不惜死"論

(謝縣尊課七名)

袁丕緒

文武分途,後王之法之謬也。雖然,有治人無治法,觀晉國卿材,自將中軍,非文武合一者耶?何以林父逃敵,趙武弭兵,惜死者比比?士匄以後,愛錢者又何眾也?卓哉!岳忠武之言曰:"文臣不愛錢,武臣不惜死。"不必文武之合轍而臣道各盡,天下豈有人盡道而法猶不治者哉!

獨怪南宋風俗,較今日猶爲近古,而忠武言之沈痛,一至於此。知文臣自李、趙外,武臣自韓、劉、二吳外,大都貪懦之流。夫貪者剝民,民必判;懦者畏寇,寇必深。國家之敗,信乎無疑。況貪者必惜死。明末之降流賊者,多金求免是也。懦者必愛錢,趙括藏金帛於家,日視便利田宅,可買者買之是也。釀天下成貪懦之俗,文臣武臣,何顏以對其君乎?

特是君,表也;臣,影也。表直影直,表邪影邪。以宋高宗之貪懦,戀戀於四海之富,天子之貴,父兄之仇,反媚事之,汴不敢還,征不敢親,專於和而不敢戰,率宋之人而愛錢惜死,又何尤於文臣武臣耶?忠武此言,蓋猶爲尊者諱,而特借諸臣以明道耳。然使宋之諸臣果能信忠武言,格君心非,何遽不能支危局?即不能格君心非,而君雖不仁,臣不可以不忠。——以不愛錢不惜死自勵,又何至淪胥以亡耶?乃忠武雖有大聲之呼,夢者自若,囈者自若,噫,可哀也!

顧宋已往矣。忠武言猶在天壤,我高宗《題岳廟詩》曰:"兩言臣則昭千古。"千古之文臣武臣,尚其兢兢而佩忠武之言哉?

藺相如論

（堂課首名）

秦光玉

藺相如,有士君子之行者也。

或曰:"子持是説,豈非以相如返趙璧會澠池,爲人之所難能者耶?"曰:"不然,之二事者,乃戰國策士之所優爲,而非士君子之行也。"有士君子之行,而卓卓焉。爲相如之所獨得者,其惟下廉頗一事乎？使當日者，相如不下頗，則必各執意見而猜嫌生，互相詬病而恥辱生，甚至私植黨援，相與傾陷，而禍亂以生，損趙國威，貽鄰國笑，秦兵之至無日矣，遑問國家之事何如哉？

曠觀史冊，以同僚不睦而誤人家國事者，比比而然，如張延賞之於李晟，趙文華之於張經，王化貞之於熊廷弼。其爲小人者勿論已，即使爲君子者，如馬燧反李晟之説，張浚與岳飛有隙，卒使平涼見劫，金虜未滅。然此猶得曰涵養未純，君子之武者也。即使爲君子之儒者，如李德裕因父怨仇牛僧孺，吕夷簡因私憾仇富弼，盡成朋黨，幾誤邊事。然此猶得曰君子之平等者也。至若傑然特出，爲千古士君子之標準者，莫如洛黨、蜀黨，而亦不恤國事，互相攻訐，一時君子貶竄殆盡，而熙豐小人乘間而起，北宋遂因以不振。所謂"先國家之急而後私仇者"安在哉？

嗟嗟，以素所號爲"君子"，號爲"特出之君子"者，挾嫌啟釁，因私廢公，幾等於策士之所爲；而策士如相如者，乃能顧全大局，退讓相將，行士君子之所行。故夫不會、不朝、不當車，謙德感人，遂使被甲自雄者，易而爲負荆請罪，將相輯睦，俾趙重於九鼎大吕，而强秦不敢加兵者數年，相如力也。

然則踵相如之行者有諸？曰：有之。寇恂稱病賈復，周瑜折節程普，陸遜屈服孫吴諸將，吾皆得而稱之曰有士君子之行。

藺相如論

（堂課二名）

袁嘉毅

勇哉相如！完璧擊缶，輕視秦如無人然。夫秦豈可輕視哉？不過以易璧詐謀，不防以詐應之，使知趙不餒秦耳，豈真愛區區璧哉？擊缻之辱，尤出爾反爾之常，相如所恃，自在盛兵以待耳。秦人曰：“請以趙十五城壽秦王。”相如曰：“請以秦咸陽爲趙王壽。”此直兩相兒戲，相如詎以是重哉？然則何重？曰：重勇。然則何勇？曰：屈廉頗以爲國，斯爲勇。天下之大勇，非徒勝人而已，忍人之所不能忍，下人之所不能下，以屈爲勝，有超乎血氣之勇萬萬者。

當趙惠文時，秦不加兵於趙者，實相如與頗是懼。頗一武臣，憤憤欲與相如鬬，使相如僅血氣之勇，何必不徇舍人言，以叱秦王者叱頗哉？乃一則稱病不會，再則引道避之。愚於是知大勇之學問，而相如卓卓不可及也。何也？己之屈，非己屈也，爲友屈也。且不僅爲友屈，爲國屈也。

嗟夫！彼介介一己之私，一言一事之偶激，而撼同列快仇恨，不顧國家之急者，獨何心矣哉！曠觀古今，惟寇恂屈賈復，追相如美。馬卿雖心慕相如，不及相如實遠矣。雖然，豈僅相如不易及？頗肉袒負荆，勇於改過，改過如頗，又幾人哉？

藺相如論

（堂課三名）

蔣　谷

弱國易愚，強國善欺。夫欺人者，亦以其可欺則欺之耳。彼趙者，得一藺生，易璧、會澠兩番，卒使秦不得售其欺。觀其所以能使秦不得售其欺者，亦非有奇策異謀也，徒以能拚一死耳。其所以能拚一死者，則以其無自私之念於中耳。吾於藺生屈廉將軍一事，而見其能不自私矣。

或者猶以完璧、擊缶二事，不觸秦怒爲天幸，豈不謬哉！古今強鄰逼處，小人誤國，鮮不由於恐觸強者之怒，甘心受欺，至亡而不悟者比比矣，莫非自私一念誤之也。有志之士生乎斯時，思拚一死以報國，謂非毅然大丈夫哉？然而必自去私始矣。

賈誼晁錯論

（堂課首名）

袁嘉毅

晁錯非賈生比也，而錯亦非後人所易比。然不比賈生，恥也；不能比錯，雖可恥而何必恥哉？

夫吳濞之亂，削亦反，不削亦反。錯之削藩，詎曰不忠，特未嘗先籌，守備不哲，七國反而自欲居守，不勇東市罪乃錯自取，於爰益何尤？賈生則不然。年少上書，得制七國之術，曰"眾建諸侯"，而少其力，曲突徙薪，且令人不知爲徙薪者。其哲十倍於錯上。其憤匈奴也，願試一屬國之官制單于，笞中行說，抑何勇也？乃絳、灌惑文帝，疏賈生，使憂鬱死。生如不死，嗚呼，漢其盛矣乎哉！

後世學校衰，人才日絀。漢人如賈習《詩》《書》，錯受《尚書》，夫豈不學無術者？賈生遠已，錯之謀國，亦豈齊泰、黃子澄所能望其項背？矧談兵長技，中國五，匈奴三，守邊備塞，勸農力本，雖入粟買爵，踵秦弊政，而粟積於邊，與罔市利者殊矣。戰法在得地形，卒服習，器用利，庸庸人能言之乎？

至於治協人情，變法易故，君君臣臣，凜然有賈生。張四維嚴禮制之遺意，特學不如賈生，所行未必逮言耳。班《書》有言："賈誼已死，對策惟錯爲高等。"蓋傷文帝之不用賈生，反求才於賈生外。錯之顯也，宜也，而豈料錯才雖奇，哲勇不足，雖舍生報漢，漢何益耶？

人臣有私家而忘國者，其人可誅。顧君父一也，不順親者，又烏乎忠？錯違父之教，至父飲藥而不顧，豈若賈生惓惓於忠孝之屈原足徵性情之厚哉？愚故以不比賈生爲恥；不比晁錯，雖可恥而何必恥？

賈誼晁錯論

（堂課二名）

張儒瀾

物尾大者不掉，樹枝强者幹弱，國外重者多亂，此乃理之固然。西漢二百年，海内晏安無事者，賈誼、晁錯之力也。

《漢書》載賈誼患諸侯强大，上《治安策》，首建削藩之議。文帝不納。誼既没，晁錯復踵其議，帝復不聽。及景帝立，乃從之，而七國叛，錯身被戮，論者譏焉。嗟乎，使七國不削，則西漢二百年間，海内能如是之晏然無事耶？有景帝以爲君，有錯與亞夫以爲將相，而謂七國之遂能滅漢耶？論者不予其百世已然之功，而責其一時未然之禍，嗚乎！是何不取賈誼《治安策》，所謂“可痛哭者”而讀之也？

雖然，誼之論諸侯地當削，猶僅徵諸漢初耳。即漢之前何獨不然？夏商之見滅於湯武，猶可曰桀紂無道云爾。東周鮮昏亂之君，而天下困於兵車之禍，庸非諸侯太强之故哉？若秦以暴虐亡者，又不可藉口於外之不重也。自誼與錯建議後，光武薄列國之封土，天下鮮戰争之禍者，亦二百年。西晉重諸王之權，故八王相争，中原塗炭，不再傳而即亡。唐之中葉，藩鎮權重，反叛頻聞，乘輿播蕩，迄晚唐無甯歲。宋收天下之兵，釋諸將之柄，國雖弱而不亂，雖削而不即亡。明復封建之制，一傳而即亡於燕。其後高煦、宸濠之變，國又幾危。由此觀之，則西漢二百年，海内晏安無事者，非誼與錯之力而誰之力哉？

　　論者又以間人骨肉爲二子譏，是尤不通之論也。二子之議削諸侯，削之實以安之也。設令當日不削諸侯，坐令強大，則後不以謀逆亡，必以相殘盡，又豈僅七國之不保其社稷哉？夫七國之不保其社稷，七國之自取耳。向令七國忠以奉漢，不利其土，雖削何書？乃忽聞削地之詔，遂起反噬之謀，大逆無道，自取夷滅，是誼與錯欲置之生地，而彼自陷於死地也，於誼與錯何尤乎？

　　或又謂誼雖曾建此議，而其時未行，自錯行之，而事乃成，是安漢乃錯一人功也，誼何力之有焉？不知誼之議在先，錯之議在後。設無誼先發其論，錯或未見及此焉，未可知也。縱見及此，而景帝不敢專信錯言焉，亦未可知也。則謂錯安漢之功，所以竟誼安漢之志，可也。

賈誼晁錯論

（堂課四名）

張之霖

　　君臣父子兄弟，人倫也，亦天性也。君之用臣，欲以安宗室也。至不幸而宗室不安，變起於父子兄弟之間，爲之臣者亦導以恩誼而已，乃欲以骨肉相殘之術進之，此其拂君之心而啟讒人之口矣。

　　漢之賈誼、晁錯，皆天下才也，而誼以抑鬱終身，錯則忠而獲罪。論者謂君之負臣，以此爲文、景白璧之微瑕。而不知文帝之於誼，遇亦厚矣。一歲之中，由博士而至大中大夫，復爲長沙王傅，安知後日之不任以股肱耶！而《治安》之策一上，不聞復召入宣室。景帝之於錯，以沖幼之君視先帝遺老，方且恃之以無恐，豈肯遽信讒言而自傾柱石乎？而袁盎一入，即以刎首。噫，二子蓋有自取之道矣！

夫七國之諸侯，何如人哉？非文帝之弟若兄，即文帝之猶子比兒也。七國之變，不過憤博局之嫌，非有管、蔡之變，共叔段之不仁也。爲賈誼者，正宜本痛哭流涕上親親之表，激其天良，使相親相愛，以息入室之戈，則與文帝賜吳王几杖之心相合矣。乃見不及此，而有髖髀、斧斤之説。錯亦本其意，而有“不削必反”之言。嗚乎！誼之策者，治安也；錯之稱者，智囊也，曾亦知其君耶？驟除蔓草，鄭莊之險狠猶不忍爲，況文、景乃希世之君耶！與其失骨肉之恩，不若疏君臣之義，在帝亦計之熟矣。此文帝所以不擢賈於絳、灌之上，而景帝所以疑袁盎之讒也。

且自古之以疏間親者，鮮有能自保者矣。晉里克之弒奚齊，非不有功於夷吾也，而夷吾卒殺之；范雎之廢穰侯，非不有益於秦昭也，而昭王用之不終。豈非其天性之不容泯哉？向使七國之難發於賈誼上策之時，吾恐斧斤未加，而鑠金銷骨，已被讒口之毒矣。誼亦幸矣哉！吾觀誼之《弔屈原》，自抒憤懣之意；錯之對其父，則謂安宗廟之方，是真不自知也。吾故表而出之，以告後之爲人臣者。

賈誼晁錯論

（堂課九名）

甘　韶

世皆以懷才受謗、能不得展爲賈誼晁錯惜，蒙以爲皆其自取也。何也？以不能忍故也。夫有超世之才，必有過人之忍，而後能建大業，立大功。有才而無忍，未有不因自炫而屈其才，輕發難以枉其才者也。

賈誼當冲幼之年，即通達國體，曉暢時事，且其文宏妙淹通，非用力勤鋭者不能。若加以涵養，發其言而藹如，以漢文慈祥之君，安有不行其策者？乃銳意進取，故發危文言以動聽，交淺言深，欲以一旦之間謀新而棄舊，其安能乎？然而誼之才，固見重於漢文者也，不用其言，而以爲長沙王太傅，蓋欲折其少年剛銳之氣，使之動心忍性，而降以大任也。誼不能忍，渡江不自得，哭泣以至於死。嗚乎，惜矣，亦小矣！

賈誼既死，惟晁錯對策爲高，一時稱爲“智囊”。嘗有更定法律、裁削諸侯之議，而文帝不從。及景帝即位，君臣同心，錯遂得行其志。更令三十章，卒之疎人骨肉，口語多怒，不旋踵間，使擧家皆戮。其故何哉？蓋殘刻之行施於人，未有不斂怨者也。以錯之得君，如彼其專，誠能開陳善道，輔其君布德行仁，則諸侯安有不服者？縱謂吳王濞二十餘年，不行朝享之禮，尤復招納亡叛，不可不圖。然露反情者惟吳王，只宜削吳王之地，以震服六國之心；乃倒行逆施，至吳王得藉口以誘諸侯，何其愚哉！觀其“削亦反，不削亦反”之言，殆欲速各國之反。彼從而芟刈之，以顯其不世出之才，然獨不思《書》有曰“必有忍，事乃有濟”乎？何不能堅忍而至於滅亡也？

合而觀之，二子之志，皆欲發難以顯其才；二子之失，皆在無忍而自誤其才。若論其心迹，賈誼不得志，不過弔屈原以舒憤懣；晁錯計窮，則使君自將而已安，其優劣固判若天淵矣。世之有才者尚其加意於忍，而無蹈二子之失焉，則得矣。

駁侯朝宗《王猛論》

（堂課一名）

袁嘉穀

異哉，侯朝宗之論王猛也！猛以秦臣而謀秦，告苻堅曰：“晉雖僻處江南，然正朔相承，上下安和。臣没之後，願勿以晉爲圖。”

是時也，堅驕甚，猛慮之深，故謀之切。朝宗誤會其言，謂猛欲以秦存晉。勿論以敵存敵，斷斷乎理未必然；即果如所論，而以堅之委任，不爲堅成一統之業，身雖於秦，心貳於晉，是猛爲不忠於秦。況既知晉爲正朔，秦不當滅晉，則當晉政方隆，不畏秦兵，猛誠欲存晉，宜亟勸堅之伐晉，使晉早勝秦，晉乃可存。今反勸秦勿圖晉，恐移時而晉政壞，無以支秦，是猛爲不忠於晉。嗚呼！朝宗重猛，爲猛原心，竟使猛爲秦爲晉，兩難自解。猛何不幸而有此原心之論哉？

且夫執臨終正朔之言，稱猛識華夷之分，自尹起莘之《綱目》發明始。朝宗祖之，欲爲猛掩事夷之迹耳。不知以華事夷，罪則可誅；以夷事夷，焉足深怪？猛生北海，家於魏，隱於華陰，諸地皆懷、愍早失，非復東晉之王土也。猛卒年五十一，逆推其生，當明帝之二年，又非復東晉之民也。其始之就謁桓溫，非重其爲正朔之臣，特震於溫之伐秦，欲藉之立功名耳。及聞師言，猛與溫不並世，功名之念，遂移之秦。夫使猛果不仕晉，並不仕秦，世亂則隱，豈不甚善？然而猛非其人也。

朝宗曰："澹泊安靜，猛不及諸葛亮。"斯言得之，惜乎始終心乎曾之褒，儗以亮之心乎漢，則謬甚。且謂才高於亮，則尤謬矣。愚觀猛之輕於去就，於正僭之理蓋未之聞，其所云晉爲正朔，不過如苻融之諫堅曰："江東雖微弱僅存，然中華正統，天意必不絕之耳。"其所云晉未可圖，不過如權翼之諫堅曰："晉雖微弱，未有大惡。謝安、桓沖，皆江表偉人。君臣輯睦，未可圖耳。"朝宗稱猛欲存晉，豈苻融、權翼亦欲以秦存晉哉？

抑聞之朝宗明諸生，曾誤應我朝科試。据朝宗《年譜》，時欲傷侯恂，當事者勸朝宗出而應試，乃解。夫恂當死不死，累其子之出，恂之過也；然朝宗過亦豈能解乎？豫省試五策，籌開國事頗善，後人翻刻《壯悔集》刪去之，豈欲爲之諱耳？讀其文集，惓惓於明。王猛一論，蓋隱痛洪承疇董，而因以自況。

觀《年譜》載時人以猛比朝宗，益可知也。然猛之一生，迹類許衡，朝宗實非其倫也。噫！

駁侯朝宗《王猛論》

（堂課二名）

席聘臣

王猛以東晉傑出之才，不從桓温歸晉，共襄王室，乃反委身異族，失所去就，意其人□闇於大義者也。及讀侯方域《壯悔堂文集》，乃目之爲“識大義”，又許爲“武鄉侯後一人”，未嘗不駭然，曰：“異哉其言！”猛果有心爲晉，何以咸康、建元之代，不聞擊楫渡江，如祖士雅之誓清中原？遲至桓温入關，署爲軍咨祭酒，官雖卑，仕晉則一。猛能北面晉穆，協心桓温，則晉室可興，後世誰敢訾議？舍官不就，而稽首秦庭，心乎王室者，果如是乎？

武侯之隱居南陽，吳、魏屢徵，皆堅卧不起。感先主三顧之恩，又知爲帝室之胄，乃出而議興漢室。以爲爲漢，誠爲漢也。猛之於堅，其受三顧之恩乎？堅又豈帝室之胄乎？良禽擇木，猛猶未逮。方域合武侯而並論之，何異使鸞鳳接翼耶？

魏武議加九錫，荀彧阻之，迹似忠於漢乎？後人因其先委身魏武，謂雖晚節立異，萬難解免。尉遲迥知楊堅將篡而討堅，意存周也。韋孝寬受周厚恩，乃大敗迥軍。迥急自殺。後人亦責其知兵而不知義。夫彧與孝寬，其事皆在魏、隋未篡以前，千載論斷，無以逃《春秋》之誅。況堅以夷猾夏，明明爲僭亂之邦，猛甘心事之，無意於晉，審矣。方域乃代爲之辭曰“心在於晉”，是則天下之爲賊者，但曰“吾心爲王室，非爲賊也”，即可貰彼終身之罪。執法者豈若是之愚哉！

至方域謂猛之事秦爲不得已，又舉臨終之言爲證，其論尤非。夫猛雖在秦，苻堅非有求猛必仕之心。仕秦仕晉，自在於猛，又何不得已之有？況苻堅未得猛時，未聞拓土開疆。是堅之所恃者，猛也。猛不事堅而事晉，以堅之才，萬難得晉，何待猛以事秦者存晉耶？

桓溫枋頭之敗，其畫策實出於猛。則猛之心迹，昭昭然爲秦而不爲晉。"晉未可圖"，猛就上下安和決之；堅才不足混一天下，又猛之所逆知者，臨終故舉以爲言。設晉之上下不和，人心思亂，猛將以滅燕者滅晉矣。投鞭斷流，其畫策安知不又出於猛乎？

方域爲猛解免，蓋出於憐才之意。然猛才雖可取，而事秦實有背於大義。使以猛之事秦爲□，□恐天下之從賊者，羣以猛爲口實，則順逆之義，中外之防，由是大潰矣，豈非方域之罪哉？

駁侯朝宗《王猛論》

（堂課三名）

張儒瀾

侯朝宗爲復社君子之最著者，不能效吳次尾殉難，而靦顏事國朝。乃作《王猛論》，以解免猛者自解免。嗚呼，朝宗之欺天下後世人者罪猶小，而其誤天下後世人者罪乃大也！

蓋自君臣位定以來，未聞有懷貳心之忠臣也。猛果心乎晉，則不當復事秦；猛既事秦，則不當心乎晉。既爲晉軍謀祭酒，又辭晉而事秦；既爲秦相臣，又有二心於晉，猛果如是，則是晉之二臣，而秦之姦臣也。而朝宗反以爲識大義，何其滅倫悖理之甚歟！

吾謂猛功名之流，而非節義之士也。其不事姚氏、石氏，而事苻氏者，以爲彼非吾主，而此乃真吾主，猶彧、嘉之不事袁紹而事曹操也。其初謁溫而終辭溫者，始以溫能大有爲；及溫南旋，而後知其不能大有爲也。朝宗乃謂猛知溫欲篡晉，恐從之則爲荀、郭流，不從則慮其殺己。豈知猛果從溫而歸晉，溫必不敢設篡晉之想。即使敢焉，而猛亦必有以制之矣。溫太眞，王敦之謀士也；而王敦謀逆，卒死於其手。況溫之才不過王敦，而猛之才勝於太眞哉！且謝安一華士，尚能戢溫非分之想，曾謂猛之不謝安若乎？猛臨死告苻堅之語，此猛知晉不可伐，故以至誠告堅也。若因其勸勿伐晉，遂謂其心乎晉，然則張夫人之諫，亦可謂其心晉乎？

天下固不少好爲新論者，此志士語羞雷同之心。而獨至有關於世道人心者，則斷不可求新以惑衆。如朝宗之言，勢不令天下後世之靦顏二朝者，咸以猛爲藉口，而忠義泯焉，漸滅不止。而要之朝宗之意，則不過以解免猛者自解免云爾。

然則爲猛者當如之何？曰：糾合義兵，以討五胡，上也；隨溫歸晉，徐圖恢復，次也；不秦不晉，躬耕自樂，又其次也。至欲以功名自見，遂乃北面夷廷，嗚乎！猛亦可謂厚顏矣。如朝宗者，所謂文過之小人歟？

駁侯朝宗《王猛論》

（堂課四名）

袁嘉端

謬哉！侯朝宗論王猛，竟謂其以秦存晉也！夫秦、晉，敵也。以敵滅敵，自古有之；未聞有以敵存敵也。況朝宗所稱猛者，不過臨沒之言，別無他證。晉之所以存，顧只賴乎此言哉？

方猛之始謁桓溫，談天下務，直抉其不渡灞水之隱衷，已深悉溫急謀歸，必有篡弑之舉。斯即溫揄薦之晉，猛猶將引避不暇。區區官軍咨祭酒，曾何足以籠猛？猛之不就，洵非所失。特其謁溫也，非爲晉也，不過見溫之攻秦，欲借以自立功也。其去溫也，亦非不爲晉也，特溫不用之，不能借以立功也。功名之士，何暇計晉哉！

夫既不計晉爲何如晉，則他日仕秦，亦必不計秦爲何如秦。故呂婆樓一薦，遂欣然聽從。枋頭之役，合燕拒晉，晉之敗也，實猛爲之。雖二十年之相業，外修戰陣，内致隆平，顧無一事爲晉，一言爲晉，則其僅知有秦可知也。將卒而告堅曰："晉爲正朔，願無以晉爲圖。"蓋以國富則志盈，盈必侈；兵强則氣驕，驕必敗。堅以平一六合爲心，而猛進以善成善終之諫。大舉寇晉之敗，猛似先見及之，故諄謂正朔不可圖者，爲秦也，非爲晉也。司馬錯謂秦惠王曰："劫天子，惡名也。"猛言似之。噫，猛之謀秦，至矣。堅不信其言，作百年自固之計，堅之失，猛之憾也。朝宗竟以諸葛存漢相比，曾謂郤吳、魏而扶漢者，乃類是哉？符堅之得猛也，異符同契，言聽計從，誠如漢君臣無愧。然此乃言恩遇耳，若論乎人，則堅既大異昭烈，而猛亦大異諸葛。朝宗曰亮始終心乎漢，信也；猛始終心乎晉，殆惟朝宗信之乎？

姚崇宋璟論

（堂課一名）

袁嘉穀

使千載人不尚節，則姚崇、宋璟之稱賢相也固宜。然而管子天下才，九合諸侯，一匡天下，聖人節取之，終不掩其事二之節，況姚之才未必及管，宋之才又不及姚？稱其功而或忘其貳臣，可乎哉？

昔愚讀新舊《唐書》，服宋之不賞邊功，若預知天寶之禍而防之者，教張説，斥外戚，持天下正，具以此見。姚要明皇以十事，洞燭利弊，古今條奏之善，惟李綱足與偶爾。獨史筆之贊，以姚、宋與房、杜並稱，則大不然。房、杜當亂世，猶不輕失身於人；姚、宋乃委贄武后，漠不知非，相去可道里計哉？

或又謂：武后之變，究爲唐室之母，與二姓之興者殊。不思武氏雖李氏之母，彼不曾改唐爲周乎？唐之宗廟，彼不曾廢之而立武氏廟乎？君既二姓之君，臣即二姓之臣，豈得以平勃事吕，解姚、宋之失耶？況姚泣武后之廢，傾心於周，幾不復知有唐室。世乃傳其抑張易之，請移京僧配私置寺，以爲不畏武后，抑末矣。宋之剛正有過於姚，而考其剛正之端，亦莫著於折張卿事。夫人入巨寇之林，媚厥渠魁，而獨於渠魁之佞幸，斤斤與争讓□剛正，正乎？剛乎？

且不聞事武氏之狄梁公乎？梁公身雖委蛇，而鸚鵡夢之對，姪不嗣姑之對，五王之進，卒大有造於唐室。而責備賢者之論，且疑狄梁事周，終不可爲唐純臣。誠以百事或可言遷就，而獨於二姓之君，萬無可遷就之理。苟或用其遷就，雖以狄梁公之存心可諒，而其節究不可解。矧姚、宋當事武之日，其爲唐之心不及梁公萬一，詎可以開元之相業，恕其事二之節哉？

姚崇宋璟論

（堂課三名）

丁庶凝

天下最不平之事，莫如狄梁公被謗；而姚崇、宋璟，人則咸嘖嘖稱之。世之論梁公者曰：“武氏革唐命，公上不能爲徐敬業之討賊，次不能守義而不屈，又不能飄然而遠引。”而稱崇、璟，則曰善應變成務，曰善持法守正。

夫事變之大，孰有如鼎革？正之當守，孰有如鼎革之際？且梁公當武氏之朝，無日不以復唐社稷爲己任。崇、璟終身則心未嘗關及此。夫豈徒不關心，中宗之反正，崇戀武氏，嗚咽而流泣。張柬之責之，猶曰："爲人臣之義。"推其意，武氏之篡亂，彼固視爲固然耳。乃人於梁公則謗之，而於二子則稱之，豈非天下之大不平耶？

或曰梁公之被謗，以其爲時大臣也；二子之可稱，以其輔成開元之治也。曰："武氏之時，梁公爲宰相，姚崇非夏官侍郎，而宋璟非左御史臺耶？"且君臣之義，一命以上，皆無所容逃。如謂卑官即可不言節，是古來忠義下僚反失於多事；況二子之官亦大不卑矣。若夫二子其後之相業，亦幸天不亡唐耳。如唐不反正，二子之心既以武氏之篡爲固然，則其才能亦竭於周而已矣，安有復顯於唐之事哉？

竊嘗謂二子之得爲唐臣，皆狄梁公之所賜者矣。唐命之不竟革也，以五王之力；五王之得爲力也，以梁公之薦；而中宗之不見害於武氏，而使五王得以奉之以復唐命也，則尤梁公一人之大功。乃論者於梁公則力刻求之，於姚、宋二子則偏能恕之稱之，且至以房、杜比之。嗚呼！豈足以服人心哉！愚故爲表而正之。

姚崇宋璟論

（堂課四名）

秦光玉

唐史臣稱，崇善應變，以成天下之務；璟善守文，以持天下之正。是固然矣。然蒙謂崇何嘗不持天下之正？璟何嘗不成天下之務也？

自武后稱制以來，宰臣希承意旨，冤殺宗室大臣，而崇獨申明枉屈，以一門百口保見在內外各官，非持正乎？張易之請移京師大德僧十人配定州，私置寺。僧等苦請。崇斷停之。易之屢以爲言，崇終不納。夫易之，倖臣，而崇抑制若是，非持正乎？睿宗時，太平公主干預朝政,宋王成器、岐王範、薛王業,皆執朝權,而崇請令公主往就東都,出宋王成器等諸王爲刺史,非持正乎? 又況度人爲僧尼,則闢佛有奏;山東蝗蟲大起,則殺蝗有議;與夫十事之疏,薄葬之囑,何莫非持正者哉? 蒙故曰:崇何嘗不持天下之正也?

至若璟之爲人,以正道告張說,雪魏元忠之冤,俾天下是非邪正昭然明白,其成務也如此。韋月將告武三思潛通宮掖,有司奏月將大逆,中宗特令誅之,而璟執奏,請按其罪狀,遂得免死極刑,其成務也如此。外戚及諸公主請托滋甚,典選者爲權門所制,九流失敘。璟爲吏部尚書,大革前弊,取捨平允,銓綜有序,其成務也如此。以及爭主仁皎之墳制,綱紀攸關,宥權梁山之枝黨,脅從罔治,其成就豈少也哉? 蒙故曰:璟何嘗不成天下之務也?

嘗論之:天下之人才,每毗陰毗陽,而囿於一偏。其負才明敏者,洞達羣情,練習庶務,未始非經綸天下之材。然往往揣合旨意,阿附權貴,而秉道嫉邪之風不少概見。無他,能成務不能持正耳。其秉性剛方者,雖君過,有必匡;雖權強,有必劾。面折廷爭,風節懍然。然往往闇於世故,付以經世重任,疏闊而不知所以爲。無他,能持正不能成務耳。乃世之論人者,動曰某某成務如崇,某某持正如璟,而豈知崇固持天下之正,璟固成天下之務者乎? 然則崇與璟孰優? 曰:璟優於崇,前人已有定論矣,庸何贊?

姚崇宋璟論

(堂課五名)

張儒瀾

論唐之名相者,房、杜而外,必稱姚、宋。愚以爲姚無愧名相,而宋非其匹,不足言名相也。

古之所謂名相者，必能建大計，立大功，斷大事，非第以氣節稱也。文獻初見明皇，即以十事進，非能建大計者歟？五王之誅二張，必待其來而事乃濟，非能立大功者歟？捕蝗之舉，獨見其大力，排眾議以行之，非能斷大事者歟？凡此三者，皆文貞所不能為者也。乃論者謂文獻諛，而文貞正。夫安知元之之諛，皆事之甚小而無關繫者？其可議者，惟勸明皇東行之舉。然安得以一眚掩大德，遂謂其劣於文貞哉？

若夫文貞，吾亦何敢謂其不正？然而不能無遺憾焉。夫薦賢為國，狄梁公所以獲造唐之名也。不舉賢以自代，管夷吾所以被亂齊之譏也。文貞歷事四君，未聞舉一人可大用者。其致仕也，復不聞舉賢自代，以視文獻之始薦張柬之而終薦文貞者，何如乎？

且文獻之相也，朝廷不聞有竊權閹寺與跋扈僉壬，明皇亦不聞有大無道之舉。何哉？畏文獻而不敢逞也。自文獻去，而文貞執政，而後高力士勢傾內外矣，李林甫進劾張說矣，王皇后以無罪廢矣。夫此三端，實開天寶之亂政，明皇之所由失國，而智士之所能預覯者也。文貞既不能防範於先，又不能匡救於後，其勝於源乾曜、盧懷慎輩幾何耶？雖其風骨嚴峻，言論危切，然不過一直臣之流，豈能與建大計、立大功、斷大事之文獻並稱名相哉？

總而論之，文獻，良臣也；文貞，直臣也。良臣在則社稷安，而直臣得與之和衷而共濟。良臣亡則社稷危，雖有直臣，亦何能挽回哉！董允沒，而瞻厥不能制後主、黃皓，漢室以亡；楊榮死，而士奇、溥不能制英宗、王振，明祚亦幾廢。何者？匡主而戢奸，貴有非常之才，非口舌所能爭也。況文獻之才勝於允、榮；而文貞暮年之依違，更甚於瞻厥、二楊哉！此天寶之禍機所以不伏自姚相時，而伏自宋相時也。

問：顧亭林謂《通鑑》本以資治，何暇錄及
文人？故屈原亦不得書，是以原爲文人
也，無資於治。然則朱子《綱目》書屈原
者，僅錄文人歟？抑謂其有資於治歟？
涑水、紫陽並稱大儒，何棄取不同
如此？孰非孰是？試詳言之

（堂課一名）

蔣　谷

《日知錄》有云："讀屈子《離騷》之篇，乃知堯舜之所以行出乎
人者。以其耿介，同乎流俗，合乎汙世，則不可與入堯舜之道矣。"
顧氏固善讀《離騷》者乎？而論《通鑑》不載文人，以屈子爲晚近文
人，何不善知屈子者也！

屈原諫楚懷入秦，係興亡大計，昔人曾舉此爲屈原辨。愚以謂
此未足以盡屈原也。屈原綣綣君國，至誠惻怛，生平不能自已，千
載可見，奚獨此一諫哉！或曰："原雖綣綣君國不能自已，惜乎無裨
於治何？"愚曰："唯唯，否否。不然，古今任揆協、專方面，當虎狼逼
人，兵剗地削，所天危急，存亡在旦夕如屈原者，比比皆是也。而固
漠然無所動於中，誠不知其何所資於治也！彼屈原者，枘鑿不容，
故於時無補耳。然原處既見疏、既奪位後，猶竭忠納諫如是，卒雖
不用，放逐至死，其綣綣之心，終不自已，以至於託諸文字。而後世
讀原之爲書者，抑且不能無所感發焉！紫陽嘗謂抆淚謳唫之下，足
以發天性民彝之善，而增三綱五典之重，而不敢直以詞人之賦視之
者，倘即所謂有資於治耶！

其諫王入秦，一節所係，抑又可知也。唐宋以來，所謂文人務聲華多，務實行寡，顧亭林嘗述宋劉忠肅之言曰："一爲文人，便無足觀。"其引文人爲大戒也，而不知屈原固非近代文人也。夫屈原生時，國無知人，以至於死。而後世揚雄、班固、顏之推之徒，復交譏之。如揚雄者蓋不足道，而溫公《通鑑》亦復遺之，何屈原之多不幸耶！

嗟乎！嗟乎！汨羅長往，志潔行芳，孤懷惟求自知耳，何暇求人知哉！朱子《綱目》書之，蓋所以勸後世人臣盡其忠愛之誠，而又非徒揚訏幽芬也。

問：顧亭林謂《通鑑》本以資治，何暇録及文人？故屈原亦不得書，是以原爲文人也，無資於治。然則朱子《綱目》書屈原者，僅録文人歟？抑謂其有資於治歟？涑水、紫陽並稱大儒，何棄取不同如此？孰非孰是？試詳辨之

（堂課四名）

秦光玉

著書難矣哉！以十九年殫精竭力之《通鑑》，而卓卓屈原猶不能表章以垂信後世，起溫公而問之，當亦自悔其疏矣。幸哉！紫陽續修《綱目》，補而書之，昭示來茲。乃後儒如顧亭林猶謂原爲文人，無資於治，故溫公不書。嗟嗟，是何言歟！是何言歟！

且夫古今文人，如柳宗元、劉禹錫之徒，大都阿附奸邪，嫉惡未嚴；而原乃正道直行，竭忠盡智，以事其君，是焉得以文人目之？宋

之閒、王嬌之徒，大都行爲卑濁，心術未端；而原乃志潔行廉，浮游塵埃之外，又焉得以文人目之？

至若原之有資於治者，史稱其"入則與王議國事，出號令；出則遇賓客，應諸侯"，是有資於國是邦交也；懷王使造憲令，原屬草藁，是有資於興章也；其爲三閭大夫也，序其譜屬，率賢良以屬國士，是有資於宗族也。且也張儀之脱去，請殺之；懷王之入會，諫止之。言雖不見用，其忠謀讜論實關繫芈氏盛衰興亡之大計如此。而謂之無資於治，奚可哉？如此而謂之文人，奚可哉？

雖然，謂原爲文人，良以《離騷》諸篇爲詞賦宗耳。然蒙謂《離騷》諸篇乃原不得已而爲之者。假設原當日，懷王、頃襄後先柄用，原方大展其材力，飭吏治，舉人才，端士習，奠民生，强兵力，聯與國以擯强秦，俾三湘七澤固於苞桑，是原生平將以治術傳信於天下後世，而何暇以文章見哉！

太史公曰："屈原放逐，乃賦《離騷》。"此亦著述之無可如何者也。然即以《離騷》論，上述唐、虞、三后，下序桀、紂、羿、澆，法戒昭然，冀君覺悟，以善鳥香草比忠貞，惡禽臭物比讒佞，邪正判然，冀君黜陟。使時君納之，必能收效當時；即後君用之，亦能裨益後世。是原之文固有資於國家政治之文，而非徒文人之文也。此朱子《綱目》所以書原也。

即涑水《通鑑》不書原，亦非謂原爲文人無資於治也。特卷帙浩繁，挂漏不免，而疏略於萬一者也。獨怪亭林撰《日知錄》，積三十餘年之精力，考核精博，議論允當，久爲儒林宗仰，而以原爲文人，猶疏於評騭如此。然則著書難矣哉！

問：韓信將兵，多多益善，
其行兵之法若何？試詳考之
（堂課一名）

袁嘉穀

兵不貴多也，貴精，貴奇。惜哉，《漢書·藝文志》兵權謀家，録韓信三篇，今不傳耳。使其傳也，則淮陰侯之兵法，將昭然共聞共見也。乃世人不觀其書，往往泥“多多益善”之言，疑侯之將兵貴多。觀高帝謂“連百萬之衆，戰必勝，攻必取，吾不如韓信”，似乎侯之兵宜有多至百萬者，而不知高帝稱侯，特極言其善將衆；侯亦極言己才將多兵而益善耳，豈謂侯曾將百萬之兵哉！

今據《史》《漢》考之，並證之以《孫子》。蓋以《孫子兵法》千古所祖，侯嘗引其“陷之死地而後生，置之亡地而後存”二語，則侯生平所得力，必在《孫子》。且《漢志》録《孫子》書，與侯書同屬權謀，知侯之重權謀，其有合《孫子》無疑。當其初拜大將驚者一軍，登壇數語，無愧“知己知彼、知地知天”之兵法。

《周禮·夏言》云：“萬有二千五百人爲軍。”《國語·齊語》云：“萬人爲一軍。”《説文》云：“四千人爲軍。”漢初軍數無明文，未知與周、齊、東漢何如。然侯始擊魏，必仿“夜戰多火鼓，晝戰多旌旗”之兵法，益爲疑兵，則兵之不多，可知。“伏兵從夏陽，以木罌缻渡軍。”木罌缻，非舟也，能渡幾何？則兵之不多，益可知。《兵法》曰：“攻其無備，出其不意。”侯之勝算，蓋如此然。兵雖不多，其精必也。故侯之下魏破代，漢輒使人收其精兵，詣滎陽以拒楚。既而張耳兵從，益者三萬，遂得以數萬擊趙。蓋至是而侯所將兵，乃日多矣。

然以較趙兵二十萬，眾寡遠異。故陳餘有"十則圍之，倍則戰之"之説，侯乃"置之死亡"，使萬人背水而陣，二千人拔幟立幟，餘者有水上軍。數萬兵用之以奇，趙軍焉有不虜哉！他日囊沙決水，以半濟而擊之。《兵法》"破龍且兵二十萬"，雖云"收趙兵未發者擊齊"，而定趙城日，侯又已發兵詣漢。知其入齊之兵，未必多於入趙之兵。故蒯通説侯於趙曰"將數萬眾"；武涉説侯於齊，侯亦曰"數萬眾"而已。

然則侯兵終少乎？曰：否。垓下之會，"將兵三十萬，自當項王"。孔將軍居左，費將軍居右。皇帝在後。絳侯、柴將軍在皇帝後。淮陰先合不利。邰孔將軍、費將軍縱，楚兵不利，侯復乘之。《孫子》云："左右險阻，擊鼓而出。敵人若當，急擊務突。前鬭後拓，左右犄角。"《十三篇》無此語，見《通典》。侯真能運用變化哉！特漢雖傾國屬侯，兵亦未必百萬耳。

《漢書·高紀》云："天下既定，令韓信申軍法，並美於蕭何之律令，張蒼之章程，叔孫通之禮儀，陸賈之《新語》。"《藝文志》則又云："張良、韓信，序次兵法。凡百八十二家，删取要用，定著三十五家。"是侯之兵書，殆不止於自著之三篇。今也不幸，無一字與《孫子》並傳，僅僅傳施行之精略奇功，考古者能無共惜哉！

唐府兵考

（堂課一名）

袁嘉穀

府兵其盡善乎？何以高宗、武后時，久不用兵，衛士即以亡匿耶？府兵其不善乎？何以自西魏、北周，歷隋而唐，利幾百年，稱利者且千古耶？天下之事，不知來視諸往，天下之理，窮則變，變則通，何況乎兵？何況乎唐之府兵？

考唐府兵之制，詳於《唐書·兵志》。約舉其要，則在畫地。分天下十道，置府六百三十四。一在重內：關內二百六十一府；其餘九道，府不過三百七十三。一在分等：一府八百人爲下，千人爲中，千二百人爲上。一在徵民：年二十爲兵，六十而免；能騎射者爲越騎，餘爲步兵。先天二年詔："二十五人兵，五十而免。屢征者十年即免。"事不果行。一在更番宿衛：論地遠近，以一月上。一在重農：軍置主一人，檢察户口，勸課農桑。一在習武：終歲力耕，季冬則統軍折衝都尉，率五校兵馬之在府者而教戰。至於戰法，則每校步隊十，騎隊一，吹角六通以爲令，令畢縱獵。戰器則布幕氈帽，鉗鋸弓矢，飯米之屬，皆自備，并介胄戎具藏於庫，征行則出給之。慮將軍之跋扈也，則將由朝命，事定歸朝；慮傾國之空虛也，全府發則折衝乃行，不盡則果毅行，少則別將行。當給馬者官予直；不任戰事者，鬻之以其錢更市。《志》所謂"居處教養，畜材待事，動作休息，皆有節目"，信矣乎！非誣説也。

雖然，唐之府兵，行之有本，讀《唐·食貨志》，知太宗授人以口，分世業田，而取之以租庸調法，猶有井田遺意。夫三代興井田，故兵叵寓之於農。唐雖不能復井田，而人授一頃，歲用力二十日，閏加二日，加役二十五日者免調，三十日者並免租。人人農，即人人兵。府兵之所以善也。

然田有盡而人無窮。貧無葬者，得賣其世業田。自挾鄉徙寬鄉者，得并賣口分田。授田之制易壞，府兵因之而并壞。一變爲召募之彍騎，再變爲久任之藩鎮，豈盡人謀不臧哉！

抑農田非受之官，則兵力不易責之農耳。三代下之兵制，固推府兵。然衡之以今之事理，冬習戰而餘時習農，可也；而以其習農之故，欲不餉而役其力，則不可。分境界而專責任，可也；而内重外輕，防強藩不防遠夷，則不可。兵由折衝而練，可也；而有事乃倉卒置將，將不知兵，則不可。

噫！兵制誠難言矣哉！孟子曰："徒法不能以自行。"兵尤顯者，必得人以立仁、智、信、勇、嚴之原，夫而後可言兵，可言府兵，可不言府兵，而無往非府兵之意。

歷代遷都得失考

（堂課二名）

袁嘉毅

吳起，武人耳，乃能知在德不在險。言遷都者或迂之，而不知非迂也。小惠非德，弱人非德，空談心性非德。德者，政之精也。孔子曰"道之以政"，"道之以德"，德非在政外，政之精者即德也。然則君天下者，亦務修政以成德，斯已耳。

險胡爲者？險莫險於秦。河山百二，非盡侈也。何以漢獻之遷，晉惠、晉湣之遷，北魏靜帝之遷，不聞有救於危亡乎？險之次者，曰洛、汴，曰江、浙。然周平王、唐昭宗、金宣宗，遷洛、汴而危亡如故。晉元帝、宋高宗、明弘光，遷江、浙而危亡如故。可知天下大勢，亦務修政以成德，斯已耳。

險胡爲者？然則古之遷都，將竟無一得者乎？曰：唯唯，否否。不然，殷之五遷，安民也；文遷豐，武遷鎬，圖大也；魏孝文遷洛，元世祖、明成祖遷燕，進取也。是故都不可遷也，而有安民之惠則遷，有圖大之業、進取之志則遷。夫所謂進取圖大而安民者，何也？修政以成德之謂也。乃周平、漢獻之流，或逼於權奸而遷，或惑於庸臣而遷，甚者避戎而遷，愈遷而危亡愈速。嗚呼！德教之衰，內政不修，不圖大而偷安，不進取而退避，不安民而殘民，無論我能往，寇亦能往，蔿賈之言，如著之卜，即內地之民恐亦將起而爲寇。隋爝離宮,滿天下無一地可以安身;宋之昰、昺,求一舟居而不得。千古太息,可以鑒矣!

　夫修政,則豐、鎬、燕、洛無不可都;不修政,則雖長城萬里,金城千里,舊都者亦不可保,況遷都乎?大哉,我太祖之遷瀋陽也!大哉,我世祖之遷燕也!曰安民,曰圖大,曰進取,三者兼之,而本實在於修政以成德。洵乎天下大勢,亦修政以成德斯已耳,險胡爲者?

歷代遷都得失考

（堂課三名）

秦光玉

　公劉遷豳,文王遷豐,武王遷鎬,鄭桓公遷洛,東晉景公遷新田,後漢光武帝、北魏孝文帝遷洛,明成祖遷北平,我太祖遷瀋陽,世祖遷燕京,或宅中,或扼要,或據膏壤,或控遐方,古今來遷都得計,孰有勝於此者乎?

　不然,則皇帝之後,少昊遷曲阜,顓頊遷商邱,帝嚳遷亳。契之後,昭明遷砥石,相土遷商邱。上古渾噩,遷徙靡常,此皆無與於得失之數者也。不然,則漢之獻帝,董卓遷長安,曹操又劫遷許;唐之昭宗,韓全誨劫遷鳳翔,朱溫又劫遷洛陽。奸臣弄權失計顯然,盡人而知之者也。又不然,則仲丁遷囂,河亶甲遷相,祖乙遷耿、遷邢,盤庚遷殷,太王遷歧,衛文公遷楚邱,晉愍帝遷長安,以及邢遷夷儀,杞遷緣陵。或患水,或患戎,無可如何,不得已而遷之者也,計之失猶可原也。蒙獨不解於周平王、楚昭王及考烈王、魏惠王,與夫晉之元帝、宋之高宗、金之宣宗,以堂堂大國,不思內修政治,以禦敵人;退縮委靡,甘爲遷避之計。平王以避犬戎遷洛矣,昭王以避吳遷郡矣,考烈王、惠王以避秦遷壽春、遷大梁矣,元帝以避胡遷建康,高宗以避金遷臨安,宣宗以避元遷汴京矣。自遷而後,若周,若楚,若魏,若晉、宋、金,遂不覺寖衰寖弱,終底滅亡,豈非遷之失計者哉?

　　嘗論之:京都,天下根本。開創之初,必多方審慎,乃可建立。既都之後,後世子孫無容輕忽議遷。即或歷年既久,事變無常,有不得不遷之勢,亦必於無事時遷之則可。若有事之秋,強敵逼處,然後議遷,則斷斷然不可。蓋有事之時,天下人心仰望京都;京都一動搖,則天下臣民皆以土崩瓦解之患矣,謀國是者可弗計歟? 是故楚莊王欲遷阪高也,蔿賈止之;晉成帝欲遷豫章、會稽也,王導止之;唐代宗欲遷洛,德宗欲遷蜀也,郭子儀、李晟止之;宋真宗欲遷成都、金陵,明景帝欲遷南京也,寇準、于謙止之。之數子者,皆深知國家大計者也。惜乎古今遷都失計,無有人如賈與導、子儀與晟、準與謙,大聲疾呼,挽回危局,措天下於磐石之安也。噫!

卷三　雜文

王陽明以良知爲聖學宗旨辨

（丁撫憲課一名）

袁嘉穀

卓哉，陸桴亭之言也！世有大儒，決不別立宗旨。譬之大醫，無方不備，豈沾沾一海上方，謂舍此無方藥哉？卓哉，李復齋之言也！學問之道，折衷聖人，今於好古敏求、博文約禮之外，別標宗旨，得不謂之異端乎？

王陽明先生乃以"良知"爲聖學宗旨。正、嘉以後，諸儒幾幾無人不宗旨，無言不良知。夫良知本出孟子，時時致之，合大人"不失赤子心"之學。顧牽坿《大學》之"致知"，謂"良知"一致，聖學可賅，殆未免言之易耳。然而宗旨門戶，南北宋儒已有之，釋宋儒而責陽明，公乎？況陽明氣節、功勳、文章、政事，凛凛爲明代一人，安得以講學之偏，叢加集矢乎？士君子學以爲己，自勉躬行，知古人之失，不從其失可也；必肆口而攻之，躬行者顧如是哉？

且攻良知之書，陳清瀾、崔子鍾則已覺攻人之惡，不暇自攻其惡也。然猶得爲解，以良知初倡，明儒灼見其失，不忍默默，雖自修功少，功猶及人。入國朝來，王學日衰，家矛戟而人鼓簧，羣以良知爲口實。《欽定四庫提要》斥其若有不共戴天之仇者，是亦不可已乎？且夫不入程朱之室，必不足以知陽明；不知陽明而攻陽明，其攻必不足服眾。學如熊孝感，似非無心得者矣，乃口攻陽明，而著書悉墮於陽明《四庫提要》言之。矧孫承澤之流，身名瓦裂，以斯人而言宗程朱，攻陽明，多見其諱言良知之害也。

愚生也庸，屢閱陽明書而屢疑之。屢閱攻陽明書而又屢疑之。明儒之談良知，成一代之風氣；近儒之攻良知，亦成一代之風氣。蓋自朱子接孟子之緒，聖祖接朱子之緒二句本勉之《語錄》，天下曉然於朱子之正，競起學朱。學朱善也，特不善學者僅藉攻王以彰己之學朱。躬行不修，徒工口辯，風氣移人，害與明同。

愚竊竊然斷之曰：學宜朱子，勿陽明也；良知必存，勿宗旨也。遙遙聖教，必博約兼，敢策人哉！姑自鞭爾。

王陽明以良知爲聖學宗旨辨

（丁撫憲課五名）

秦光玉

王陽明以良知爲聖學宗旨，先儒如羅整菴之《困知記》，徐養齋之《讀書劄記》，呂涇野之《內篇》，王無異之《正學隅見述》，陸稼書之《讀朱隨筆》《三魚堂賸言》，可謂辨之詳矣，抑當矣，尚何煩子之贅言哉！雖然，此學術一大關鍵也，是不可以不辨。

且夫良知之說，非出於孟子者哉？然吾謂孟子之意，蓋有見於戰國之人心，不識仁義，故舉人生固有之良知良能，啟發天倪，此特仁義之端也。若夫擴充愛敬、備全仁義，是非學焉不可，特孟子未之及耳。陽明不知此意，遂以良知爲宗旨。信如此言，是孔子之所謂博學博文者皆非也，所謂好古敏求者皆非也，所謂多聞多見者皆非也，所謂雅言《詩》《書》、執禮者皆非也，是焉得爲聖人之學哉？

雖然，在陽明固未嘗廢學也。觀其龍場一謫，日繹舊聞，撰《五經臆說》。夫曰"五經"，曰"舊聞"，陽明固嘗從事於學者也。以嘗從事於學之人，頓然一悟，宗旨良知，學術尚未大失；獨怪後之學陽明者，遂欲土苴經籍，弁髦事物，師心自用，日日從事於"良知"，將見始焉病於空虛，繼焉病於放誕，終且病於猖狂決裂而不可以救藥。此隆慶、萬曆之間，儒術之所以大壞也。

然則良知固陽明之失，亦不善學陽明者之失之尤大也。論者不察，因學陽明者之大失，遂並陽明而痛詆之，不遺餘力。如陳清瀾之《學蔀通辨》，程瞳之《閑闢錄》，張武承之《王學質疑》，熊青岳之《閑道錄》《下學堂劄記》，亦未免失之過激矣。吾辨良知，斷斷然不敢出此。

王陽明以良知爲聖學宗旨辨

（丁撫憲課九名）

袁嘉璧

三年以前，服膺理學宗傳，於新建良知之說未之敢異。今得一解，謂孟子良知牽合於《大學》致知，失之繫，矧以"良知"標爲聖學宗旨，尤失之偏。夫坦坦大路，人人由之，必執一言爲宗旨，是狹巷也。雖非冥行悮人，其於大道也千里矣。然而世之攻良知者，則又過矣。彼曰陽明異端，此曰姚江亡明；彼曰宜禁《傳習錄》，此曰宜罷其從祀。然如陸清獻、羅忠節，其學自深，辨新建不爲過；否則徒滋口辯，於新建何損？於己反損矣。

夫"良知"宗旨，天下從同，推其流弊，將有束書不觀，徒守一"心"以爲學。紛紛後儒，羅近溪之"赤子良心"，季彭山之"主宰"，王心齋之"百姓日用"，聶雙江之"歸寂"，唐玉菴之"討真心"，皆緣"良知"宗旨而誤。然其害不至誤國，衹自誤耳。王植應撝謙乃斥之過甚，並新建事功、氣節，一一駁之，直蚍蜉之見耳。不聞彭定求氏之論乎？使明季臣工以"致良知"之説，警覺提撕，必不敢招權納賄，妨賢虐忠，縱盜戕民，識者方恨陽明之道不行不圖誣詆者，顛倒黑白，逞戈矛，弄簧鼓，謂明不亡於寇盜而亡於學術也。

　　陽明之學術，本不及程朱之粹美，然必矯激論，豈人人須失其良知，而後爲救陽明之學耶？今倘有洗門户之見者乎？窮理致知，反躬踐實，居敬慎獨，存天理，去人欲，博通約守，己達達人，是則程朱之徒，亦陽明之所樂許也。拘拘一"良知"宗旨者惑，孜孜以攻"良知"宗旨者乖。

問：近儒謂"先天無極""主一無適" "虛靈不昧"皆出二氏書。究出 二氏何書？宋儒博通篤實，豈肯 以二氏書説經者？試詳證之

（張學憲課二名）

袁嘉毅

　　考據爲聖門文學之科，考據精，斯義理明；考據詳，斯事理磧。宋儒重理，考據或疎。顧疎矣，而於理無害，是何煩辨？矧辨之，亦未嘗密哉！

　　愚幼習《學》《庸》章句，《論》《孟》集注，於"主一無適""虛靈不昧"諸訓，歟朱子釋"德"釋"敬"，至明且磧。惠定宇《周易述》，錢曉徵《養新錄》，乃斥夫"主一無適"出於《文子》，而"虛靈"二字，競謂出於道家，不可以狀心體。《文子》書多引《老子》，道士杜道堅爲之纘義，則以爲出二書亦宜。第以出二氏書爲咎，將謂"敬"爲二三其德乎？將謂"德"之在心，實而蠢，蠢而昧乎？

　　然而考據家之攻宋儒，猶未重此。其所重者，殆"先天""無極"二圖乎？當毛西河《太極圖遺議》出，以圖與《參同契》合併，引唐明皇《贊上方大洞真元妙序》"無極"二字爲證，朱錫鬯、戴東原所摘略同。夫"無極"之義，象山辨之久矣。孫夏峰謂周不以"無極"始成大儒，陸不以疑"無極"害其爲儒，豈甘作調停見哉？理則然矣。

　　乃自西河後，學者窮名不窮理，如王嗣槐《太極圖説論》，王鳴盛《蛾術編》，连鶴壽《蛾術編校補》，紛紛繼西河而起。《周易術》《養新録》並力持之。綜其大旨，咸以《無極圖》周子取之陳摶，《先天圖》邵子取之道家，"先天"託伏羲，"無極"襲老子。《管子》有《無極》之文，《漢志》亦列之道家。

　　夫使學宗聖門，僅僅衍"先天"，推"無極"，誠若可訾。特以理而言，窮原竟委。《洪範》"有極"，周子"無極"，言固各有當也。以名而言，則"先天"本《易·文言》；"無極"本《逸周書·命訓辭》，亦豈出二氏書哉？

　　後之學者，誠於博文約禮，修己治人，生平無一憾，何暇芸古人之田？考據證義理，斯得之矣。如恃考據以攻義理，試問聖門文學科肖焉？否乎？

"四維"説

（興鹽憲課十名）

張崇仁

　　《管子》"四維"之説，一曰禮，二曰義，三曰廉，四曰恥。愚以爲亦見道之言也。柳州駁之，謂有"二維"，而無"四維"。是柳州之苟議《管子》，而不自知其言之失也。

　　夫《管子》謂義不自進，廉不蔽惡，固與儒者之所謂"義"與"廉"

異。然"四維"而歸重於"恥",其於《孟子》"恥之於人大矣"之意,豈有異乎?夫自來踰節之大者,莫如曹操、司馬昭之以臣而弒君;自進之大者,莫如馮道、譙周之忘身而事仇;蔽惡之大者,莫如揚雄、劉歆之爲莽迴護,頌莽功德,而不正其弒奪之罪。之數人者,皆由於恥心盡喪,故忍爲不禮、不義、不廉之事,而不以爲怪也。倘羞惡之心尚有一綫之未絕,亦斷不至爲此。蓋恥者,禮、義、廉之所由生也。三者雖泯,而但有恥在,則三者皆可復萌於平旦。惟併恥而俱亡,則盡三者之根本而鋤之矣,尚復何有乎?

《管子》曰:"一維絕則傾,而維絕則危,三維絕則覆,四維絕則滅。"傾,可正也;危,可安也;覆,可起也;滅,不可復錯也。四維之中,歸重於恥。愚故曰:亦見道之言也。柳州非之,至輕廉恥,而衹重禮義,豈以《管子》之書爲儒者所弗道,遂不禁繩之太過歟?夫言爲心之聲,柳州黨於叔文,不可謂非輕廉恥所致也。噫,甚矣!

續東坡《策別訓兵旅三篇》

(張學憲課四名)

張儒瀾

練軍實

自兵與民分,而兵之弊叢出。其最不足恃者,莫如今之防營。今之防營,無事則糜餉,有事則僨事,雖使孫吳復生,亦難藉之以成功也。蓋凡人之情,重妻子甚於重其身,故古之農兵之所以見敵而不避者,非爲君也,爲妻子也。今之防營,則無家室者也,無家室而欲令其奮不顧身，捐軀爲國，是必忠義之士而後可，難求之中人以下也。

且今之防兵，皆天下之最無恥者也。自兵與農分，則人皆以兵爲辱承平之世，未有樂爲兵者也。其樂爲兵者，非破家之蕩子，即無賴之匪徒，不知天地間有廉恥者，豈復知天地間有忠義哉！往者朝鮮之役，沿海諸軍未見敵而先潰，向令其有家室在，必不棄之而去也。故居今日而講練軍實，有不得不裁防兵而募團練者，勢也。

而議者以爲裁防兵而募團練，固足以收實用；然無以安置，所裁之防兵，安必其不爲亂也。不知此亦易爲安置耳。彼防兵者，夫獨無故鄉哉！使之歸故里而爲團練，則既可遏其亂萌，又可令其戀妻子，而轉爲有用之兵也。

而議者又憂團練之無餉也。曰防營既裁，則可移防兵之餉以予團練，何無餉之足憂哉！至其故鄉無家室而不能返者，以邊境之荒山使之屯田；若猶不樂從者，皆盜匪之尤，裁之亦爲患，不裁亦爲患也。

漢文帝之時，匈奴抗命，北方時警。文帝納晁錯言，募民徙塞下，邊患遂漸息。此豈前之兵弱而後之民强哉！亦在有室家無室家之間，判之而已。獨是團練之效，在有室家；而其獎又在不知兵，不識大體。是必得知兵有品之團紳，認真訓練，而又有利害以動之，忠義以導之，賞罰以勵之，與同甘苦以感之，方可立成勁旅。否則如今之有名無實者，又安得謂之練哉！

倡勇敢

軾之論《倡勇敢》，又謂莫善於私。而今之倡勇敢，則不患不私，而患不公。蓋私於勇者，則不勇者氣奮；私於不勇者，則勇者志墮。北宋之時，有"公"而無"私"，故軾欲以"私"於勇者，作不勇者之氣；今則有"私"而無"公"，是不宜再以"私"於不勇者，墮勇者之志也。故今之倡勇敢，不在"私"而在"公"。

夫"公"者，非視同一例之謂也。有功者賞，有罪者罰，是之謂"公"。今之所謂"公"，用意正與軾所謂"私"同。特彼"私"之於立功之先，故謂之"私"。此"私"之於立功之後，故謂之"公"耳。萬物之心，趨利甚於避害，禽獸之所以爭先，食在故也；盜賊之所以爭先，財物在故也。奪先者之食以食後者，奪先者之財物以畀後者，雖禽獸、盜賊且不欲先，而況三軍之將士乎？今者夤緣奔競之流，望風奔潰，反冒大功；不出里門，亦邀保舉，甚至降賊而死，且得美諡，竊世職。苟非其人，雖勇敢爭先，幸而成功，則他人之功；不幸而死，則草木同腐。嗚呼，"私"之獎至此，是驅天下之勇士而皆入於怯也，尚何倡之足云？

昔明世宗之時，倭人入寇，張經討之，屢奏大捷。而嚴嵩以爲趙文華、胡宗憲功，故將士皆沮氣，而倭亂遂蔓延數省。及徐階代嵩當國，録俞大猷、戚繼光諸將功，故將士思奮，而倭患遂息。何則？"私"於無功者則有功者志墮，私於有功者則無功者氣奮也。夫見有功，然後私之，是即所謂"公"也。軾又謂有無功而可賞、有罪而可赦者，此更不宜行於今也。今之曲庇其下者，正以此而藉口也。然則居今日而求倡之之道，亦惟有功者雖微必賞，有罪者雖小必罰，賞罰明，斯勇敢出矣。

問：滇中關索嶺，地志以爲蜀漢關壯繆子關索，從武侯征南，駐兵於此，故名。考《蜀志》壯繆子二，曰平，曰興，並無關索，其人果何所據歟？武定獅子山、鶴慶白龍庵，皆建文行遯之所。庵外有從亡諸臣楊應能、葉希賢之墓，與《致身錄》合。國初毛西河、朱竹垞諸人力謂建文無出亡事，《明史》則斷爲帝崩於火。乾隆中，續修《明鑑》，則書"帝不知所終"。豈古蹟出於附會歟？抑史氏不足憑歟？其博考而折衷詳陳之

（李藩憲課二名）

袁嘉穀

地志多引古名人爲重；無人可引，又多虛造古人以爲重，不獨一《滇志》然也。而滇之關索、建文，尤不易信。即云建文之蹟、武定獅子山、鶴慶白龍庵皆有之，山外有"十一先生墓"，即《致身錄》之程濟諸人。庵外二墓，即《致身錄》之應能、希賢。此尚無疑。而關索嶺上之關索，則斷乎不能無疑也。

《蜀志·關壯繆傳》："壯繆子二。平見害於臨沮。興襲嗣。"不聞平、興之外，復有子而名索。《志》以索爲壯繆子，從武侯南征，鑿山開道，嶺因以名。夫滇之尋甸、江川俱有關索嶺，黔中安莊衛亦

然。豈索之行兵，偏好據山險耶？《李恢傳》："武侯征南，先由越
嶲。"《南中志》："亮入越嶲渡瀘，進征益州。"戰事在今迆西地。索
既從侯，何以繞道尋甸、江川諸地耶？

　　楊氏慎《關索嶺詩》云："三國英雄此世家。"特吟咏耳，不爲典
要。王氏廷表《關索廟碑》謂索即關興異名，尤附會也。張氏澍《輯
諸葛集》號稱精博，其《諸葛篇》引《雜記》云："後主赴洛，洮陽王恂
與關索定策南奔。衛瓘發鐵騎追之。得霍弋、呂凱合攻方退。"夫
呂凱死節永昌久矣，胡復有救索之事？《雜記》所載之"索"，其坿會
尤不足辨矣。《滇志》之誤，與《雜記》等，本無其人其事，固宜多舛。
然則嶺之所以名，殆所謂"關鎖"之義訛爲"關索"？抑南人登山多
緣索上，因名"關索"，實非人名矣乎？

　　至於詆《致身錄》，莫激於錢謙益。謙益小人不足論，惟朱竹
垞、毛西河、潘次耕，辨嚴震直之卒，辨程濟之官，辨"牢落西南四十
秋"之詩，洞解癥結；竹垞諸人佐修《明史》，信《成祖實錄》，故有"帝
崩於火"之書。《續通鑑三編綱》書"帝不知所終"，疑似傳疑，尤矜
且慎。觀《靜志居詩話》錄《遜國書目百種》，且曰："野史過詳，正史
過略，終成疑案。"則竹垞固不敢必建文之不亡也。師荔扉《滇繫》
謂次耕等若入滇而見遺蹟，當必反其初説。主持太過，亦未敢從。

　　多聞闕疑，何嘵嘵爲？而無如《滇志》既明明載之，人復津津而
道之。愚因姑爲之斷曰：建文在疑信之間，關索則必無之事。

籌滇理財疏

（李藩憲課三名）

吳承鑫

　　竊滇省於天下爲最遠，亦於天下爲最窮。内則近鄰黔、蜀，遠

蔽湘、粵；外則越淪於法，而南防急；緬淪於英，而西防急。形勢又於天下爲最要。合計全省錢糧所入，僅及江浙一二大縣。歷來兵餉，均仰給於外省之協濟。咸、同軍興以後，瘡痍未復，物力凋殘，度支尤屬奇窘。故籌滇者，莫不以籌餉爲急務。則理財之政，誠今日不可緩者矣。

卷查康熙中，雲貴督臣蔡毓榮《籌滇十疏》，其第四疏即專爲理財而發。疏中所列四條，曰廣鼓鑄，曰開礦銅，曰變莊田，曰墾荒地，皆第就當日情形言之。今則時異勢殊，情形迥別。近時滇省銀價，每兩僅換市錢九百有零，且大小錢各居其半。而物昂貴，民用不敷，省局鑄錢屢因銅缺停工，安得有銅以資廣鑄？各産洞老山空，虧累工本。礦務專設大員，已踰十載毫無起色。每年所辦京銅，僅設前四分之一尚不足額，勢難再議開礦。至逆藩莊田，久變民産，納賦供徭，今無可議。內地州縣荒蕪，民間無力開墾，沿邊開荒，尤非所願；官招民墾，又苦無從籌費。此今日之籌滇較急於昔日之籌滇，而今日之理財倍難於當日之理財者也。

臣仰荷天恩，簡任滇藩，理財爲臣職所應盡，責無旁貸。僅就今日滇南情形通籌全局，有當開其源者，有當節其流者，請分別縷晰，爲我皇上陳之：

一曰興蠶桑。栽桑養蠶，以浙之嘉、湖爲最。每年售絲，其利最鉅。滇中天時和平，既無酷寒，亦無酷暑，地土肥饒，尤於桑蠶兩宜。以前屢辦而終鮮成效者，以官勸民不如以紳勸民之易從也。黔之遵義皆屬山邑，尚能收桑蠶之利，織綢以售，何況於滇？擬刊布圖説，酌定章程，選公正之紳士以爲勸導，由省以漸而推行各郡，飭地方官歲時巡行，視民之勤惰而勸懲之。且募諳熟之工，分授喂養、收織之法，俾民知其利而争趨焉。此厚民生之計也。

一曰廣茶利。查中外交易，茶爲大宗。近年印度種茶，而味終不如中國。然中國茶之銷數亦減於前矣。滇茶産於普洱之茶山，而採摘則精粗雜糅，團製又不如法，故不能盛行於外省。擬選購茶種，飭通省一律栽植。又募外省良工入滇，教之揀選精粗，分別製法，或散或整，各如其式。如其廣植有效，暢行無阻，則爲滇開一利源，民裕而稅亦裕矣。

一曰開水道。滇省不通舟楫，陸行維艱，商貨不能四達。查金沙一江，由麗江、大理、楚雄以及武定、曲靖、東昭入於四川岷江，因險灘林立，石多且悍，人力難施，從前屢次開濬，終無成功。擬遴洋員測量地勢，勘估工程，僱洋工，以洋藥澆灘石而火攻之，用機器逐一開通。如獲告成，則川片帆達滇，水路暢行，百貨稅釐皆增矣。

此三者皆所以開財之源也。但用力艱而收效退，當分年次第辦理，期於必成。至節流之道有二：

一曰整頓釐金。滇省釐金每年報部，按季比較，立法亦周密矣。而官場以釐金爲調劑優差，望得釐金，勝於望缺。滇省跬步皆山，夫馬川資，往來所費，遠者數百金，近者百餘金。到局之後，食用應酬，皆不可少。委員一年，薪水幾何？若非留有餘地，復何所利？謂釐金涓滴歸公，臣不信也。昔唐臣劉晏兼領鹽鐵，多用士人；近則前湖北巡撫胡林翼辦理釐務，亦多用紳。擬酌量變通，官紳並用，亦期得人。俾入欵漸多，中飽悉杜，此整頓之法也。

一曰裁浮費。冗員浮費，滇中最多，而莫甚於善後一局。設局多年，名爲善後，而實無後可善，惟以應辦差使爲急務。一切稗政，皆自局出，彌縫補苴，弊端莫可究詰。此外若機器、洋務各局，及武備學堂、算學館之類，亦皆有名無實，幾同虛設。近年山東撫臣李秉衡裁撤東省各局，省歲數十萬金。滇省信而行之，裁撤各局，亦省費之一端也。

此二者所以節財之流也。然非任勞任怨，力排羣議，亦未易辦有成效。

以上五條，係臣愚昧之見，未知當否？謹恭摺，奏請訓示。伏乞聖鑒。

"士先器識而後文藝"論

（李藩憲課三名）

吳承鑫

　　裴行儉，忌才之小人也，而《唐書》稱其有知人之鑒，謬矣。時唐初四子王、楊、盧、駱，均負才名，工詩文，天下稱之，獨行儉薄之曰："士先器識而後文藝。勃等雖有文才，然浮躁淺露，非享爵祿之器也。"後王勃、盧照鄰皆死於水，駱賓王討武后兵敗而死，惟楊炯終於縣令。史氏遂以行儉爲知人。

　　君子曰："行儉何知人之有？"夫所謂"器識"者，抱道在躬，出則以道濟天下，處則以道傳天下，窮、達無二致也。使伊尹、太公終於耕莘釣渭，武侯終於隆中，不害其器之大也。管仲即相桓公，匡天下，無改於器之小也。大行不加，窮居不損，庶足爲天下士耳。行儉乃以享爵祿爲器識，所見一何鄙耶！其薄王、楊四子，不過呙其才，非深知其人也。

　　人生修短有數，富貴在天。其人品之賢否，不能以修短貴賤爲衡。王、盧之死於水，出於不幸。楊之終於令，與行儉之終於宰相，同終於官，豈得遂判軒輊？至駱之討武后，不克而死，其死出於忠義，千載猶生，視行儉依阿武后之朝，忍恥偷生保全富貴者，大節何如也？如行儉言，則顏子短命，曾、閔不仕，龍、比殉節，皆無器識所致，而淵明立一令不能終，器識尤不如楊，其喪心喪節，若張禹、胡廣、褚淵、馮道之流，均享爵祿，隆壽考，器識皆出顏、曾、龍、比上矣，有是理哉！

　　行儉生平所薦拔者，爲蘇味道。味道居宰相位，事持兩端，時人號曰"模棱"。至賀三月雪爲祥瑞，詔伐無恥，一至於是。後卒以張易之黨貶死。吾不知味道器識安在？行儉知人之鑒，又安在也？行儉與味道以相類而相知，則不知王、楊、盧、駱也固宜。噫，士有器識，則文藝必不能工，先後之分，意在斯乎？李、杜、韓、蘇，文藝至矣。李救郭汾陽，役高力士；杜救房琯，忤嚴武；韓諫迎佛骨，折王廷湊；蘇爭新法，忤王安石。論其器識，竝足千古；文藝之傳，抑其末也。

　　行儉雖忌四子之才而譏之，亦究與四子無損。獨惜"浮躁淺露"一語，使後世忌才小人得所藉口，如行儉者，非古今忌才小人之尤者乎！然能欺一代之史氏，終不能欺千秋之文人，而身後竟發其覆也，嗟夫！

"士先器識而後文藝"論
（李藩憲課七名）

吳　琨

　　《唐史》載裴行儉謂駱賓王與王勃等曰："士之致遠，先器識而後文藝。勃等雖有文才，而浮躁淺露，非享爵祿之器。"厥後勃等結局，果如行儉言。於是後之論者，皆謂行儉有知人之鑒。嗚呼，行儉豈真知人哉？

　　夫行儉之言，謂爲知三子則可，謂爲知賓王則不可也。何則？唐當中宗被廢，天下已歸武氏掌握中。爲唐臣與民，當亦所共怒者，李敬業與賓王等起兵而討之，是亦博浪之一椎也，豈無器識者能爲之哉？觀其《討僞周武氏檄》，詞嚴意正，至今凜凜有生氣，雖置之孔融之列，無愧色矣，安得僅以文士目之耶？或者賓王倜儻不羣之氣，時流露於談笑之間，故行儉以浮躁淺露譏之也？吁，行儉之言，直與范史謂孔融志大才疏者，無以異已！

　　且行儉曰"勃等雖有文才，非享爵祿之器"，然則世之能享爵祿者,遂可謂之有器識哉? 觀其謂王劇與蘇味道曰:"二子當掌權衡之任。"則知行儉非真知人也。何也? 劇與味道無所謂器識者也。史稱賓王以謀反誅,不過附會,以明行儉之知人耳。賓王討武氏,豈得謂之反哉?

夫士君子,觀人必於其大節觀之。若大節不終,則雖文藝卓卓可傳,亦無足取。如賓王者,以討武氏,不克死,是亦大節克終者也,豈才人云爾哉? 或者曰:"李敬業以失職怨望,起兵揚州,非果爲唐也。賓王之從敬業,是從亂也,非有文藝而無器識而何?"曰:"此事後論成敗之見也。使當日者,李敬業等起兵事成,舉武氏而誅之,以安唐之社稷,則賓王等復唐之功出張柬之五王上,與平、勃安劉者何異歟? 吁,如賓王者,猶謂之從亂,是亦《綱目》荊軻書"盜"之意見而已。

宋太祖曰:"宰相須用讀書人。"愚謂賓王者,讀書必能知大義,乃得有此器識耳。不然,以賓王之才,如孔光、劉歆之阿附新莽者以阿附武氏,豈憂武氏之不用哉? 賓王恥之,此其所以甘爲唐死而無悔也。嗟乎! 行儉若在,得親見賓王討武氏事,當亦自悔其失言已。

雖然,士之有文藝而無器識者多矣,如漢之馬融、劉歆,唐之孔穎達,及宋之方虛谷、趙孟頫等,皆是也。行儉之言,雖不足以責賓王,以之責三子可也;即以之責天下後世之爲士者,亦可也。

"士先器識而後文藝"論

(李藩憲課十二名)

秦光玉

世之爲士者,莫不鰓鰓然誦裴行儉之言曰"先器識而後文藝"。然竊嘗登大學之堂,遊精舍之地,文藝之士濟濟然焉,求所謂器識遠大者，不少概見。其故何也？曰：不講求器識之學也。且夫器，器局也；識，識見也。識見大則器局亦大，識見小則器局亦小。故欲擴充其識見，必從事於致知窮理之一途。

讀書以開拓其心胸，閱世以增長其智慧。而識之所在，要不外立身、經世兩端。立身者，理學也，聖賢之學也；經世者，經濟也，將相之學也。故從事於立身之學，是即聖賢之識見，抑即聖賢之器局也；從事於經世之學，是即將相之識見，抑即將相之器局也。講求器識之學，不大有裨益哉！

顧或者曰：有器識即可以無文藝乎？曰：否否。夫十三經，載道之文也；廿四史，紀事之文也。士果窮而在下，其發揮學問也則有文，其吟詠情性也則有文。士果達而在上，其建白於大廷也，則章奏爲之文；其咨問於同寅也，則書牘爲之文；其誥誡於下僚下民也，則論貼告示爲之文，文藝蓋可忽乎哉！

且不觀行儉之言乎？曰先曰後，是文藝者，即將其先得力於器識者而後發爲文章也，是皆立身經世之文也，是皆理學經濟之文也，是皆聖賢之文、將相之文也。有器識即有文藝，然則爲士者，亦講求器識之學而已矣。

書謝肇淛《滇略》後

（李藩憲課八名）

袁丕承

讀在杭詩集，多詠滇中風土。其才情不及王、李，而亦無王、李習氣。詩人取其真，在杭爲可傳矣。及讀《滇略》十卷，於疆域、山川之險易，名宦、鄉賢之實迹，藝文、瑣聞之雅俗，言之鑿鑿，而《俗略》《產略》《事略》《夷略》四卷，尤多新事。

考是書之成，成於在杭爲滇參議時。其目擊而耳熟者，皆嘉、隆以來弊政。滇人苦之日久，曾不得一達天閣。在杭憫之，取滇中舊籍博觀約取，創體成書，殆亦有採風入朝之意歟！抑姑託翰墨自娛，如楊慎《滇載記》、諸葛元聲《滇史》之類歟？何其有閒情而作此也！然吾觀宦滇者眾，印纍纍，綬若若，其甘誤國誤民者無論已；若冀其比美在杭，以盡心民事之暇，操筆著書，亦豈易多得也耶！

夫滇文不易徵，勿炫博也，簡可也；滇事不必奇，勿尚文也，質可也。在杭是書於博文雖不足，而有合於滇中之書，自名曰“略”，安得以詩人之作輕之也？

嗟乎！王、李甲乙詩人，是丹非素；廣五子、續五子、後五子，紛紛標榜，人爭唾之。在杭之著述，可備史乘之一助，安在不爲詩壇光乎？

世有輯滇掌故者乎？請以在杭《滇略》付樊綽《蠻書》後可。

雲南西南兩防戰守策
（曹枲憲課一名）

袁嘉穀

安南失，緬甸失，果何誤而失之耶？失於不戰不守耳。安南、緬甸失，滇亦岌岌乎殆。不敢謂終於不失，又何誤耶？亦不戰不守之故耳。誰其優戰守之略乎？滇將尸祝之；將不止，滇尸祝之，偉哉若人！人何樂而不爲也？

戰、守孰勝乎？曰戰勝。戰、守孰先乎？曰先守。不守不能戰；不能戰，終不能守。然則將以防險爲守乎？將以兵多械精餉足爲守乎？曰是皆然矣。蠻允、干崖、麻栗壩，迤西之險也；猛烈、孟艮河口、野蒲，迤南之險也。水路則瀾滄、禮社之下流，羅梭河、九龍江，在在有夷艦來往，防之尤亟。顧蠻允、麻栗壩諸衝，兵久駐之。兵之所駐，械不必盡精，而未嘗無械；餉不必盡足，而未嘗無餉。官重其任，兵健其力，謂之不守，誰其信諸？然而百官任事，一官掣之，則守難；眾兵力戰，一兵先奔，則以戰爲守，尤難。

是將奈何？官保民，民助兵，如斯而已。猛莫猛於虎，跳梁山林，人無弗懼，獨不入城市，入則必擒。夷雖至猛，豈異虎哉？乃滇民愚柔，愈剥削之，縱無外患，坐弊可憂。矧外患之來，近於眉睫，雖在君子，何恃不恐？

今爲滇計，不戰則已，戰則先守；不守則已，守則保民。民之所以保，又非斤斤於團練、保甲，足畢乃事，省刑薄斂，深耕易耨，而民養。人人有報國之志，人人有克敵之學，而民教。教、養備矣，主守非泄泄沓沓，主戰亦非挑釁以致敗，滇其庶乎！而要非得人，不足以語此。或者顧疑之曰迂也。嗚呼！吾西南兩迤之民，固當不以爲迂也。

擬請南北洋復設海軍，
簡選將領，講求操防疏

（全糧憲課三名）

張儒瀾

跪奏爲南北洋宜復設海軍，簡選將領，講求操防事。

自甲午朝鮮之役，丁汝昌等海軍僨事後，朝廷遂以海軍無用，罷不復設。臣竊以爲此所謂因噎廢食者也。夫朝鮮之役，咎由丁汝昌等平日虚耗國帑，不能認真操練，臨事則望風奔潰，不敢併力一戰之故，非海軍之果無用也。假令當日彭玉麟、楊岳斌諸將猶在，使練海軍，臣知其必不至此。故非設海軍之咎，乃誤用將領之咎也。當事諸臣不究其所以致敗之故，以爲設之既無所用，徒損國威，何如罷之，可省兵費。此皆見小利而忘大害者也。

臣以爲海軍不復設，則國家之憂未艾也。何則？今不設海軍，必守海岸。夫海岸亙數千萬里，險要既少，則處處宜守；處處宜守，則兵勢分。少用兵既不能守，多用兵又苦無餉。即使有餉，能保處處守將皆忠勇可恃乎？是故以林則徐之才，猶僅能自保廣東，而不能保他省之不失守。設當日則徐統海軍於海上，必不至令敵突入矣。夫今日之亡羊補牢者，他日之未雨綢繆也。向令朝鮮之役，朝廷鑒已往之失，而思後來之禍，復設南北海軍，選忠勤大臣爲之提督，至今六年之久，操練必有成效，又何至令諸國直搗津、沽，以逼京師，致此累卵之危哉！

臣願皇上闢盈廷苟安之説，採愚臣芻蕘之議，照當日舊制，復設南北二軍，求如楊岳斌、彭玉麟等之將爲之提督，求如林則徐之督撫，爲總理水軍大臣以統之，而追究當日僨事諸臣，副參游以上，悉伏重刑，以儆將來。下詔嚴明賞罰，認真訓練者，不次超遷；委靡粉飾者，殺無赦；臨敵有功及覆敗者亦如之；逃匿及降敵者，誅其父母妻子。皇上每年一巡視，以期令出惟行，則彼貪賞畏誅，平日之訓練，自能實事求是；而大敵當前，亦不敢望風奔潰矣。此沿海七省安危所繫，即國家存亡所關，臣不敢不言。伏乞睿鑒，速爲施行。

臣謹奏。

擬請南北洋復設海軍，簡選將領，講求操防疏

（全糧憲課七名）

袁丕承

臣聞立國之道，在於自强；自强不一術，而得人爲本。自外夷内

犯,中國受辱,無人發憤思雪國恥,僅僅以添船購砲爲今日務。甲午之役,十數船盡入於倭,不堪一戰,此天下義士所以扼腕言之而不勝長太息也。

臣查海艦之興,議創於前大學士臣曾國藩。竭百餘萬之資,購置四船,而沿海萬里,不敷防守。閩浙督臣左宗棠、兩江督臣沈葆楨設船政局,自造船砲。數十年來,宜收其效矣。而無效乃至於此。臣尚敢謂船政之有用哉! 顧念依人爲活,非長策也;因噎廢食,非通論也。竊惟今日事勢,復設海軍,其故有三;而既設後之章程,則有四:

南北滄海,水利四達,彼可以來,我不可往,是有海與無海同,有足與無足同。宜設者一。

粵、閩、浙、吳、燕、齊、遼、瀋,鞭長莫及,防範難周。有船則日日巡防,消息靈通。宜設者二。

外國商埠,華民千萬,誰非赤子? 聽人魚肉。有船則時往護之。萬里之外,皆我心腹,有事之時,必有以報中國。宜設者三。

知三者之要,則知海軍之要。然不別籌夫補救,恐此後之船猶是前覆之車也。請陳其略:

一曰自造自駛。船廠仍閩中之舊,工師則專用華人。聞華人遠商外國,多曉夷技,招而任之,賞勤懲惰。一船既成,再求精於此船之法,然後駛以試之,斷不終惜才異地。蓋前此之失,購船於他人,即由他人代駛,無事之日猶可言也;兩兵相持,他人肯駛之攻其本國乎?

一曰別選提督。海軍與陸軍大殊,凡主船之官,即屬駛船之人。定其等級,漸升而至船主,必能精測量、防沙綫、辨陰晴、熟照料者,方爲提督,萬無以濫保捐納循資之武弁,巋然居海軍之任。卑如水手,亦必能泅水往來者方用之。提督無陸地之術,庶幾人與船習也。

　　一曰勤操遠駛。中國不勤遠略，雖有海軍，只駛於近岸之地。夫我無攻人之心，謂之喪心可也。行軍重犄角，能守必先能戰。必命提督駛船，凡人迹可至之處，皆宜至之。凡華人聚居之處，尤頻至之。他人知我能往攻，或不敢輕啟戰端耳。

　　一曰不分畛域。南海、東海，合爲一軍。日日往來，不必設南北兩大臣，則内地之畛域化矣。外埠華民最富，當揚武兵船至吕宋，見者泣下，以爲不圖中國有兵船保護之一日。常願共出巨資，多添船，以壯聲勢。果有此舉，原非意外。蓋保護之利在寓民，而壯兵之利在國威也。而要非得人，不足語此。

　　側聞西人有言：中國購船於彼國，百萬價銀，中國官例有回扣，故船不能精。東人有言中國興海軍，不過善訂一章程而已。積習至此，可爲痛哭。

　　謹攄妄見，請復設海軍，以重操防。千慮一得，懲前毖後。是否有當，伏乞聖鑒。

游華亭寺記

（興鹽憲課一名）

李　坤

　　庚子之夏，端午既過，將買片山，以藏親匶。賃舟一葉，擷園數畝。術試青鳥，迹尋白馬。畏景才酷，光風轉薰。菰葉蕭蕭，微聞細響。蓼花簇簇，已含秋意。積波初狎，疾雨橫飛。山氣互通，海水皆立。遥睇玉案，以及華亭。蒼翠欲活，精藍都暝。孤塔天際，疏鐘雲中。米黻揮毫，王洽潑墨。未能似也，他何論乎？

　　鳩婦輟呼，燕子海溝名停泊。窮幽松隱，抉奧竹林松隱、竹林，兩寺名也。今皆荒廢。裂鶴探奇，眠牛過吉。撲蓍告協，韻篁益陰。乃掇道雯,借棲龕石。浮荷舒夜,池露剛承。殘茗留春,林霞未墮。乳菽供饌,苞松代薪。分火芋鑪,結跏藜榻。泉飛螭口,琴築鳴階。濤落蚪枝,笙鏞酗谷。清聽甫滿,書禪命參。

夫煙外僧歸,升庵綴句。山間佛笑,東注留題。金薤倒披,瑤華深刻。自維賤子,實恧前修。白練學書,無聞於世。朱繩勵直,莫容於鄉。行未克成,藝奚足取?敢從勝地,輕結字緣。謝以未能,嬲之不已。劈盡數紙,漸曙八窗。遂降李山,俯臨草海。大雲芘護,遙對書倉。靈氣往來,直如矢的。嘉友克相,我妳是愉。券署續游,卜先遠日。十旬有暇,追而記之。

游華亭寺記

(興鹽憲課二名)

袁嘉穀

泛滇池而西,水與天爭,山迎人笑。蘆阻路而船繞,風揚帆而岸低,致足樂也。

乃泊燕子溝,陟華亭寺。十里山徑,沾履無塵。七月秋風,撲面如火。浮圖招人而入,禪關撥霧而開。於時夏蓮一溪,猶留殘蓋;山茶萬樹,但有枯枝。汲清泉而漱素心,倚雕欄而話空色。碧雞翅下,青草湖邊。至正皇風,拱星辰於邊國;元峯老衲,悟雲彩之前身。書丹有散散之仙,金紫剏巍巍之殿。此寺之初盛時也。天順賜敕,沐藩貢表。相晟初建,美前王避暑之寓;用修旋來,題歸僧畫圖之句。山岳之秀,萌芽之詩,此寺之再盛時也。及滄桑之一更,嗟飄萍之眾禿。上人慶有,中興佛門。花馬國之高吟,遙傳衣鉢;句吳君之後裔,旁隸文衡。僧俗判之,詩酒同之。此寺之三盛時也。今何時乎?寺何如乎?三益從游,千秋懷想。長廊三面,空留白鶴之蹤；短笛一聲，不醒紅塵之夢。孫子荊八分刻石，籠少碧紗；方山子百鎰輸金，碑對蒼蘚。

古人往矣，我思慨然。假令奮翩則高眄九州，騁足則澄清四海。既不見測於鷦鷯之識，何必自遁於猨鶴之羣？無奈心違，每懷搔首。夕陽西下，梵林餘不盡之光；貝葉東來，世界悟無形之字。是日也，寄心冥渺，拈花一笑，執貝三吹，蓋幾不知有身，幾不知有寺矣！

嗟夫！南園題對，示我前途；西山延脈，亙空積翠。雖眾籟俱寂，而元音如有聞；雖百鳥已歸，而遊情無或倦。慚無柳子之筆，敢戀壺公之居。所以水月送煙，一航欲溼；山風撼竹，萬葉皆飛。回舟而臥，猶彷彿琳宇階下，玉蘭花前也。

擬新刻滇《文略》序

（興鹽憲課一名）

袁嘉穀

歷千百浩劫，猶留此《文略》一編，不可謂非滇幸也。顧愚嗜此書，徧求之藏書故家，僅僅見一二完本，則一綫之絕續，又奚足爲深幸哉！乃今而重刻之舉，工新而式舊，滇士區區心可稍慰矣。

夫今日之滇之要務，應次第舉者眾矣。刻《文略》其一，而豈止於刻《文略》哉！然使於一書之微，置之不理，則大且重於刻書者可知。今既刻應刻之書，則必事應舉之事，亦可知也。況書中之人之文，練達如邃菴，明切如伯舉，樸誠如玉峰，純美如月槎。劉彬、錢潔諸作家，類皆積理爲文，可淑身，可經世。前賢之空言，後人見之行事。刻書之意，此其本也。

如以文論，則昔之滇人皆尚實而不尚文，今何必以文重古人哉？然如樂山經學，寄菴散文，即以文論，亦堪矜式。竊願今之滇士,亟亟有本之學,而後研心以爲文。文雖末藝,而不經不正,不史不碻,不子不奧,不集不專,養氣以運之,卓識以達之,積理以堅之,精之以閱歷,衷之以道義,庶幾乎可與言文,可與言繼。

昔之滇人之文爾不然。馳逐於文名之場,執文求文,將資此編爲揣摩,豈惟非新刻《文略》之心? 亦豈袁氏昆弟搜輯之本心哉! 愚故舉千慮之私,書之簡端,立言之拙,姑以自鏡。若夫棄取之善,評點之公,傳流古人之苦衷,則初頤園諸人原序,詳哉其言之矣,夫何贅?

擬新刻滇《詩略》序
(興鹽憲課二名)

袁嘉穀

詩以理性情,人而無詩,謂之"無性情"可也。詩以發己之性情,而非徇人之性情。詩而徇人,謂之"無性情"可也。《滇南詩略》輯滇人詩,而首卷《蘭津》《白狼》之篇,南詔君臣之作,尤能達滇中古風,一展卷而如見滇人。信乎性情中詩,非無性情之詩也。獨是袁氏兄弟之輯詩苦心,與輯《文略》同。卷八乃方外、閨人作,錯簡於羅星、劉聯聲二卷之前。當日急於刊成,故既刊者即無力以改。續集繼之,煌煌美備,蓋袁氏之先爲其難,事可欽,心可諒也。使一燬之後,即無人重刊以爲其易,尚得謂有性情哉?

今《文略》既刊,《詩略》亦成。吾滇人士其有茫然冥然不知寫其性情者,將舉是書教之。叩宮夏商,引繩削墨,爲之歌詩曰:"古訓是式,威儀是力。其有依人,宇下不知。"自寫己之性情者,將舉是書進之,自抒其天,自鑄其人。爲之歌詩曰:"上帝甚蹈,無自瘵焉。"蓋生際今日,視袁氏輯詩時又變矣。不發憤自立,學無以成,奚獨詩哉?

抑又聞之，黃氏琮宣教五華，嘗輯《滇詩嗣音集》，以續袁氏書後。其詩較《詩略》稍遜，而存古人以傳，至今功則一例。棗梨久滅，欲窺嘉、道後滇人之性情，舍《嗣音集》而無從。倘亦有重刊《嗣音集》者乎？愚將以所藏完本敬授之，俾滇人士無遺憾。

遷都西京還都北京得失辨
（謝縣尊課一名）

袁嘉穀

我皇上御極之二十有六年，秋七月，駕幸西安。率土之濱，且驚且憤。竊竊議西遷北還之得失，愚敬應之曰：“茲事體大，非下士所得悉也。”雖然，空言也，非實行也；私論也，非疏陳也。請以管見言之。

夫自古家國所恃以長治久安者，僅僅一都而已哉？《傳》云：“九州之險，是不一姓。”《孟子》云：“地利不如人和。”人君修內以攘外，何重乎都？更何事乎遷哉？二代之後，建都首漢唐，遷都首漢光武、明成祖。洛陽散衍，勿論已。北燕自海禁開後，東藩陷，旅順失，人人有漢唐故都之思。夫秦、隋苻堅、姚赫連，獨非都漢唐都耶？如漢獻，如晉惠，如晉愍，如魏靜，獨非遷都於漢唐之都耶？安在北京可危，而西京可安也？

愚十年以前讀邸鈔，見恭忠親王西遷之奏，海內新論多踣之。不知我能往，寇亦能往，不務所以禦寇，而務所以避寇，失亦甚矣；況寇之無從而避哉？顧天下百年一變，十年一變，甚且一年一日而屢變。今歲拳教之禍，乘輿西出，出則不還，殆不容以舊說膠者。倘於此而猶冀迴鑾，則必有耿弇之埽境迎光武而後可，否則必有留守保汴之宗澤而後可。即不然，契丹入晉，大掠即歸，烽火一滌，不難安居而後可。何也？敵未至而輕避之，弱；弱則必不能自強。敵已入而輕就之，危；危者必不能自主。世變殊矣，人謀宜通；人謀通矣，修政宜亟。紛紛形勢諸説，不亦淺哉？敢告秉鈞及我族類，忍辱負重，雪恥興邦，誰無人心？尚不竭涓埃以報我皇上耶？

　　愚故斷以一言曰：西遷非計，此未遷時之言也；既遷矣，安之，宜也。抑修内以攘外焉，斯可矣。

遷都西京還都北京得失辨

（謝縣尊課十七名）

袁嘉端

　　千古無以地險爲自強之計者。恃地險爲自強計，必不能強，而反弱則甚矣。遷都之説之謬也。或者曰：“信斯言也，豈古遷都竟無一得者乎？”曰：“唯唯，否否。”殷人由亳而遷囂，由囂而相，由相而耿，由耿而邢，邢仍遷亳，殷道終興。《史記》載盤庚之言曰：“法則可修。舍而不勉，何以成德？”德之成，斯乃中興之所以成也，豈徒以地利爲務哉？泰山之木高也，實則藉泰山之高以爲高；滄海之舟遠也，實則藉滄海之遠以爲遠。盤庚中興傳至今，德故耳，行湯之政故耳。天下亦務德以自強斯已耳，僅僅以遷都是恃，可乎？

　　或又曰：“今北京時勢，他族逼處，皇上西巡，將有西都之舉。如子所言，都不可遷，將由西而北還乎？”曰：“又不盡然。皇上爲天下之主，凡天下之地，無不可都，即無不可遷。如云鑾輿不回，和約難定，是不如仿金人之四京、元人之上都、明人之兩京。且於天下之要地多設行宮，備巡幸以通民情；通民情以理庶政，則合約可以定，而國勢亦可以興矣。故必有自強之心，則北還也可，西遷也可。政必修也，祖必法也，事事必務實也。内而樞臣，外而將軍、提鎮，振武功，練兵法，歸於文德，惟人是賴。使外人知我無所畏，後乃伸大義，率三軍，命將四出，以守爲戰，以戰爲守。我朝中興之盛，其在斯乎？若僅以關中左殽函，右關隴，西有巴蜀之饒，北有胡苑之利，阻三面而守，爲金湯之地、天府之國，則惑也。

嗟夫！德教之不明久矣，幸天下無事，斯亦已矣。不幸而内患興，外患作，蠢焉動，狡焉啟，謀國庸，懦子僅以地險爲長策，豈知恃地險爲自强，計得失興衰之由，又有非人所忍言哉！

然則設險守國非歟？曰："設險可也，徒險不可也。"吳起不云乎："在德。"韓愈不云乎："在得人。"

冬至祈雪文

（謝縣尊課一名）

袁嘉毅

維民資乎天時，維雪兆夫年豐。慶來歲之有秋，卜積寒於嚴冬。胡冬日之烈烈，渺瑞雪之溶溶。稽肥冬之良辰，新祈雪之舊典。雲欲陰而復晴，日將長而仍短。緊開元之長至，雲捧日而上奏。溯大饗於《魏書》，獻歌舞於太后。

今兩宮之承天，功彌綸乎宇宙。感天末之涼風，望薊北之鼓鼙。悲庚子之日斜，六龍駐於關西。矧南極之嚴疆，峙門户於豐鎬。豈兵戈之無憂，不稼穡以爲寶？豈下民之召殃，永無安於醉飽？

跳山川之萬疊，愁凶旱於滇中。三薰沐而祝神，酌村醪於金琖。請一一以陳詞，達心聲於葭琯。

娲鍊石而天缺，宣攻車而冬狩。願如蔡州雪戰，殄海上之鯨鯢。願如上林賦雪，光萬乘之明輝。卻越裳之白雉，樹雄旌於朱烏。抑天高而地異，冬雖暖而宜稻。抑守土之愆尤，違休和於大造。山何峰而不童，水何流而不絕？羌陰氣之不凝，僉歸咎於無雪？諒天心之至仁，急風鳴而電掣。六花飛於窮邊，三白驗於佳節。淨無塵之日月，開不老之乾坤。神之來而香溢，神之享而酒溫。移丙申之餘威，布今日之濃恩。民食足而國奠，長報賽乎天閽。

卷四　賦

"昆明池水漢時功"賦 以題爲韻

（丁督憲課三名）

袁丕鏞

漢孝武皇帝即位，窮沙漠，探崐崘，西擊大夏，南灜河源，撻四夸而雄中原。氈裘君長，游牧弟昆，咸戢戢而泥首，頌漢皇帝之尊。乃有南夸，名曰昆明。當身毒之道，阻漢家之兵。武帝曰："嘻，蠢爾小夷，乃敢橫行。吾不能舉天下之大，受陵於邊氓，朝廷之臣，誰奮斧？誰請纓？豈無制人之術，而使我兵之精乎？"

聞昆明之夸界在滇陲，地不如漢家一郡，其敢不通漢使？恃有池焉，其水則黝然深碧，没滅朱曦；其岸則夜撼蛟黿，晝游熊麑；其源則山湧其髓，龍吹其瀫；其流不知幾千尺，但見蒼霞隨波而上下，白雲衮石而轉移。誠天外之天塹。昆明之立國，所以無窮期也，事由人爲。壯哉天子！謂昆明之池方二百里，他日干戈相見，必不得已。若浪戰於夷中，欲無恐而何恃？磐磐長安，英英甲士，盡鑿池於京西，以嫻樓船，以習弓矢。雖不過三十里之大，而浩浩湯湯，澎湃泙溯，何妨移昆明池名而錫此水？嗟嗟，昆明一小夷耳，果欲滅之，但費舉手之勞於漢耳。乃勞民十萬，驅兵之命於浩瀚。昆明未滅，漢民已叛。武皇之罪，可爲扼腕，胡爲乎！

自漢之後，歷六朝以及唐時，昆明之獉狉，渺不知其何之。池水之流，聲已澌澌。祇以唐朝定鼎，仍漢故基。天寶亂燬，物煥星移。撫今思古，杜陵翁所以有"漢時功"之詩也。嘗謂漢武帝不世之雄，表章六經，爲第一功。惟斤斤與小夸爭，非三代聖王之衷；況夜郎不敢稱其大，滇王不敢弛其忠。昆明置之度外，何傷於天下大同？又奚矜乎"旌旗曉日"，"鱗甲秋風"？

迄於今，南荒砥平，山水撥霧。笑長安之"織女機絲移"，而爲滇中掌故。且滇國非昆明國，滇服漢，而爲漢求道；昆明阻道，而遂攖漢怒。通典郡地，炯炯棋布。今混滇池爲昆明池，是一誤而再誤。爰考漢事之實，竊效宋人之賦。

"昆明池水漢時功"賦 以題爲韻，有序
（丁督憲課五名）

錢良駿

武帝所鑿昆明池，在西安府。自來賦昆明池者，多專主在西安者，言竊謂武帝所鑿，因滇有昆池，始鑿以習戰，則滇之昆池亦不應從略。然武帝窮兵黷武，史册所譏。鑿池亦窮兵之一爰。本斯意以賦之，而設爲西都賓、苴蘭主人問答之辭焉。

有西都賓遊于苴蘭者。揚輕舸，擁芳罇，主賓雜遝，風日和溫。棹泛近華之浦，槎窮倒流之源。見夫洪波電急，巨浸星奔。奧兮有象，杳兮無垠。西則碧雞拱衛，東則金馬雄蹲。斯固炎荒天塹，莊蹻之所以開國而裕昆者也。

苴蘭主人乃揖西都賓而進之曰："吾聞長安遺址，三輔雄京。當元狩之三載，正武皇之專征。慮滇國之梗化，爰鑿池以習兵。通漣灂而納派，達湯泉以揚清。雖人力之所致，非天功之所呈。若論形而較勢，當遠遜乎昆明。"

西都賓曰："噫嘻！子何戴盆之見、持管之窺乎？當夫月支請降，渾邪受羈，鞭笞六合，震懾四夷。猶復逞雄心于荒徼，布達略于邊陲。痛夜郎之自大，非犍爲之羈縻。嚴六師以致討，又依阻乎滇

池。于是取象規形，通渠引沚。量度方圓，經營涯涘。錕荷嗇夫，畚舉戍士。啟劫灰之沈埋，淘橫流之渣滓。修築乎數萬人，廣延乎三百里。始雖鑿乎平岡，終乃成乎巨水。武皇乃駕乘輿，極宸玩。樓櫓鷁飛，士卒魚貫。猛士戈橫，將軍劍按。衛、霍結纓而前，方朔持戟以贊。冲波有下瀨之舟，連陣有建瓴之算。鼙鼓雷轟，旌旗雲焕。成橫海之雄師，奮虎旅於一旦。迨指戈于靡莫，遂知渠不若漢。然而鞕僮旄牛，雖致之闕下；枸醬竹杖，雖貢之丹墀。久勞師而黷武，竭天下之膏脂。鬻爵而名器濫，輸粟而民力疲。柏梁起而方士用，巫蠱作而父子離。始貽謀之不善，何怪乎輪臺悔過之嗟？方今聖德無疆，六合來同。殊方仰其化育，異域荷其幬幪。棋局長安，非如唐寶歷二世；草廬藥府，非如杜少陵一翁。不須吟'機絲夜月'，不須感'鱗甲秋風'。吾與子得遨遊湖山之上，放浪詩酒之中。何侈談山川雄險，而不懲夫好大喜功？"

苴蘭主人乃避席而謝曰："鄙人固陋，幸親雅度。蓋自古佳兵不祥，是以聖王不矜遠務。今聆吾子言，乃如覩天日而披雲霧。"

于是島嶼波平，雲山薄暮。杯盤錯以停觴，蘭漿回而穿樹。客與兮中流，徘徊兮古渡。溯炎漢之雄圖，吟盛唐之妙句。相與發思古之幽情，抒悲秋之憬素。仿佛兮雲夢之游，惆悵兮太清之賦。

蘭亭修禊賦 以"仰觀宇宙，俯察品類"爲韻

（丁撫憲課一名）

袁嘉穀

人傑地靈，氣清天朗。翰墨神仙，衣冠少長。序真《大雅》成篇，擲金石之聲；字亦飛鴻落紙，代管絃之響。記良辰於百五日，休愁芳信之遲；觀令子之十三行，終覺橋高而仰。春氣猶寒，春事未

闈。朋交濟濟，才大槃槃。山中支遁，江左謝安，莫不入山陰道，聯逸少歡。左右流湍，水色勝莫愁西子；東南賓主，風流壓蘇軾秦觀。卓彼蘭亭，古之藝圃；一角斜陽，六朝舊雨。濯纓濯足，三月景不負芳華；一詠一觴，五言詩快操斤斧。較詠歸於沂水，此地多修竹茂林；比宴樂於廣寒，最高等瓊樓玉宇。逸少乃對客抽毫，運心結構。合符之感慨常新，畫扇之逸情猶舊。斯文借古以傷今，妙墨本肥而不瘦。江接浣花之水，秀擷山林。人追章草之風，珍藏宇宙。且夫酒勸長庚，陸沈典午。智少然犀，辨爭揮麈。天子惟清談差勝，此座可憂；大臣以對泣爲忠，新亭何補！胡乃會稽材藪，亦徒誇懷騁目遊縱，傳大塊文章，恐未足心降首俯。

　　然而暮春之初，有萃斯拔。紹襖事於周公，變篆書於倉頡。雖異農山之會，言志銷兵；猶推文苑之英，筆鋒穿札。流觴曲水，韶光不付於悠悠；著屐空山，明論無庸於察察。況逸少之修襖也，遊觀南鎮，未若絲竹東山之甚也；蘭亭羣賢，未若竹林七子之飲也。和炭冰之將相，當年之先識超超；偕風浴之冠童，今日之愁心凜凜。後之覽者，信唐貞觀之使評；藝其道乎，冠庾肩吾之書品。

　　方今寶笈探奇，奎章表瑞。人間開富貴之春，殿上錫吉祥之字。上林風景，堂美三希。前伐神工，寶非一致。所以二王真蹟，不必由蕭翼賺來；多上正心，庶幾與公權同類。

菖蒲生日賦 以"碎石寒泉九節生"爲韻

（李藩憲課一名）

丁中立

　　有過九節仙館者，見夫隱客紛留。溪孫静對，翠櫂陶盃。紅抽瓦敦，羌拂席兮葳蕤，亦蔽窗兮蔓鞂。思詮其狀，眼迴盼而坐上青垂；問讀何書，手生春而簾中碧碎。主人於是釀然而哈，歡然內懌。述嘉卉之蕃滋，發清言而詳覼。謂竹過生而始栽，花過生而始壇。矧金薤之呈祥，乃玉衡之降夕。等彈谷之成桃，異隙郊而化石。

蓋其生也，以四月十四日。子剛熟棟，孫乍添蘭。椿堂曰麗，萱記露溥。謝瑤觴之瀉玉，卻香篆之熟檀。花甲儵舒，儼誌蘇齋之瑞；生辰欲祝，休觕酈水之寒。以彼甘心淡泊，結契清漣。出汙泥而不滓，撫白石而欲仙。豈飛塵之敢浼，早俗慮之俱捐。惟長滋以梅水，勝遠酌夫菊泉。既又謹護持，慎分剖，潔瑤厄，浣甖斗。式剪瓜於遺編，泛介眉之春酒。味甘若遇夫葛三，翁醉疑逢夫歐九。

客乃記其緒言，從其論說。計華誕之將臨，蓄梅霖而罔缺。以灌以澆，載萌載蘗。葉倍見其蒙茸，根愈形其固結。笑弱柳之先零，拜修篁之勁節。爰作頌曰：昌歇神草，澤陂擢莖。富媼鍾秀，天星誕精。觸疛衛福，驅竪仇彭。報我春暉，永保長生。

菖蒲生日賦 以"碎石寒泉儿節生"爲韻

（李藩憲課五名）

杨恩第

曰麗澤陂，秀鍾嶽岱。福地滋培，靈泉灌溉。恰臨首夏，數萱莢之將添；擬祝長春，獻蟠桃而可愛。遙指茸含，滄海長養恩多；關心竹拜，朱欄縱橫影碎。

原夫菖蒲之爲物也，水國現身，泥塗遯迹。九節年延，六根壽益。覆濃陰於園杏，劍舞裁紅；補異種於山芝，扇搖舒碧。倘使招來菱女，情擎上壽之杯；若教會集蓮朋，笑倚長生之石。

憶生日之未至也，花開錦繡，柳映闌干。撫瓜期兮未及，問芳訊兮將殘。雨霽蓮塘，藕應辰而益節；風清蓉渚，荷浮沼而承盤。

相看遠水含情,蝶還戲舞;莫道浮生若夢,鷗竟盟寒。

及生日之已至也,筵排絳縣,核進青田。紀慶則梅花數衍,添籌則菊釀齡延。等閒身於雲母屏中,果圓四八;照壽相於水晶宮裏,桃熟三千。愛拳石玲瓏,酹用中山之酒;宜膽瓶供養,漑將酈縣之泉。

於是有爲菖蒲壽者,葵向傾心,花團聚首;竹葉浮杯,葡萄酙斗。顛狂柳絮舞東風,而屢折輕腰;點綴萱花向北堂,而時開笑口。萼綠華稱觴祝嘏,頌擬登三;杜蘭香持節頌年,疇還錫九。則見俯仰霞飛,沈酣露綴。蓮待房成,梅將實結。噓彼商山藥采,別尋卻老之方。輸他堯澗叢棲,大得養生之訣。

年年此日,鬧蛙聲於青草池塘;歲歲長生,紀鶴算於黃梅時節。是蓋靈根緣淨,仙界塵清。節自千年不改,丹已九轉而成。江北江南,瑞占周甲;橋長橋短,物紀長庚。不似穠李夭桃,忽東風之一度;合並交梨火棗,間流水於三生。

十八學士登瀛洲賦

以"分爲三番,更日直宿"爲韻

（鄒臬憲課一名）

丁中立

有唐太宗皇帝,既揚虎威,載煥龍文。宸猷耀日,士氣從雲。三界靈真,無事求之壺嶠。一庭將相,儼如萃於河汾。麗朝景於卷阿,歌虞鳳噦;拱前星於少海,班效鴒分。時則羣英鴻漸,多士麟儀。杜斷既推果決,房謀更擅精奇。明許黎陽,智珠在握。忠懷祭酒,諫果同滋。若論詞華,褚與蘇勿庸多讓;儻教撰述,蔡與許皆所優爲。別有河東望族,隴右奇男。稱鳳毛之濟美,媲麟定而無慙。

陸、孔通經，四門教更推文達；顏、姚貫史，五絕譽獨獎世南。笑虞陛之臣工，僅傳得五；扶唐家之帝業，定可登三。

乃營別館，乃闢重門。媲劉蒼之東閣，陋梁孝之西園。石宝金堂，擬諸蓬島；琪花珠樹，徙自崑崙。行看儷景連輝，炳文星之十八座；旋令代更入侍，若花信之甘四番。分三遞宿，以六爲程；銅樓講藝，策府談兵。後至何嫌，步花塼而緩緩；早朝未散，聽蓮漏之聲聲。羨音雅而志和，鵷鸞並集；當此來而彼往，燕雁代更。既又摹形容，書事實。準麟閣以爲程，與雲臺而爲匹。別開生面，相臣立本之圖；獨運錦心，文學希明之筆。證阿羅漢果，勝因定是前生；若神仙中人，盛事無如今日。

惜其蘭艾雜生，莠苗並殖。貂續貽譏，魚珠見惑。他日功臣繪像，列君集而貽羞；即今學士圖形，廁敬宗而減色。緬備員於貞觀，三禩宜加；論貽禍於永徽，一錢不直。

我聖朝文治覃敷，英才培育。開秘閣以抽思，近經筵而侍讀。窺圖書於東壁，芸館朝暉；備顧問於北宸，筍班宵肅。所以深山凡鳥，借卜林全樹以棲；盛世靈儀，向帝苑高梧而宿。

神靈漢代中興主賦 以題爲韻，有序
（曹臬憲課三名）

李光明

蒙按：杜詩“十二年間累戰場”七絕一首，題爲《聞河北諸節度入朝而作》，末句頌美汾陽功業。汾陽封王，在肅宗寶應元年壬寅建辰之月。是年四月，帝崩，代宗即位。冬十月，以雍王适爲元帥，與回紇取東京及河陽。薛嵩以相、衛、洺、邢四州降，張忠志以恒、趙、深、定、易五州降。明年，廣德元年，田承嗣以莫州降，李懷僊以范陽、盧龍等地降。詔皆仍其故地。是爲河北諸鎮節度使相率來朝,當在代宗嗣立之後。蓋溯天寶九載庚寅,以安禄山兼河北道採訪處置使,爲河北肇亂之始。庚寅至壬寅適十二年,故云"十二年間累戰場"也。第三句云"中興主",當指肅宗。而按其作詩之時,則又當指代宗。解詩不必過泥,爲"肅"爲"代",說可兩存。杜公是時必在成都及梓、閬閒。聞之而喜,作是詩也。

漢代中興,自以光武爲著,然如孝宣之廢昌邑、昭烈之紹建安,業光祖宗,史皆以"中興"美之。詩家取義,亦無成見。又杜公他詩,如"百年垂死中興時","今朝漢社稷,新數中興年","中"字皆讀去聲。而此詩中,"中興主"與"異姓王"爲對,作陟弓切,方不失調。蓋"中興"之"中",與"中酒"之"中",平仄俱可通用,音隨韻計,讀者自知。今奉此題,爲晰疑義數端,而敘其緣起如此。

繄唐家之中葉,有劍外之孤臣。忠愛緣於至性,飢寒老此吟身。空嗟雲暗蒼梧,叶黄姚而縱望。安得符回赤伏,俟白水之降真?朝堂想漢代官儀綿蕝,豈猶未習崧嶽?擬中興頌表文章,當更有神慨。

自漁陽動鼓,蜀道淋鈴。禍劇赤眉之亂,災逾黄霧之腥。沸長生殿裏笙歌,何曾燕涎故事;幸靈武軍中草創,咸瞻龍種真形。借花門而作聲援,遂告兩京之捷;奉栗芷而受朝享,上安九廟之靈。因以思夫炎德之中興也,曾孫瑞已,恢天步而重光;豫州使君,紐皇綱於既斷。治功非止守交,神武並能撥亂。擬以攻同車馬,軒輊何分?所由紹述箕裘,史書有贊。

而惟世祖之規模,大拯生民於塗炭。生來紀九,穗嘉禾之瑞。早知應讖,以錫名厥後。延累朝寶籙之休,允克配天。而祀漢其神也,實亶受於皇穹;其靈也,亦發揚乎大塊。有日角之奇徵,爲帝心所簡在。提一旅以開太平,埽八荒而淨昏曖。克類克明,作邦作對。集平涼數千人,紹天寶十五載。當唐室之再興,何漢京之不逮?歎昔日王孫泣路，徒瞻佳氣於五陵；冀從茲壯士挽河，重睹昌期於一代。

維時河北諸鎮，蟬聯歸義，虎拜效忠。覲光長樂之殿，辨色大明之宮。今而知天子之尊，不敢學管崇踞坐。吾果與漢家孰大？且莫矜彭寵微功。問西內上皇起居，著紫袍而稱臣樓下。安北來諸將反側，推赤心以置入腹中，特惜唐至肅、代之際，安史之兇氛甫熄，紇蕃之邊衅迭乘。內廠小兒，既鼠狐之藉勢；新豐良娣，復狼狽而为朋。河東事一以委卿，賴有汾陽再造；隱士服不妨拜賜，枉勞衡嶽三徵。究不若南陽崛起，大寶旋膺。剪榛蕪於新室，光花蕚於伯升。不愧龍顏隆準子孫，元首之英明天授，幾多新市平林將士，攀鱗之豪傑雲興。

少陵於是作頌尊王，抗懷希古。謂李氏之豐功，協劉宗之茂矩。竄迹在邊城梓、閬，嚴公聊與唱酬；回頭望小苑芙蓉，秦地漫憐歌舞。雲臺二十八將，願諸君媲岑、耿殊勳；漢祚四百餘年，惟我后紹高光聖武，恨不身爲稷、咼，贗喜起而致君。終當肩比蕭、曹，效規隨而遇主。

今國家膏澤滂流，雷霆赫怒。綏几服而廓清，召百靈而呵護。殷憂所以啟聖，何虞性拂犬羊？恢復不妨徙都，會喜班陪鵷鷺。漢代之山河具在，新奠丕基；中興之日月方長，永延寶祚。乃聖乃神，帝德廣運。拜手而陳大禹之謨，曰時曰止；昭明有融摘毫不數，張衡之賦。

昆明湖賦 仿《文選·江賦》體

（湯糧憲課一名）

李　坤

伊昆明之巨浸，實眾流之所歸。導未經夫大嶷，和不命夫靈螭。帝豈亦揮玉斧兮，任陽侯倒行而逆施；抑尾閭之不能渫兮，分注乎南離之維。

原夫濫觴邵甸，歸宿金江。雙潭澮澍，六河沸洫。咸來溼而總匯，遂沆瀁而沖瀜。襄昆陽之陵谷兮，灌苴蘭之城墉。絡翠湖之涓澮兮，薄華嶺之穹窿。彼岷源之浩瀚兮，合淮漢而朝宗。吞沅澧之向北兮，引沮漳而並東。勞疏導於神禹兮，孰與乎靈源之啟自鴻濛？爾其誇父歇追，纖阿發御。屏翳括囊，馮夷息鼓。放櫂溯洄，扁舟沿泝。倚來鶴以流觀，跨長虹而睠顧。升縹緲以遥睇，坐大觀而廷佇。山杲杲以迴環兮，波浤浤以奔注。景歷歷以表奇兮，物紛紛其委輸。羽則鴰鴇鶩鶩，鳧雁鷺鷗。散如雲豁，集若星稠。萃千類於淺瀨兮，發萬聲於芳洲。鱗則赤鯉青魴，黄師金綫。噓呴水脂，嬉游波面。賸湖鱒而婢海鰣兮，誠江味之足戀。因歧成渚，就址開畦。漱壑爲澮，擁沙作隄。樹之以蒲柳，閞之以蔣茈。菱芡鱗結，蓮稻雲迷。

遻天氣之融朗兮，輙與波潭，陁而呈姿。若乃霧雺坌屯，雺曀鬱塞。陽景匿光，颶風作惡。山岳傾頽，波濤崩涾。瀄汨潺湲，渝溢溭減。瀖泋靎闐，濺沫雨遝。於是乎連然米艘，巨橋賈舶。斷纜折檣，決颿列席。或萍泛於鶴汀，或李沈於蛟宅。評弓降若罔聞兮，縱天吴以肆虐。信懦性之不可狎兮，即一勺亦不可測。

是必百流順軌，十雨無愆。虞余効職，童律祐仁。西北資其翕受兮，東南滋其陌阡。或迺百政偶乖，五行失序。兵氣陰霾，咎徵霪雨。平陸成江，涌湍懷岠。沙瀆滮而往還兮，石犖确而辭嶇峿。是必剗臨崖之阜陸，瀹涓澮而邕通。啟連岡之峭崒，鑿複嶺之嵜窿。羣山既略，萬派攸同。驅丁壬以鼓舶，攜艅艎而趋瀧。颶母不能肆其惡，蝄像不能逞其凶。千里瞬息，百物滋豐。成經國之亟務，盡水德之全功。

昆明湖賦 仿《文選》"江賦""海賦"體，不限韻

（湯糧憲課四名）

李光明

溯莊豪之略地，闢西南之奧區。惟昆明之巨浸，迺瀦蓄而爲湖。始導源於盤龍，終歸墍於烏蘇。既滇泗以淼漫，亦瀇滉而縈紆。若銀灣之倒瀉，包赤甸而旁趨。首尾綿亙，筋絡灌輸。區瀾絕潞，翕若吞瀘。匯三百之方里，溉萬頃之膏腴。際恢台而彌盛，歷元英而不枯。

井鬼之野，鬱成都會。上黔下巂，外艮內兌。占沖氣於一垂，配雄風於四大。匪川瀆之綺錯，孰蒸芸之利賴。緣至柔之好卑，陰化淖而大沛。所以襟帶乎禹同，表靈於梁益之界。爾其爲廣也，溶滴瀁溟，沉瀜灝洞。濛濛無津，渺若鑿空。演華浦，狀從岫，金馬蹄，碧雞吭。近絡昆明，左洩呈貢。晉甯南浮，昆陽西控。濱安甯而潛釃，趨富民而薄送。凡六州縣之所經灑，而知納流者眾。

若乃羲和升御於鞠陵之谷，望舒飛光於纖阿之巔，奫漾瀠瀁，氣象萬千，勢如滄海，涌沸而淩邁。又似洞庭淠灞而迴旋，擢紅葉而艷冶，鬱青草而蔥芊。估颿容與而利涉，漁舠擊汰而相沿。溏瀨礐礭，湜湜漣漣。枕城抱郭，穴市穿廛。彼射陽與鶯脰，又烏得而比焉？

烏則鳬雁鵁鶄，鸕鷀鳽鷑；鴛鴦匹處，鶬鶊雝鳴。或隨波上下，或浴浪縱橫。羽毛綷縩，體態輕盈。魚則鯛鱅鰍魧，鰍鰽鱨鯉。巨不吞舟，小或盈咫。煦藻荇而瀺灂，唼渳瀾而聯纚。競鰷爍而攸驛，時洋圉而吞餌。其下則赤璊黑琋，碧瓃黃碔。鎏鉼鑌鐵，璺鏐釩銑。水折成方，沙披泳淺。流映溶沱，溶溶演演。其傍則秔稴穄芑，菽苔麻麥。赤穲繽紛，紫芒潤澤。限馬足於溝渠，錯龍鱗於阡陌。畸零補截而堰潴，亞旅讙呼而艾柞，下區雨積而不苦。萊汙高

地，雷鳴而無傷龜圻。信蓄洩之有資，埒沃饒於鄭白。

爰有層巒沓嶺，嶻嶭嵯峨。含陽藏霧，跨磴淩阿。犀兕麖狄之
羣宅其岨，豲豕騊犢之屬吡其坡。植棗栗榛櫨，蠹而森萃；菌苓蒂蘦
靀，靡而嫛那。嶺隨方而得號，物騰氣而殊科。騻噫形與萬色，胥
俛鏡於清波。於是瀕湖之民，釃引池沼。疏灌園圃，甃石爲隄。環
流當戶，梗移之所蕃育，葭菼之所攢聚。翼湧月之高亭，面水雲之別
墅。騷人墨客，彳亍而留連；宦侶寓公，羇遲而揚詡。羌騁懷之所
如，雖更僕而難數。所以姑復葉榆，榰棟連然。建伶畇町，哀牢白子
之類。蒙舍穀昌，邪龍銅瀨。雙柏牧靡，勝休來唯之倫。

自漢初而通道，以滇池而問津。孝武象之，而石鯨彰異；常璩
志之，而天馬降神。蒙段殄夷而彩雲瑞見，傅沐駐守而屯田利均。
笑波淩之小池，竊茲名而淆真。審興圖之多舛，信耳疏而目親。隸
華陽之舊服，恢禹甸而同遵。邁西洱之配瀆，何南詔之不賓。徵即
敘於墨齒，效懷憓於朱垠。方圜河而書洛，尋髓浹而肌淪。翹湖天
而曠覽，與江海而常新。

初菊賦 以“懷人多在菊花潭”爲韻

（湯糧憲課一名）

李　坤

雨餘殘暑散茅齋，籬下疏花次第排。驀見深叢開數朵，不須絡
緯觸秋懷。領異標新，含芳抱真。如逢佳士，疑見幽人。叶黃裳之
元吉，潔素履於風塵。蚤英甚早，知機其神。夫衰頭白，不酒顏酡。
淚含露下，香澹風過。佩合紉蘭蕙，裳將製芰荷。報柴桑之秋信，
笑桐葉之無多。

維時蒲簟將捐，楛鐏纔改。椴始弄夫巖姿，蓮猶絢夫波彩。何

素節之奇葩，甫白藏即破蕾。非羅雲之秋鋪，疑金谷之春在。萼暈蔡黃，枝分艾綠。瘦初扶蒿，疏常隱竹。荒園插槿之樊，空谷補蘿之屋。炎雖盛而不趨，寒縱來而仍郁。偶入競秀之林，大似後彫之木；宜屈子之餐英，與淵明之愛菊也。

歌曰：

開時疑附熱，霜節抱山家。大隱名俱避，休呼殿後花。

又歌曰：

何曾文采比羅含？佳色森庭見兩三。便洗瘦尊泛落蘂，朝朝如醉菊花潭。

初菊賦 以"懷人多在菊花潭"爲韻

（湯糧憲課三名）

張儒瀾

秋回竹館，人臥蕭齋。自憐寂寞，苦憶朋儕。儵乃出閑敞，步空階。遙思遠道高人，頻牽離緒；忽遇秋叢逸士，聊慰渴懷。

原夫菊也者，獨標素質，脫盡紅塵。炎無趨夏，豔不爭春。黃華傳於小雅，落英採自靈均。濂水名賢說蓮花而推隱者，茂陵天子歌蘭秀而念佳人。然而三秋易老，九日倏過。倘其金英憔悴，玉質婆娑，縱教殘葉傲霜，得未曾有；應悵落花如雨，無可奈何。斯則歡情絕少，哀怨常多。又使園盡黃英，枝皆金蕾，葉葉爭榮，花花絢彩。夕枕朝餐，日探月採。將見中堂之上，俗客爭看；爭如秋水之湄，伊人宛在？

爾乃庭際獨芳，山椒早馥。開僅數枝，采難盈掬。正值荷彫之後，夢斷相思何期？花盡之時，客來不速。欲知晚節之香，且賞新秋之菊。高矣，淡矣。是耶？非耶？半含半吐，亦整亦斜。今朝籬下,昨夜天涯。漫言良友不來,君真吾友;須識此花開盡,世更無花。是知花宜冷淡,情戒沈酣。物以稀而爲貴,味因渴而生甘。若令節既過乎重九,花已歷乎秋三,則滿地飄金,知己徒邀。安石片言稅駕,詩人幾見臨潭。

秦中自古帝王州賦 以題爲韻

（松府憲課一名）

李　坤

天地之間,有奧區焉。崤函左據,褒斜右鄰。太華終南立其表,洪河涇渭通其津。一百二險臨雄關,冠於諸夏;三十六離宮別館,氣自爲春。肇王迹而登三,始自古公避狄;成帝畿而得五,參之非子封秦。

原夫基開走馬,夢兆非熊。未吟遷鎬,先卜邑豐。靈沼躍魚,歡倍騰於在藻;岐山鳴鳳,慶直衍及萋桐。當其伊滅築城,不過立通門而披廣路;那便冠山抗殿,居然後太液而前唐中。

厥後洛邑王孱,宸居帝醉。翦鶉首以流恩,縱雞鳴以貽瑞。并八荒而括四海,秦孝公初有是心;滅六國而吞二周,始皇帝乃成厥志。莫謂天頒金策,於傳無徵;須知門列銅人,其來有自。甫出阿房,旋來項羽。地邐雕墻,縱橫焦土。楚既返夫彭城,漢亦思夫益部。天牗奉春,人懷高祖。五星聚東井之精,百堵據西京之宇。

覽秦勝而鑒今,跨周法而邁古。龍德遘衰,鼉聲旋斃。世祖都遷,當塗版隸。符秦劉、趙,憑陵當兩晉之時;西夏北周,竊據丁六朝之際。迨至白楊應讖,才得見四國來王;後非仙李蟠根,又不知幾人稱帝。

惜乎年編天寶,統繼明皇。櫱生繡襦,曲破霓裳。不堪烏鵲喞啾，鳴到延秋門上；遂令青鸁蹀躞，行來濯錦江傍。就靈武而膺符，羣推帝子；望長安而隕涕，誰似詩王？則有若杜陵野老，水部名流。心常憂國，興豈非秋？旅夔府之孤城，何爲至此；睇蓬萊之宮闕，若不勝愁。

從古如斯，更變不惟陵谷；於今可見，陸沈竟到神州。用是茹痛難忘，含情欲訴；藉懷舊之老懷，裁傷時之長句。巍巍黃屋，尚感葛邱；黯黯青衫，還悲萍寓。勞我望京華萬里，每依南斗之光。聽兒誦《文選》一篇，淚盡《西都》之賦。

秦中自古帝王州賦 以題爲韻

（松府憲課七名）

錢良駿

有浣花主人者，西京極目，東閣棲身。長安日遠，短髮霜新。風雨二陵，永夜望依南斗；城闕三輔，平時拱向北辰。劇憐禍肇犬羊，客路遠悲蜀道。回憶形盤龍虎，劫灰又煽咸秦。

原夫殽澠險峻，函谷關雄。漢家時在，周室墉崇。燕雀風高，旌旗壯千門之色；龍蛇日動，雲霞燦五柞之宮。方期雄擁帝都，建瓴屋上；豈料銷殘王氣，失柄宮中！當其蛇豕揚氛，豬龍肆志；鸒鵅蒙塵，馬嵬掩淚。漁陽鼙鼓，既捲地而雲來；靈寶戈鋋，亦望塵而星墜。煨燼九成宮闕，禾黍堪憐。陸沈八代河山，烽煙有自。徒觀其衅啟朔方，雄失天府。駝卧棘荊，羶腥鄠杜。沈香倚醉，空餘夜雨淋鈴；太液承恩，無復春風擊鼓。豈意周幽戲火，固同禍而殊時；竟如夥頤揭竿，亦居今而眛古。

向使天寶克終，開元能繼。金鑑勿忘，玉環早制。樓開花萼，常承廣被之恩；盤謝荔枝，預裂錦綳之製。又何至汙流石馬，嘶風尚佑文皇；淚冷金人，承露空懷武帝也哉！

　　然而變生蒼狗，劫換紅羊。關河雖古，歌舞猶傷。三千別館離宮，祠荒陳寶；十二回廊複道，焰冷阿房。昔年輦轂經過，壯麗問誰家之宇？他日京邑再造，功勳出異姓之王。獨是少陵者，以廟堂之忠悃，觸幕府之羈愁。對千尋之玉壘，想四塞之金甌。傷心遠道聞鵑，詩篇遣悶；回首掖垣聽鳥，冠蓋從遊。悵宅第之王侯，久慨煙銷楚炬；憐閨房之兒女，不惟月憶鄜州。

　　方今盛朝，渭北巡鑾，岐西載輅。建極基宏，宅中勢固。蘿圖纘緒，慶寰宇之鏡清；楓陛凝麻，踵漢唐之玉步。士也披吟青簡，不須續夔府淒切之詩；簪筆彤庭，直可奏《甘泉》《喬皇》之賦。

寸地尺天皆入貢賦以題爲韻

（謝縣尊課一名）

袁嘉穀

　　世界三千，雲霄九萬。帝德乘乾，人心順巽。來王來享，頌尺土之砥平；悉主悉臣，輸寸衷而曝獻。大壽開八荒之域，海日光升；崇朝沛兩大之恩，岱雲膚寸。

　　原夫金鑑沈淪，玉環斌媚。地不效靈，天何爲醉？寸心久怠，擁斗帳之芙蓉；尺澤將枯，躭方池之荷芰。朝列胥柱尋直尺，競欺明旦之天；邦基本累寸積銖，化作兵戈之地。杜老乃拈筆悲歌，洗兵籌畫。歎地軸之已翻，望天鈞之可格。雖不操尺寸之權，猶思展尺寸之策。魚鳥則南飛東走，八蠻之貢物俱空；豬龍則左突右衝，萬騎之入京久荒。安得紫芝曲罷，會遇風雲；不教白帝城邊，寒催刀尺。

　　而設也，奇祥爭送，佳氣長延。貢琳璆於禹甸，貢砮磬於秦川。

夢夢天心，悔禍不虞蒼狗；遥遥地角，輸忱豈但朱鳶？懍咫尺之皇威，回紇且功高戰地；宣方寸之相業，尚書洵氣杳秋天。特是寸珠照乘，尺玉盈階。入來徑渭，貢集江淮。疑王會之鋪陳，浪詡地宇；抑詩詞之揚厲，美溢天街。山河比一寸之金，焉肯獻琛恐後；風塵埽三尺之劍，殊難降福孔皆。不知物以誠輸，人由德輯，形飛鶖而興宏，足斷黿而極立。八千里地，長短區分；三十六天，昭明等級。風聲一樹，金寸計而地緯可周；雲錦干張，玉尺量而天工早習。慶華夷之混合，月竁偕來；渡河漢之迢遥，星槎直入。

惜夫壯士難逢，庸君徒諷。六寸之珠璧終虛，七尺之鬚眉可痛。天河莫挽，疇奠金甌；地寶雖呈，曾無銀甕。何日乾坤重整，立方寸之勳猷；難期周漢再昌，資尋尺之梁棟。此布衣老大所由思君致舜堯，而豪俊二三究不聞冠彈王貢。豈若我聖朝星拱辰居，風行亥步。赫聲陋唐伐之模，異瑞符少陵之句。寶寸陰不貴尺璧，安皡皞之皇圖；察地理並觀天文，遵平平之王路。所以得尺則尺，得寸則寸。外九州終隸版章，因地事地，因天事天，大一統不矜貢賦。

擬庾子山《春賦》用原韻

（堂課一名）

袁嘉穀

蕊珠宮裏春風歸，宮樹緑生楊柳衣。嬌鳥韻隨香雨碎，亂花紅帶夕陽飛。春山劃天雲銷樹，春水吞地舟接路。曉來沽酒杏花村，採得豔歌桃葉渡。

三月二月，秦宮楚宮。簪玉滴露，衣香膩風。月彎眉翠，霞暈脂紅。碧桃花外，柔櫓聲中。翩彼遊人，聽鶯射雉。踏青試塵，裁緑剪水。恐擲韶華之麗，甘忘春睡之美。暖融海棠之國，淥漲葡萄之醅。怯去歲之留寒，浮新年之舊杯。欲晴不晴之雨，將殘未殘之梅。朝搴秀而煙埽，暮張筵而月來。那不情怡，琴宜手撫。有龍斯吟，不鶴亦舞。鸚鵡簾櫳，鳳凰棲柱。天影雲篩，竹聲風鼓。

可惜王孫未歸，阮郎詩夢春草。賦才長楊，客中枚馬，天下班張。塵心寂寂，筆陳堂堂。醉金谷而遊晉，蹠兔園而入梁。抛春光於蜂蝶，寄高唱於鸞凰。觴泛河津，鳩呼社神。二分挑菜之節，幾家寒食之人。春濃愁自淡，何用涕沾巾？瘦草陰肥桑影斜，買春移住東皇家。期我明年飽春色，送君今日殿春花。

擬庾子山《春賦》用原韻

（堂課二名）

席聘臣

煙花三月客思歸，懶著尋春白袷衣。兩岸綠楊鶯乍掠，千條晴絮燕初飛。人醉海棠天，花開碧桃樹。方深故國思，怕説江南路。

游繡陌以怡情，盪輕舟而競渡。欲盤桓兮水榭，旋憑眺於蘭宮。蜻翩翩而曬粉，燕回斜而受風。棃經雨而摻白，桃映日而舒紅。十里五里之外，輕寒輕暖之中。密葉動而翻鴉，游騎過而驚雉。控金埒於芳郊，度紅橋於遠水。茶烹龍井之泉，酒試臨邛之美。敞瓊軒而式宴，開瓷甕以傾醅。花留客而久坐，烏喚人而銜杯。

遠山添翠鬌，舊雨誤黃梅。相約美人至，姍姍杯下來。象管兮頻吹，銀箏兮乍撫。金縷兮初歌，白符兮罷舞。賞春色於杏園，寫春愁於桂柱。每顧曲而銷魂，時催花而擊鼓。如斯麗景，無負蕭郎。聽杜鵑於碧樹，縮夕照於垂楊。青驄並騁，翠蓋齊張。盡餘歡於別館，燒巨燭於華堂。慕風流於王謝，溯金粉於齊梁。麗賦驚鸚鵡，高文媲鳳凰。

揚子江邊迷渡津,春來春去總傷神。別羨秋風客,偏憐易水人。合情歃蘚石,釃酒棄羅巾。門外依依弱柳斜,十年作客未還家。昨宵兒女傳書至,催看南朝舊日花。

擬庾子山《春賦》_{用原韻集古句}

（堂課三名）

馬燦奎

黃葉江南一棹歸虞集《題霍元鎮春江捕魚圖》,輕輕柳絮點人衣杜甫時在雲安詩。留連戲蝶時時舞杜甫《江畔獨步尋花詩》,多少遊蜂盡日飛裴諧《觀修處士題桃花圖》。野鳥不言銜落花李若水詩,嬌鶯語足方離樹姚合《賞春詩》。

揮手遙鞭綠柳隄張祜《愛妾換馬詩》,尋芳每踏蒼苔路徐發《春分日詩》。別夢紅板橋經楊載《湖山春曉圖》,小櫂白蘋洲渡吳文企《放舟碧浪湖》。鶯啼聲出樹趙師秀《送鄧漢卿》,鳥鳴花滿宮許渾《洛中遊眺》。層軒靜華月儲光羲《酬李處士山中見贈詩》,弱柳嚲和風姚合《霽後登樓詩》。騰晚靄而孤翠張文《氣賦》,帶飛霞而澹紅黃捧珪《日賦》。風來荷氣外孔平仲《與張子明飲湖亭詩》,春盡雨聲中李昌符《旅遊傷春詩》。溪苔細以生魚張來《暮春雜興》,甸麥深而藏雉張蠙《寄友人詞》。浮甘瓜於清泉,沉朱李於寒水魏文帝《與朝歌令吳質書》。願親桃李之谿謝觀《吳坂馬賦》,必盡蓀荃之美李德裕《平泉草木》。

有客歸謀酒虞集《葉賓月山居詩》,呼童發舊醅潘大復《江行阻風詩》。酌彼春酒應璩《與從弟君冑書》,酤以春梅張協《七命》。琴號珠柱,書名玉杯庾子山《小園賦》。落蕊翻風去駱賓王《春晚詩》,歌聲度鳥來謝偃《踏月歌詩》。有美人兮嬋媛楊炯《建昌公王公神碑》,乃長弄而徐撫虞世南《琵琶詩》。抗皓首而清歌曹植《七啟》,紆長袖而屢舞左思《蜀都賦》。奏流水以何慚王勃《滕王閣序》,起西音於促柱左思《蜀都賦》。玉樹臨風《琴苑》,曹子建《琴》,陳鐘按鼓宋玉《招魂》。將歡宋子李商隱《寄薛郎中文》,是謂何郎宋璟《梅花賦》。

離顏怨芳草,春思結垂楊李白《南陽送客詩》。采芳洲兮杜若屈原《九歌·雲中君》,擗蕙楊兮既張《九歌·湘君》。靈偃蹇兮姣服,芳菲菲兮滿堂《九歌·東皇太一》。春風十里揚州路杜牧《贈別詩》,一曲歌聲遺翠梁曹松《夜宴詩》。襟袖調鸚鵡李賀《秦宮詩》,笙歌奏鳳凰韋渠牟《步虛詞》。桃花綠水蔭通津李融《題道院壁》,赤鯉騰出如有神杜甫《觀打魚歌》。穿林出去鳥陳師道《宿合清口詩》,芳樹醉遊人張籍《江南春詩》。循圃花粘履,憑闌柳拂巾楊載《春晚喜晴詩》。翡翠簾前日影斜花蕊夫人《宮詞》,燕子歸來識故家王惲《三山元日詩》。采茶歌裏春光老陸游《初夏喜事詩》,百尺飛絲送柳花聖岐《即事》,吳翁晉詩。

擬庾子山《春賦》用原韻

（堂課五名）

張　璞

登樓望春春又歸,薄衫窄袖縫春衣。驪駒一唱匆匆別,燕子雙來故故飛。歌罷白楊花,愁上碧桃樹。珠簾慣誤人,香車欲迷路。青驄朝雨章臺,畫舫夕陽古渡。燕女趙女,吳宮楚宮。宜春鵾月,長樂嘲風。酒痕眉綠,花暈顋紅。偎春魂於欄側,縈香情於夢中。宮袍賜而懸魚,宮扇開而飛雉。

輦幸江南之春,舟溯秦淮之水。鳳闕光依日下,鯉盤春薦鮮美。氣清天朗,舊友新醅。修蘭亭之禊事,飲曲水之流杯。厭折河橋柳,還吟笛裏梅。年年歲歲尋春去,暮暮朝朝引恨來。往事堪傷,清絃獨撫。念草木與河山,寄清歌與妙舞。碧玉不解愁,紅粧調筝柱。癯憐避月容,夢斷催花鼓。

圍棊太傅,獻賦中郎。停東山之絲竹,校射獵於長楊。綠柳青旗一色,柘弓楛矢齊張。華林試馬之疊,金穀鳴琴之堂。人酣遊讌,我悵河梁。足絆騏驥,毛摧鳳凰。一從烽火静江津,鄉國飄零獨愴神。鶴髮空爲客,鶯花解笑人。還須拂錦勒,買醉脫塵巾。迢迢行路日西斜,踏青人倦各還家。願得東皇綰春住,不教詞客悲落花。

擬庾子山《春賦》用原韻

（堂課七名）

錢良駿

東君駕已凝碧歸,朱樓繡陌舞香衣。簾櫳日暖聽鸝唱,林樹春深看燕飛。一天金粉最宜春,三月煙花欲迷樹。東風摇翠柳拂人,南浦踏青草橫路。著芒鞋以尋芳,喚桃葉而買渡。敞勝境於金谷,降麗質於珠宮。烏鬢盤而隱霧,蝦簾捲以凌風。眉映山而蘸碧,顏醉酒以酡紅。香飄徑裏,影落杯中。楊柳簇以流鶯,桑柘陰而雛雉。

選勝花信之時,修禊蘭亭之水。筆扛鼎而客豪,羽流觴而酒美。杏花深塢,竹葉新醅。金錢買醉,玉液浮杯。侍兒腰柳,倩女額梅。聲疑鶯燕語,香逐蝶蜂來。綠綺初彈,錦瑟新撫。遏雲繞梁之音,激楚陽阿之舞。鐵板銅琶,金鐏珠柱。節奏胡笳,花催羯鼓。烏衣貴胄,虎賁中郎。勁弓張柘,硬弩穿楊。奔鳥羽疾,飛騎鬃張。紅塵楊北苑,錦棚接東堂。龍種淺勒珊瑚轡,燕雛高樓玳瑁梁。錦屏列翡翠,雕鞍刺鳳凰。

暖風晴日綠楊津,帽影鞭絲亦有神。地驕金埒馬,天醉玉樓人。杯痕沾翠袖,珠汗浥羅巾。楚尾吳頭若木斜,冶游切莫早還家。酴醾香滿休辭醉,芍藥叢深且看花。

擬庾子山《春賦》用原韻

（堂課九名）

路安衢

鳥語催歸未得歸，東風噓夢到烏衣。垂楊似識春堪惜，絀住飛花不許飛。石家院裏綵爲簾，漢帝園中錦纏樹。煙雨一天北固亭，香風十里南朝路。刳木蘭以作舟，向桃葉而問渡。降鳳臺之鸞馭，離龍女之鮫宮。玉鬢輕而撩霧，珠袚穩而搖風。眉不山而橫黛，顏非花而暈紅。綺羅鄉裏，油壁車中。花照影而驚魚，桑垂陰而馴雉。

凝粧柳陌之天，修禊蘭亭之水。入金谷而遊豪，遇洛濱而人美。青驄小繫，綠螘新醅。鸊鷉玉杓，鸚鵡金杯。珠盤薦藕，寶鼎調梅。關心花睡去，招手月飛來。金勒忽嘶，珊弧競撫。穿楊貫札之能，滾雪流星之舞。

此日羽林，他年銅柱。小隊弓刀，大排旗鼓。聞琴卓女，顧曲周郎。徵歌許史，列座班楊。龍吟迭奏，雁瑟初張。綺語聆珠撥，新聲上畫堂。曲是乳鶯之分部，音如雛燕之繞梁。素紈看撲蝶，綠綺譜求凰。仙源重訪更迷津，倚棹花間一愴神。杜宇休呼客，明駝不送人。有酒湑襟袖，無詩寄扇巾。雨不成絲煙柳斜，畫樓深鎖五侯家。江南春好無消息，只見長安處處花。

擬庾子山《春賦》用原韻

（堂課十一名）

李熙仁

江南春好客思歸，懶著北朝宮錦衣。地鎖綠楊鵑屢喚，天垂芳草馬如飛。人非故國人，樹是恒春樹。嬌鳥啼芳枝，遊絲罥曲路。

流艭渭水之濱，泛棹秦川之渡。游阿嬌之金屋，過昭儀之別宮。梨一枝而帶雨，桃千樹而笑風。藉香茵而草碧，移步屜而蓮紅。小立秋千架畔，徘徊歌管樓中。花露聽鶯，麥天雛雉。麗日在空，暖風吹水。

當茲修禊之辰，宜試甕頭之美。玳瑁筵開，頻酌新醅。斟玻璃盞，傳琥珀杯。翠煙上柳，紅雪凋梅。客有可人，惠然肯來。春讌方酣，春絲乍撫。徵麗華之曼音，觀飛燕之妙舞。琴改調而停絃，箏移聲而易柱。雜以鍚簫，節之鞉鼓。當年張緒，前度劉郎。寫離情於寸楮，觸往事於垂楊。彩筆雙管，瑤箋一張。召鄒陽而入座，呼賈誼而升堂。文似陳琳終入魏，賦同司馬舊遊梁。繞市悲烏鵲，歸昌媿鳳凰。

婪尾花殘曲水津，滿添碧釀餞花神。不逢吳下客，但見隴頭人。薄暮愁如縷，新亭淚滿巾。兩兩三三竹影斜，小園偪仄暫爲家。何年重到南朝路？看取春來萬種花。

班超投筆賦 以"安能久事筆耕"爲韻

（堂課一名）

張儒瀾

昔在漢明帝之時，西橫羌寇，東擾烏桓。豕突憂夫廣德，狼貪慮乎呼韓。方欣朝戢干戈，幸中原之平定；又聽營喧笳鼓，傷邊郡之摧殘。況復從龍人盡，扼虎才難。士爭文藝相高，致強鄰之見侮；人孰武功克奏，轉危局而爲安。

乃有扶風奇士，班氏仲升。鴻篇遍覽，羽檄無徵。覩時艱之蒿目，感身世而拊膺。投壺懷征虜之風，寸衷自許；投袂抱楚莊之恨，小醜思懲。豈期憔悴琴書,負燕頷虎頭之相;安得周旋鞭弭,奏龍韜豹畧之能?於是投筆而歎曰:"天生斯人,業貴不朽。吾聞客乘槎木,直探牛女之星;使襲樓蘭,竟決蠻酋之首。誠令吾統六師,平羣醜,何難立功異域,隨介子於丹青;拓土殊方,奪張騫之印綬。奈何作書役以長終,伴管城而居久乎?"

言未畢,有笑於旁者曰:"休矣先生!談何容易!夫以文似陸、隨,尚難任勝將帥,況吾子才僅抄胥,長無擊刺,其何以建旗鼓之功,而拜金銀之賜?"

仲升曰:"然。世無伯樂,誰知良驥之奇?人盡愚夫,安識冥鴻之志?漫笑鋏彈廡下,馮驩無以爲家;請看錐出囊中,毛遂何難成事?"其後願竟能償,言堪踐實。百萬師不待遠征,卅六士聽其驅率。破匈奴以十鼓,氣懾豺狼;聯西域爲一家,爭消蚌鷸。鈆刀試割,果然功駕魏莊;節鉞常持,豈僅忠同谷吉?侯封萬里,竟如曩日之狂言;陣埽千軍,也似當年之擲筆。

夫以彼藝林之選,華國之英,《公羊》謹守之言,記傳東觀;代馬依風之疏,文逼西京。向令業繼乃兄,定投閣揚雄之匹;安望勳開若子,爭投荒蘇武之名?乃知册抱兔園,徒湮豪傑;須識像圖麟閣,不繪書生。他時誓埽鯨鯢,勝衛青之不敗。此日見輕燕雀,似陳涉之輟耕。

班超投筆賦 以"安能久事筆耕"爲韻

(堂課七名)

劉奎光

班仲升書備久習,時局靜觀,身悲蠖屈,志切鵬搏。忽奮功名之念,空嗟遇合之難。作吏因人,慨蕭相半生珥筆;封侯勵己,想淮陰何日登壇？從茲擲管空齋，辭文士筆刀之苦；還待立功異域，奠國家磐石之安。

當其隨兄赴召也，奉北堂以順志，入東洛而應徵。役簿書而力苦，供菽水而歡承。倘由是雕蟲技習，繡虎名稱；才儲倚馬，兆卜飛鵬。將筆陣稱雄，掃千軍而力迅；筆花入夢，燦五色而光騰。通經號學士無雙，亦何多讓；射策期君門第一，豈曰未能？然仲升則遠略相期，雄才自負；奮袂興懷，揮毫脫手。棄禿友而弗庸，出囊錐而恐後。非投蓋兮逞能，異投壺兮行酒。有終子棄襦之概，請纓則南越輸忱。慕傅君破敵之謀，設餌則樓蘭授首。

幸文苑名馳伯氏，區區雅不樂爲；謂管城坐困英雄，鬱鬱安能居久？斑管輕拋，有聲擲地；浩氣欲舒，雄心迥異。將銘銅柱之功，奚樹文壇之幟？想此後何等勳名，悔從前徒供書記。低頭久矣，幾銷磨萬里壯懷；拊髀淒然，當激勵四方遠志。奇男子自期將相，未免有情；中書君祇記姓名，復何多事？

迨至會風雲，起蓬蓽，從遠征，膺顯秩。騎隊嘶風，熊旌耀日。取虎子如探囊，控蠻荒而有術。笑丸泥封谷，王元毋乃多狂；比坐鎮制羌，充國實堪爲匹。設令不能保障邊隅，惟是憯修爾室。將對龍駒之英傑，慚弗如武惠提戈；縱觀司馬之文章，鮮不至君苗焚筆。

士有讀蔚宗之史傳，慕定遠之盛名，才稱武將，業守書生。腹羅經史，胸富甲兵。弔古投鞭之地，馳情籌筆之營。搦管磨磚，安得及鋒而試；乘風破浪，須知有志竟成。萬戶侯何足道哉，惟是擎天作柱；大丈夫當如此矣，胡爲以筆代耕？

卷五　詩古近體

和吳梅村《圓圓曲》用原韻

（丁督憲課一名）

袁嘉毅

　　何年花艷彩雲閒，風雨吳宮書掩關。滇土荒邱埋赤血，吳宮故事憶紅顏。顏紅慣惹遊蜂戀，百丈野園朝夕讒。王濬傳聲喚未來，阿嬌不肯頻相見。

　　五華山麓女仙家，飛舞楊花又柳花。上元巧盤三角髻，靈芸合坐七香車。梳妝臺築二三里，城北麗雲叢若綺。生怕漢宮故扇捐，早防秋日涼風起。和南願啟妙明心，下界徧滋清淨水。可憐老濬欲雄飛，雄飛南望不得歸。巾幗同污青汗簡，袈裟幸換綠羅衣。憶昔掃眉入宮掖，殘香不動君王惜。昭陽雲冷籍中人，洛川霞映筵上客。筵上客醮日斜暮，英雄面目私衷訴。夜奔翻笑紅拂遲，曉曲那煩周郎顧？三軍飛到星火書，一去不接桃葉渡。入門有馬金粉愁，墜樓無珠石崇誤。月缺容易月圓難，降賊怨賊計不安。樂昌破鏡知消息，願返蛾眉鏡裏看。昭降使者關前死，劍氣沖霄夜已闌。荊山鼎杳持龍泣，華表家亡化鶴還。怒師直從片石進，薊北山西先後定。簫鼓迎回掌上珠，旌旗坐取腰間印。秦雨蜀煙兵氣揚，上梯嶺棧妾同乘。金碧分封桐葉圭，風塵愁老菱花鏡。菱花照醒黑甜鄉，空門晚迹冷於霜。商山葬玉墳三尺，過客尋香泣數行。羅裙羽化新蝴蝶，錦瑟聲希古鳳皇。金錯刀空投彼美，玉鈎斜莫弔前王。嗚呼奸雄爲色累，傾國之罪非文致。紅妝脂膩白骨灰，誅心祭酒詩律細。艷曲寫生妙入神，奸雄愧死容無地。夙知詩品價連城，郵寄千金請削名。一生君父昧大義，千秋兒女譏私情。情乎已矣人何處？麋蕪草碧蘚苔青。君不見良玉勤王家不宿，宮人刺虎死亦足。話到滄桑數閨閣，芳馨上掩峨眉綠。和歌我爲圓圓愁，不與費秦名九州。舉酒並思奠祭酒，吳宮花謝吳江流。

和吳梅村《圓圓曲》

（丁督憲課二名）

李　坤

苴蘭城破野園圮，鴛鴦樓下美人死。明璫翠羽等閒拋，魂斷蓮花一尺水。水似橫塘浮玉光，妾生不願憶家鄉。無端紅拂侍楊素，尚愧綠珠嫁石郎。郎如春柳妾如絮，忍向風前送妾去？豈有巴人下里音，能當蜀士《長門賦》？長門宮在苑西頭，微倖親瞻鳳輦游。帝席落花頻掃郃，御溝紅葉任飄流。流向人間重墮溷，侯門無地開妝鏡。琴心自抱文君愁，竽濫強爲南郭韻。忽從筵上覰英雄，倜儻當年李衛公。私念已廿行露刺，客行請與紫雲同。

榆關北望只千里，火急書催投袂起。已奉千金聘阿嬌，肯將一死酬天子？長安有馬入宮門，棠樹啼殘杜宇魂。彼美既歸沙吒利，健奴誰是老崑崙？由來分室甚夷族，瑣瑣家書何用讀？奔命誓教子重疲，乞師還效包胥哭。爲卿辛苦踏邊霜，萬馬尪隳萬士創。浦裏珠光重見返，軍中兵氣不須揚。真人一出羣雲擁，六詔開藩叨貴寵。休怨傾城自女戎，那知顧曲非情種？石頭未入可人俎，悔信羅平妖鳥圖。酬悦以容知以死，蘭陵何必殉前夫？銀塘秋老沿寒鷺，舊是青鸞畢命處。浪説殘經葬玉京，緘詩空弔曇雲墓。

和吳梅村《圓圓曲》

（丁督憲課三名）

袁丕鏞

野園月落陰風吹，古雲上雜今雲飛。今雲未冷古雲冷，香魂何處不來歸？吁嗟圓圓一女子，尤物只合青樓死。豈期一介娉婷身，兩代興亡繫於此。宗周赫赫滅炎火，漢鼎寂寂生禍水。前後一律傾人國，老遁空門更何齒？

婁東祭酒詩中龍，長歌一曲諧商宮。遙遙曲聲入滇中，寫奸雄心驚奸雄。千金之報顧削藁，爭怪奸雄好名好。當日真爲君父仇，六合豈惜紅顏少？奈何龍馭升鼎湖，全家陷賊賊駢誅。拔劍僅爲圓圓怒，驅賊覓還合浦珠。

可憐此珠非綠珠，自成宗敏人盡夫。玉笙金鼓迎夜來，青絲紫綺驕羅敷。軍中豈有女子乎？征晉入秦入成都。阿房媵嬙泣艷鬼，薛濤樓上悲野狐。朝朝玉鏡宵瓊宴，流毒復到天南隅。剝民脂膏奉脂粉，樓閣如雲挂雲幰。積惡欲解牟尼珠，率眾宮人出宮壼。公孫稱帝井底蛙，赤族末累比邱家。比邱死竟污滇土，商山三尺玉鉤斜。苴蘭佛菴月色冷，老鷹已殺啼羣鴉。殘裙化作蛺蝶翅，膩血開染杜鵑花。何事鸞影多坿會？阿香宮詩事尤穢。儀徵公子訪荒碣，文人癡絕堪一哂。請讀祭酒歌紅妝，意主戒色非憐香。玉樵舫勝次雲傳，同借圓圓感滄桑。

和吴梅村《圓圓曲》

（丁督憲課四名）

吴承鑫

安阜園荒白楊樹，拾翠空尋城北路。蓮花池憶采蓮人，爲問妝樓果何處？鸚鵡菴中參梵經，瓦蒼莊後叩柴扃。宫裝忽换水田服，崔徽遺貌付丹青。

生在江南長羅綺，虎邱真娘差可擬。嬌歌慢舞擅聲容，北入武陵歸戚里。延陵出鎮武安祖，傾城忽向筵前覩。紫雲雖許惠分司，紅綃尚未偕軍府。埽眉入宫帝不收，闖兵犯闕家爲虜。但期破鏡得重圓，豈惜乃翁烹鼎俎。三軍縞素指燕山，破敵收京覓玉顔。帳中再見驚鴻影，枕上横陳墮馬鬟。專閫十年定西蜀，移藩萬里鎮南滇。何心專寵戀吴邸，暮齒堅願棲禪關。老濞異志機先洞，狡兔營窟竟何用！脱身猶幸依空門，陰謀謾傳出同夢。

戡定三藩二百年，五華風月尚依然。阿香有亭存艷迹，商山無人知墓田。防風骨朽大成土，夜月魂歸應化煙。生平事賴吴祭酒，長篇一曲歌圓圓。後曲尚有阮公子，賜卿筆弱慚前賢。我今追和梅村曲，滇水滇山相向緣。欲尋楊娥賣酒樓，金蟬寺裏杜鵑哭。

和吴梅村《圓圓曲》

（丁督憲課五名）

錢良駿

昔日朱明九陽遘，延陵帳下紛甲胄。家國不重重蛾眉，忍使長安歌麥秀。燕山無計從龍飛，千騎百戰名姝歸。苴蘭裂土貯金屋，野園花暖春風微。白頭吳濞老作賊，聚六州鐵鑄不得。豬龍異志蓄漁陽，雄心難掩傾城色。太息紅顏知幾早，粧臺翻羨佛燈好。翟茀辭正藩府妃，禪榻合伴比邱老。惜哉祭酒不及見梅村卒於康熙辛亥後。數歲後圓圓始卒。吳逆亦叛矣，瑤篇空作繁華羨。艷情無乃慕紫雲，仙隱不曾窺紅線。君不見嫠東壇坫已榛蕪，商山墓穴眠野狐。我今憑弔兩淒絕，走筆敢慚師大巫。

和吳梅村《圓圓曲》

（丁督憲課六名）

張　坤

吳宮榛莽粧臺圮，欷息長歌吳太史。歸來取讀《圓圓曲》，美人一去東流水。聞道美色多傾國，有時因之能破賊。破賊功高何足云？當筵一顧忘不得。

憶昔奉詔出青門，祖餞車馬如雲屯。筵前女樂復如花，欲行不行暗銷魂。圓圓舊係姑蘇女，皓齒明眸解歌舞。不曾金屋貯阿嬌，且效紫雲惠軍府。無端闖賊陷燕京，飆馳電激血風腥。藍田香玉溷泥滓，金谷名花感飄零。重鎮扼兵止欲止，怒惜紅顏髮上指。室家不保胡爲生？樓上綠珠幸未死。旌旗倒擁去如飛，縞素六軍任指揮。紛紛賊將棄師退，始得佳人馬上歸。歸來玉帳重相見，杜鵑啼痕猶滿面。嬌顏豈遜陰麗華？至今始遂平生願。

燕山定後西南行，巫峽山高滇水清。一戰功成賜鐵券，湯沐世守等西平。高臺歌舞朝還暮，英雄甘被紅顏誤。紅顏不負負簡青，坐擁傾城聊小住。可憐老濞昏不知，酒色自娛能幾時？藥鑪經卷謝鉛華，丈夫未免愧蛾眉。彈指歲月頹波流，憐香弔古不勝愁。扶犁曾拾釵雙股,葬玉難尋土一抔。君不見安阜園荒遊麋鹿,蓮池水枯狐兔宿。長歌難和祭酒篇,金蟬風雨鬼聲哭。

和吳梅村《圓圓曲》

(丁督憲課七名)

吳 琨

年年暮春野園行,吳宮花草黯無情。蓮池寂寞妝臺圮,美人香魂呼不應。家國義重巾幗輕,白頭老濞昏不明。縞素六軍倘滅賊,西施何難館娃迎?昨讀梅村《圓圓曲》,始歎奸雄罪難贖。衝冠一怒爲紅顏,杜陵詩史君應續。我今搦管和長歌,類鶩不嫌終刻鵠。

阿儂嬌小住姑蘇,芙蓉如貌雪如膚。輕靴穿袖糚束巧,一笑不啻傾城姝。一時洛陽大商賈,風雨不爲平康阻。桃葉纔翻水調聲,柘枝又作風前舞。長安驚動富平侯,奪取蛾眉漢宮遊。漢皇重德且輕色,何暇深閨擁莫愁?阿嬌不見貯金屋,香車依然返碧油。從此田竇貴勳第,朝朝讌客倩箜篌。

延陵將軍少年客,當筵一顧忘不得。紅綃竊遁無崑崙,那惜千金聘傾國。銅雀高築待小喬,鐵騎忽傳衝流賊。將軍自此出邊關,鵲橋消息銀河隔。甲申蟻賊破燕京,侯門戚里腥血腥。樓頭倖免綠珠墜,月下忽悲花藥情。丈夫不能保家室,丈劍空教鳴不平。包胥復楚豈真意?甘爲女子哭秦庭。中原轉戰黃巾走,却喜驪珠返君手。忙燒銀燭整紅妝,畫樓頻進合歡酒。鴛鴦醉罷倚東風,弱質身憐章台柳。

專征節鉞擁南滇,樓臺歌舞鬥嬋娟。喚起玉環歌一闋,羣花亂落飛四筵。吁嗟執金吾,陰麗華,吳濞兩美堪同誇。王敦何事老作賊,青史貽笑井底蛙。却幸秋娘見機早,宮裝忽羨道裝好。不然蘇臺歡笑年復年,麋鹿安能脫吳沼?君不見荊榛埋沒真娘墓,行人猶憶商山路。老革析骸傳九邊，抔土不知葬何處。和罷梅村一曲歌，告君一語君莫怒。文山洵是奇男兒，見義不爲聲色娛。

春柳四首 用王漁洋《秋柳》韻

（丁撫憲課一名）

袁嘉穀

金陵柳色六朝魂，三月東風送白門。一葉舟牽流水恨，萬條煙繫夕陽痕。蒨青濃染短長路，稞緑平分新舊村。遊興歸來春惱我，翠湖芳景好同論。

苴蘭元夜月如霜，城北寒留半畝塘。曉夢依依蒼玉佩，春心縷縷翠雲箱。天無杏雨嬌遊女，院有蓮華伴梵王。弱綫肯纏青律腳，南來金馬碧雞坊。

鷦鵠破語蝶穿衣，去歲韶華果是非？暖意暗從低葉上，柔絲付與勁條稀。近橋遠水鶯簧澀，陰雨晴雲燕翦飛。惆悵柳營深淺徑，東皇處處莫相違。

瘦眉都是客中憐，迷眼渾疑故里煙。春樹曩天怨離別，花風攪雪意纏緜。畫樓糝絮驚千點，精舍裁詩又一年。何事異龍湖上景？賣魚人臥柳橋邊。

春柳四首 用王漁洋《秋柳》韻，有序

（丁撫憲課二名）

劉學弼

案：順治丁酉，漁洋作《秋柳》詩。歷下名流鱗萃，讌於湖陰。

一時和者雲興，下及閨秀。風情旖旎，格調清新，牛耳騷壇，斷推此老。茲者物同境異，滇南非等濟南。古往今來，春暮又殊秋暮，青青柳色，宜唱新詩；黯黯春愁，有懷陳迹。樹猶如此，人何以堪？授簡抽毫，漫拈此解。

金綫垂垂縮別魂，猗儺無力倚青門。蘸煙欲學新眉樣，刊葉猶留舊爪痕。《黃鳥》詩傳京兆市，玉驄人去莫愁村。可憐張緒風流甚，標格難爲俗眼論。

零秋幸未警嚴霜，也等青青夢謝塘。偶有月來照關塞，錯疑珠化入巾箱。攀條清德思劉尹，賜絹濃情感孝王。記取市橋風葉細，當年曾出碧雞坊。

正堪取汁染郎衣，風雨清明百事非。烏噪白門春信遠，鶯遷紫禁友聲稀。更誰譽樹棠同愛，祇恐爲萍絮又飛。多少閨情憶夫婿，歸期霏雪莫相違。

嫋嫋纖腰亦自憐，移根欲傍御爐煙。籦吹南浦聲悽惋，檻拂東風恨渺綿。萬縷柔情懷故國，十圍新蔭感華年。赤欄橋畔江村路，第一難亡是柳邊。

春柳四首 用王漁洋《秋柳》韻

（丁撫憲課三名）

吳承鑫

幾行春柳繫離魂，半繞湖樓半寺門。夾路陰濃青有態，平橋漲落碧無痕。金鞭壩上迴千里，漁艇江南聚一村。何事九龍池畔好，天然風韻畫中論。

一抹柔條誤曉霜，涓涓殘月墮橫塘。眉痕似月橫新黛，手迹如花撿舊箱。燕子樓頭依彼美，烏衣巷口笑諸王。京華記向章臺折，橋上車聲過虎坊。

　　酒痕猶浣舊征衣，今是何堪憶昨非。帶雨態憐遊子倦，含煙情惜故人稀。低迷樓閣鶯猶語，遠拂旌旗燕不飛。彈指韶華同逝水，欲求詹尹問從違。

　　香閨莫詠想夫憐，一縷春愁寄遠煙。變化浮萍猶結蒂，勝他飛絮已拖棉。六朝金粉天疑夢，三月鶯花日似年。掩映湖山歸未得，鄉書遙望暮雲邊。

春柳四首 用王漁洋《秋柳》韻

（丁撫憲課四名）

楊恩第

　　東風初醒百花魂，又見春歸陶令門。碧玉濃添新黛色，黃金輕點舊眉痕。波流燕尾消殘雪，橋鎖虹腰障遠村。去歲攀條今記否？章臺走馬事重論。

　　蹉跎漫遺絮飛霜，無限春光盡柳塘。簾細線縈青玉案，條長絲剪縷金箱。依稀媚眼窺西子，綽約纖腰愛楚王。宮女三千休妒煞，誰教移向永豐坊？

　　二月東風翠溼衣，隋隄景物未全非。山含螺黛青難辨，水映鷗波綠尚稀。有客聽鸝花館靜，尋春駐馬酒旗飛。千條萬緒情無盡，宴賞西湖約漫違。

　　嫋嫋娉娉劇可憐，短長亭畔暗浮煙。受風影趁斜陽舞，拂水痕迷細雨縣。手植桓公思往日，心知張緒勝當年。龍池萬樹春來好，似否乘船太液邊？

春柳四首 用王漁洋《秋柳》韻

（丁撫憲課八名）

張　坤

萬縷晴煙萬縷魂，青青楊柳拂朱門。歌聲宛轉招鶯語，舞態輕盈勇燕痕。沽酒旆懸橋畔路，停橈人競渡頭村。登樓亦有春風感，飛絮飛花不忍論。

腰瘦曾經客歲霜，新裝重整舞芳塘。是誰閒倚朱樓笛？有女初懷紅豆箱。汴水煙波悲大業，蘇臺風景憶吳王。頻年動我飄零感，繫馬惟尋賣酒坊。

長隄翠黛拂征衣，弱絮風飄是也非。笑我白頭春夢老，如君青眼世人稀。化爲萍梗渾無跡，縮住桃花不放飛。欲望洛陽何處是？游人多與素心違。

閨中兒女最相憐，細雨微霑淡淡煙。臨水眉痕尤嫵媚，傷春心事太纏綿。不堪送別餘殘照，詎忍相逢問舊年？何處猶歌《金縷曲》，迎風聽徹暮雲邊。

春柳四首 用王漁洋《秋柳》韻

（丁撫憲課九名）

袁嘉璧

垂絲萬縷綰春魂，不許春光度玉門。十里晴風酣舊夢，一溪流水漲新痕。吹餳天氣清煙市，賣酒人家綠樹村。三載依依滇海畔，韶華虛擲向誰論？

155

何來正月灑繁霜？釀透春寒洗馬塘。疏蔭雅宜馳玉勒，碎花端合貯金箱。三眠覺夢呼鶯友，幾樹輕絲冒蝶王。經過蓮華禪院路，柳雲如擁菩提芳。

水濱游女襯霞衣，柳色花顏問是非。陰踏淺深隄上暖，香飄濃淡袖間稀。愁從眉鎖枝偏密，春到腰柔絮已飛。莫訝章臺今異昔，長條折盡竟相違。

九十日春嗟可憐，半舒半斂翠湖煙。一樽蟻綠途長短，萬點螺青客渺緜。豈有樓臺歌舞地？最難風雨別離年。未秋張緒休言恨，及早聽鶯太液邊。

春柳四首 用王漁洋《秋柳》韻
（丁撫憲課十七名）

丁庶凝

東風着力喚芳魂，爭占春光翠撜門。城郭雲低青有色，樓臺烟孕碧無痕。遠連蒼靄渾迷路，隔斷紅塵不到村。前度蕭條今嫵媚，兩番情態莫同論。

飛絮漫天白若霜，乘春歌舞憶橫塘。玉簫聲斷雙株樹，金縷衣橫七寶箱。眉黛含情通鳥使，風流作態妬花王。一從青眼邀相識，好夢頻過纖錦坊。

鞭絲影亂拂征衣，遠唱《陽關》計覺非。公子花驄千里去，美人釵鳳六橋稀。笙停艷曲鶯鶯懶，樓鎖濃陰燕燕飛。分手恨當二三月，賞春心事竟相違。

依依漫道乞人憐，晴嬝和風雨嬝烟。花事九旬爭艷麗，芳情萬縷獨纏緜。小蠻腰韻牽鄉思，張緒姿容羨少年。珍重韶華休枉度，承恩合種鳳池邊。

論詩絕句三十首

（張學憲課一名）

李　坤

尊唐祧宋久紛然，各本心聲動以天。餘習不沿明七子，元音多在順康年。

乾嘉諸老尚參稽，流派寖成塗附泥。隆至道咸賡變雅，宏裁不似漢京西。

家國紛更等覆棋，茫茫身世不勝悲。無因寫出《金荃》怨，特借西崑筆一枝。吳偉業

波雲譎詭變無窮，黿擲鯨呿碧海中。年命儻知高季迪，前明終始兩詩雄。錢謙益

南施北宋盛詞章，尚白長歌遜莽蒼。若向枌鄉爭伯仲，未應兄事帶經堂。宋琬

壯丁篇擬杜工部，彈子歌如元道州。第得詩家敦厚體，感人何必定錢劉？施閏章

席越高岑王孟前，果然三昧得唐賢。正宗才力休嫌薄，幾輩奇橫近自然？王士禎

詞源天上倒秋河，風卷雲霞疊綺羅。縟藻全隨真氣振，未妨且論說貪多。朱彝尊

直從漢魏泝風騷，坐使羣公困暴豪。謂得古賢雄直氣，橅存推挹未爲高。陳恭尹

行吟澤畔古靈均，七字悲涼五字新。喚起六瑩歌養馬，嶺南同調有詞臣。屈大均、梁佩蘭

滄浪原未誤新城，善學西江亦正聲。肆口談龍師定遠，一邱一

鏊足平生。趙執信

錢崖謝去又西涯，樂府今傳有幾家？不是長洲才子筆，毫端誰放五雲花？尤侗

長河排奡聖泉奇，徐夜名篇近左司。最是漁洋精賞鑒，山東獨取杏村詩。田雯、王苹、徐夜、謝重輝

冠世才華不易尋，七言高唱有唐音。崑崙山下披明史，諸將如聞老杜吟。張篤慶

畢世心香陸與蘇，離形得似見真吾。不因天語深欽向，萬古煙波一釣徒。查慎行

浙下朱查本代興，秦亭樊榭尚相仍。爾來莫問之江派，試律由來誤聖徵。杭世駿、厲鶚、吳錫麟

束將萬筆代舟航，也自生花夢裏香。一事爲君長太息，輕將嬉笑作詞章。袁枚

捫胸卷抽比星羅，垂老猶能信口歌。應笑遺山才調少，君才真比士衡多。趙翼

亦雄亦麗亦清遒，百鍊剛成繞指柔。簪筆猶然傳絶唱，早朝重見杜韓儔。蔣士銓

爬梳子史佐經奇，金石分光更陸離。肌理豐時神韻減，真嫌公少性靈詩。翁方綱

石騮亭下共談詩，佛有梅花供養之。誰乏酒籌翻膡稿，始知蘭雪遜青芝。吳嵩梁、樂陶

苦將幽艷塗寒槁，火候真誇十二分。畫裏如看希雅筆，終朝戰掣寫秋雲。黎簡

寶雞題壁說軍情，筆欲悲歌劍欲鳴。尚少杜陵沉鬱語，多言奇氣大縱橫。張問陶

謫仙逸氣走風雷，何待幽并策馬來？若遇漁洋詩老在，定先椒

舫歟天才。黃景仁

樵詩久到浣花灣，語自盤空意自沈。淺話桑麻關治理，北江未盡是知音。錢澧

梅花賦出鐵心腸，香雪詩成字字香。合配南園成四友，雲將山草授經堂。曹錫寶、謝振定、武億

七言神韻擬新城，牙鬐曾移海上情。絕似來禽邢子愿，悔教書法掩詩名。王文治

龍湖壇坫擁旌幢，大筆如椽鼎可扛。吳體分來從子美，休云餘唾拾西江。朱騰

雄如李白險如韓，岳瀆爭來助大觀。讀到皇朝新樂府，香山未許列詩壇。魏源

僞體別裁亦偶然，後生何敢議前賢？出山儻似歸愚叟，再得讀書二十年。

論詩絕句三十首 <small>仿元遺山體</small>

（張學憲課三名）

吳承鑫

昭代風騷有正聲，不如唐宋勝元明。乾嘉以後多歧路，牛耳詩壇孰主盟？

晚節何堪負汗青？吟成上堵問誰聽？正嘉七子詩名敗，只愧元家野史亭。錢牧齋尚書

不幸生逢鼎革年，西昆哀艷擅長篇。臨江尤愛參軍作，芝麓安能與比肩？吳梅村祭酒、龔芝麓宗伯

芝五長歌最擅場，翁山律體更蒼涼。要從詩外求忠孝，還讓遺

民獨漉堂。梁藥亭太史、屈翁山、陳元孝兩遺民

歷下亭邊柳色秋,獨標神韻擅風流。濟南名士今猶昔,壓倒亏鱗白雪樓。王阮亭尚書

鴛湖歸老管唫壇,一代奇才七品官。不肯風懷刪艷體,千秋《文苑》替人難。朱竹垞太史

敦厚温柔見性情,憂時老淚灑蒼生。宛陵不許詩人隱,獻賦還隨翠輦行。施愚山侍讀

萊陽七古亦雄才,詔獄沈冤事可哀。祭罷皋陶吟蟋蟀,天教蜀道一編開。宋荔裳廉訪

弱冠簪毫上玉堂,《談龍》絕倒老漁洋。長生誤聽《霓裳曲》,放浪江湖作酒狂。趙秋谷宮贊

平生蘇陸妙兼資,南北游蹤盡入詩。更有煙波佳話在,小長蘆伴釣魚師。查初白太史

鈍翁文與阮亭詩,竝世人才奉作師。獨有午亭生面別,北方學者孰先之?陳澤州相國

東海雄風甚順康,新城以外有山薑。東癡才與西樵匹,歷友同時亦雁行。田山薑侍郎、王西樵考功、徐東癡、張歷友

誰能詠史協宮商?古調翻新雅擅長。今古詞壇誇絕技,西涯之後又西堂。尤西堂太史

少日詩壇壁壘開,承明晚入亦奇哉!廣長舌引便便腹,無礙禪家大辨才。毛西河太史

歷詆詩家有二馮,牧齋身後遇冬烘。瓣香事汝稱私淑,齒冷飴山謂阮翁。馮默葊、馮鈍吟

江山奇處百杯空,酒國詩壇佔兩雄。秀埜堂前聞鬼哭,前元文獻一編中。顧俠君庶常

蹤跡生平老釣磯,貴游知己古來稀。宋家解重林君復,腸斷江南兩布衣。吳野人嘉紀、黃野鴻子雲

遼宋朝章最博聞，西泠十子不如君。紅橋最愛《樊川集》，吟瘦揚州月二分。屬樊榭孝廉

尚書晚達盛唫壇，七子吳門宏獎寬。埽盡浮華歸大雅，唐家天寶嗣音難。沈歸愚尚書

稚威駢體儷隨園，僻澀文疑紹述樊。詩格竟如孟東野，苦吟深夜泣哀猿。胡稚威徵君

簡齋才氣肆縱橫，可惜么絃是鄭聲。當代諸侯齊倒屣，甘將詩筆媚公卿。袁子才大令

詩派西江信絕儔，公然赤手捕龍虯。同時袁趙非公匹，祇惜新聲紅雪樓。蔣心餘太史

（鷗）[甌]北才原七字工，船山律體略相同。可憐讕語充詩料，論品何當並下中？趙雲松觀察、張船山太史

蠻府參軍舊請纓，黃沙碧血痛連營。挑鐙夜讀《㕠隅集》，猶帶金江劍戟聲。趙損之農部

投荒萬里入邊愁，踏雪天山縱壯遊。師法平生宗選體，即論風雅亦名流。洪稚存太史

一生詩筆似青蓮，如此才華不永年。幸有《兩當》遺集在，爲君披復倍凄然。黃仲則二尹

嶺表畸人弔二樵，平生詩畫兩超超。海天幽寂羅浮峭，我欲臨風賦《大招》。黎二樵明經

除卻藏園孰與儔？黔西晚歲領方州。香蘇才在青芝上，更愛廬山紀勝游。吳蘭雪刺史、樂蓮裳明經

南園三絕擅乾隆，味雪同時有積風。前代張謂愈光楊謂文襄堪並駕，千秋角立彩雲中。錢南園通副、戴笠帆侍御、朱丹木方伯

起衰當代乏昌黎，且效遺山續品題。獨立蒼茫滇海畔，心香遙奉浣花溪。

論詩絕句 仿元遺山體論國朝人詩十首

（張學憲課五名）

吳　琨

遺山老叟去吟壇，海底誰收漏網珊？擬向詩家參變局，不妨强學步邯鄲。

前超七子後三家，失節虞山才自華。可惜晚年編有學，揀金翻覺費披沙。

詩情哀艷少奇雄，誰謂梅村匹杜公？畢竟吳門逢雪舫，浩歌終勝永和宮。

嶺南巨擘數元孝，格自高華氣自遒。漫把出梁稱伯仲，遺山去後有青邱。

蟂磯題後露筋祠，神韻淵然自可師。若問尚書律體妙，一篇松雪畫羊詩。

考據文章竹垞精，幾因博雅掩詩名。曝書亭畔搜金石，好聽長歌玉帶生。

飴山詩筆不猶人，二妙編來自見真。寄語漁洋休論報，《談龍》一録是功臣。

愚山溫厚荔裳雄，論著別裁亦自公。到底施君才力窘，那堪旗鼓鬪竈叢？

悔餘詩筆白描長，玉局餘音信未亡。卻怪劉君操月旦，六家中配帶經堂。

西河詩學亦兼工，壁壘終輸竹垞翁。卻喜六經深考證，家傳知有大毛公。

心餘才氣自雄奇，試問江西孰匹之？尤有數篇忠烈紀，馬遷史筆變風詩。

閱詩不愧閱微堂，白璧瑜瑕未易藏。唐宋幾編評點後，留將初學作津梁。

西堂樂府配東陽，昭代吟家論久彰。詎識江南老名士，詩情尤擅李溫長。

姬傳痛詆本非公，大雅力肩賴沈翁。獨恨學詩宗面目，何時能返盛唐風？

阮亭高弟數天章，餘子紛紛未足方。我向（蓮）［漁］洋尋妙趣，幽蘭數畝吐微香。

醒園餘唾拾隨園，肯向詩中細討論？始信老漁終俗骨，那能再訪武陵源？

不宗李杜不韓蘇，笑問船山事有無？題壁數詩看未了，滿池風雨亂菰蒲。

餘事吟詩亦大家，南園以外孰堪誇？吾滇風雅於斯盛，五字還看嘯五華。

戛然獨造恥雷同，丹木詩才亦至雄。若向晚年徵造詣，昌黎具體杜陵翁。

熙朝詩學浩難尋，祖杜宗韓不一音。自笑持衡羞大雅，敢云深獲古人心？

論詩絕句十首 仿元遺山體論國朝人詩

（張學憲課六名）

袁丕鏞

乾（龍）［隆］九五定燕都，漳北淮南野草蕪。成就婁東一詩老，艷情斷後淚痕枯。

氣節森然五嶺秋，布衣夜夜夢羅浮。梅花香艷梅枝勁，梁屈應輸第一流。

新城一字擅風流，韻遠神清骨未遒。莫怪才名歸錫鬯，岩嶤百尺著書樓。

《談龍》秋谷力雕劖，爭似新城味內含。我有曠懷紛欲解，放舟東海漾風帆。

西堂哀艷少雄思，樂府聲低亦近詞。五百年前君早出，一雙淮海女郎詩。

強音柔韻耳邊聽，收盡西湖點點青。一葉扁舟訪初白，漫將十子問西泠。

晚逢歸愚際盛時，河間妙筆解人頤。倘教合傳師遷史，一善評詩一説詩。

秋水芙蓉吐秀時，天然態度幾人知。香山自有真情在，甌北隨園惜太癡。

鉛山獨造自成家，秋色蒼涼醉菊花。欲識盛唐真面目，無心搜訪到乾嘉。

廿歲論詩效裕之，狂言未肯寄人籬。和聲鳴盛期何日？且覓多師是汝師。

擬白狼王樂詩三章 並序

（李藩憲課二名）

袁嘉穀

《東觀漢記》載白狼王唐菆等慕義歸化，作詩三章。詩本夷語，梁國朱酺使犍爲田恭譯爲華言，以上於漢。一曰《遠夷樂德歌》，二曰《遠夷慕德歌》，三曰《遠夷懷德歌》。詩皆四言，前二章，章十四句；三章，章十六句。南音瑰麗，輝映青編。《後漢書》備録其詩，特未如記之兼載夷語耳。

愚恒偉其詞，未究其韻，今證之漢以前書，韻無不合。蓋《樂德歌》之韻，“治”“合”“來”“異”“食”“備”“嗣”“熾”。夫“合”“來”二字，可以韻；“治”“異”“食”“備”“嗣”“熾”者，古讀“來”如“戾”。《公羊》隱五年《傳》：“登，來之。”《禮記·大學》注引作“登”，“戾”之是也。“少牢饋食，禮來女孝。”孫注：“來讀曰釐。”春秋時，“來”，《公羊》作“祁”。黎詩“來雜”，劉向引作“釐雜”。古平仄通用。陳第《古音考》所以謂“來”有“利”“力”二音也。《説文》“亼”讀若“集”。“食”從“亼”得聲，“合”亦從“亼”。戚學標《漢學諧聲》以“食”“合”爲一音是也。戚又云：“‘合’讀同‘協’，斂口呼，亦近亼。”

《慕德歌》之韻，“處”“部”“主”“厚”“甫”“有”“里”“母”。夫“處”“部”“主”“雨”一部，“厚”“有”“母”一部，“里”一部，疑不可通。然徵於《毛詩》，“俾爾單厚”，叶“何福不除”；以“莫不庶”“亦孔之厚”，叶“百神爾主”。“厚”豈不可以韻“主”乎？《廣韻》分“虞”“模”“尤”“侯”“幽”韻，將從“區”聲之“樞”“驅”“謳”“歐”，“芻”聲之“雛”“騶”，“婁”聲之“屨”“樓”，“孚”聲之“郛”“浮”，“取”聲之“趣”“陬”，“句”聲之“劬”“鉤”，皆分爲二韻，不知古固一聲也。“厚”有不與“主”“雨”同韻，即等此誤。惟其有之，叶“是”“以”似之。“止基迺理”，叶“爰眾爰有”，“里”豈不可以韻“有”乎？書《五子之歌》《王府》，則有叶“覆宗絶嗣”，《僞古文》亦“里”“有”同韻。

《懷德歌》之韻，“堉”“穀”“樂”“狹”“石”“洛”“帛”“僕”。“堉”同“樂”“洛”，“穀”同“僕”，“石”同“帛”。“狹”則獨疑其不韻。夫《説文》無“狹”字，當即“陜隘也”之“陜”。《爾雅》：“陜而修曲。”《漢書》：“行溪谷中挾。”“陜”皆不作“狹”。從“夾”得聲，與“鞈”讀如“夾”者同。考“鞈”韻，叶“閨閤”之“閤”。“閤”，通作“閣”。則以“狹”而韻“堉”“樂”“洛”，非漫然者。《楚辭·招魂》：“長人千仞，惟魂是索些。”叶“十”曰“代”，出“流金鑠石些”。《古詩十九首》“磊磊澗中石”叶“游戲宛與洛"，是"石""帛"之韻"埱""樂""洛"，又豈漫然！《詩》"貊其德音"，《韓詩》與《左傳》《禮記》所引作"莫可"，證"石""洛"韻同。馬融《廣成頌》云："面據衡陰，箕背王屋。浸以波溠，衍以滎洛。"則又"埱""樂""洛"可韻"穀""僕"之證也。

嗟乎！世人矜言古韻，率本《廣韻》分合之。不知反切興於孫炎，五聲別於李登。《隋·經籍志》聲類十卷，魏李登撰，今佚。陳氏《鱣輯》存一卷。登與孫炎同時，故多用炎之反切，以五聲命字，不立諸部。晉呂靜仿其法，作《韻集》六卷，宮、商、緣、徵、羽各爲一篇，今亦佚。陳氏《鱣》亦輯存一卷。兩書古皆重之，故《玉篇》《廣韻》末略載其法。周禺、沈約定四聲。《南史》本傳："周始著《四聲切韻》。"《隋·經籍志》："沈有《四聲》一卷，今不傳。"陸法言乃作《切韻》，大都憑一人之口，一時之音，分纂成編。況《廣韻》又殊《切韻》，《切韻》一改爲《唐韻》。據孫愐自序曰："《切韻》盛行，若無刊正，何以討論？"再改爲《廣韻》。據《集韻·韻例》曰："先帝時，令陳彭年等因法言韻就爲刊益。"考小徐《篆韻譜》，"大徐序"亦言其以《切韻》次之，而以《廣韻》相較。部分已多不同，可信"刊益"非虛言。戴東原、段若膺乃曰《廣韻》爲《法言》舊目，何耶？豈足據以考古耶？夫古韻之考，惟漢人讀若某、從某聲之類，推之可以得本音。許君書、鄭君注最多，可據。《白狼王詩》譯於漢，故夷語之韻雖隱，而華言之韻則通。今擬其詞，並仍其韻。考古韻者，或有取焉。

右擬《遠夷樂德歌》

猗與漢治，蕩茂六合。日寲月窟，踵蹟偕來。維天南隅，風化攸異。繒布是衣，梯田是食。榛榛狉狉，古俗純備。我樂我疆，延及我嗣。敢下竭誠，炎精炯燧。

右擬《遠夷慕德歌》

白狼何處？居滇西部。天不無日，人豈無主？口六百萬，戶多殷厚。仰首漢家，祥雲甘雨。斯慕之深，彌綸九有。辟彼野人，獻曝萬里。辟彼雛童，依依父母。

右擬《遠夷懷德歌》

聖主得臣，憫我墝埆。勸我稼穡，易牲以穀。宣天子威，上下同樂。重譯觀光，山峻路狹。槃木鉛松，汶山砮石。如狗貢殷，如雉貢洛。願君眉壽，敬供玉帛。願我種人，永安臣僕。

大觀樓歌 仿柏梁體

（鄒皋憲課一名）

丁中立

滇池瀇蕩濱拓東，積波四面樓當中。八窗洞闢三層同，重巒疊嶂環兒童。金碧光景常熊熊，北山蜿蜒奔渴虹。虹腰萬堞排崇墉，五華秀挺青芙蓉。其陰飛閣如吳淞，東風微飈洋旗紅。誰歟肇亂投祝融？貽憂君父謀非忠。我來華浦零雨濛，登樓猶見燎煙濃。臨難鑄兵嗟智窮，擬呼舟屋盧花叢。醉鄉同訪王無功，家浮宅泛身萍逢。古魂或遇孫髥翁，角逐詩酒分雌雄，一任樓下日夜驚濤洶。

大觀樓歌 仿柏梁體

（鄒皋憲課三名）

張儒瀾

茫茫滇海流獨西，波濤高與蘭城齊。城西一港環雙隄，綠楊交覆鶯亂啼。螺洲芳草何萋萋，層樓高聳雲可梯。輕舟分水利若犀，我來登眺羣峰低。西山北拱煙雲迷，左朝金馬右碧雞。澄清華浦無沙泥,窗前泛泛游鳧鷖。游人畫舫歌童攜,嬌音百囀驚黃鸝。憑軒樂極生愴悽,滇人此日危幕棲。竊憂笙管變鼓鼙,更愁魚鳥成鯨鯢。岳陽樓記思續題,名山養晦未斷齏。神馬之出非無稽,吾將乘此歌歸兮。

大觀樓歌 仿柏梁體

(鄒臬憲課四名)

吳承鑫

昆明湖水平浮天,近華浦與長隄連。高樓突湧波中間,半空時見紅闌干。憑闌四顧茫無邊,太華蒼翠凌霄懸。石室斜插危崖巓,虹山北走何蜿蜒?鳴鶴寶象交聯翩,碧雞金馬相後先。高者峩峩司寇冠,低者窈窕翹雲鬟。四時山色青娟娟,湖光如鏡遙含煙。山水一氣環窗前,陰晴變態須臾遷。六河如綫橫斜穿,金江曲折盤龍蟠。鑿池習戰西京傳,武侯勳業嗟逝川。元明相繼南平滇,蒙段遺迹今誰憐?花門勘定逾廿年,豈料時事如火煎?朱波交趾傾籬藩,西偪花馬南朱鳶。山闢鐵路飛車牽,江攻灘石通輪船。鬼伯吮血天無權,生恐南極金鼇翻。誰能持危誰扶顚?碧海難期精衛填。疇挽白日沈虞淵,倚樓望遠風蕭然,感時懷古雙淚漣。

大觀樓歌 仿柏梁體

(鄒臬憲課五名)

袁嘉毅

上凌碧漢摩朱曦,大觀樓聳滇水湄。樓頭有仙清笛吹,黃鶴樓鶴何年歸?三層矗矗升以梯,梯如之字鳥穿枝。憑窗望入楊柳隄,苴蘭城郭雲成圍。雲聚不聚離不離，彩虹吸盡雲光微。蜿蜒一氣西行遲，美人峰笑彎雙眉。崇岡斷處鳴碧雞，壯觀更湧西山西。千仞倒墜昆明池，風船來往帆參差。斯樓建置時康熙，龍蛇構釁焦土悲。埽盡焦土樓增輝，樓頭話古涕歔欷。歔欷未已夕陽迷，驚見海水天際飛。

閏中秋 七古

（曹枲憲課一名）

袁嘉穀

中秋羞見姮娥回，罡風挾雲雲不開。邀汝一杯訂後約，閏中秋夜速歸來。三十日期來何暮？既來猶隱雲深處。重攜玉笛聲聲吹，願寄我心廣寒路。二更天暗三更明，欲陰未陰晴未晴。何人（詩）［跨］鶴九霄上，迅埽煙氛還太清。煙氛飛自薊城北，漫漫勢掩九州黑。齊東語憶壬戌年，八月之閏同晦色。豈知殷憂啟聖人，穆宗中興日響晨。我皇深恩廿六載，行見一旦旋乾坤。西望長安萬里隔，有酒不飲負今夕。天公幸假一月添，莫使光陰再虛擲。

閏中秋 七古

（曹枲憲課六名）

席聘臣

前中秋節明鏡圓，梧影在地雲流天。終歲當月此夕好，佳會惜因人事牽。秋閏忽逢三十年，天意爲之非偶然。西風料峭寒不寐，中庭起視清光妍。夜色欲午花含煙，復燒銀燭開瓊筵。瓜果駢羅恣快飲，如虹吸澗鯨投川。深霄不覺酩酊甚，夢登萬仞凌星躔。姮娥斂迹天帝醉，故揮毒霧遮日邊。天吳陽侯意巨測，更興萬頃之波瀾。蜃樓倒蠱鯨浪翻，海水騰沸蛟飛涎。眾仙不救龍漢劫，坐聽魑魅聲闐闐。憤氣填膺豁然瘳，隻身乃臥空階前。裁箋欲和水調曲，力弱未敢追坡仙。人語不聞蛩響寂，夜涼衣露森吟肩。

閏中秋 七古

（曹梟憲課七名）

袁嘉端

中秋玩月天未晴，小雨溼透秋笛聲。幸哉今歲八月閏，三五夜補明月明。綺窗設席啗月餅，續拈詩律詩無成。投筆不作秋蟬鳴，望望暗雲飛太清。太清之色蔚藍染，雲漲復漲光冥冥。始焉西北天失青，繼焉月亦欲遁形。我欲拔劍救月出，抽劍出鞘風若鳴。風鳴捲入九霄外，力與雲氣酣交爭。雲不敵風月始見，滄海處處輝晶瑩。君不見貞觀八年閏八月，唐宗久盛滅突厥。問君今夕果何夕？懷古莫教壯心歇。

閏中秋 七古

（曹梟憲課十九名）

孫光祖

清光依舊今宵多，佳節逢閏天如羅。微雨淨洗溼雲斂，明月乍湧猶舒波。秋風蕭瑟霜露重，兵氣橫亙衝銀河。燕京萬里斷消息，連兵海國鳴蛟鼉。金甌破碎翠華遠，未秋已取成周禾。補天媧皇杜鍊石，迴日夸父空揮戈。月色縱好不忍看，無時感事交吟哦。君不見咸同改元兩逢閏，昇平夢境思南柯。今歲今月世運變，搔首玩月如月何？遙知萬幕嚴護蹕，羽林旌旗相蕩摩。

詠史樂府四首

（全糧憲課一名）

李　坤

信陵君竊符救趙

竈突將焚燕相哺，塊肉何堪投餒虎？公子高義亦徒然，幸與夷門監者語。竊兵符，奪鄴軍，精兵八萬從如雲。大呼直解邯鄲紛，六城不割瓜不分。婚姻之故空云云，趙人例爲秦人苦。常望漏甕沃焦釜，晉鄙椎後宋義來，矯殺又傳楚項羽。

班定遠投筆從戎

不爲博望侯，當效傅介子。壯士志非小子知，奈何涸以蘭臺史？史筆仍似備時投，徑久虎穴戴虎頭。從官卅六使萬里，攻夷以夷真老謀。果帶金印躋通侯，夷心獸禽今更點。鉛刀一割恐難必，我愛北征諸葛亦儒生，不聞投筆聞籌筆。

李元直雪夜入蔡

披吳房，出不意。拔蔡州，攻不備。顏武不牽洄曲軍，李祐虛爲擣虛計。夜馳文城柵，疾越陳柴村。山川浩以冽，將令寂而温。荒雞未唱鵞鴨亂，西師躍入城北垣，獝子就縶餘皆馴不奔。噫吁嚱！萬變定基天人發，雷雨昆陽助義殺。滕六更比豐隆刻，誰能當之砭肌裂？咄哉王睃求止雪。

虞允文江上誓師

公瑾戰赤壁，幼度戰淝水。翩翩年少都能兵，英雄尚非書生比。虜馬將立吳山頭，采石江上蛟鼉游。劉汜已敗王權走，誰束鶩鴨飛海鰌？壯哉虞彬父，倉卒摧萬暴。竟以順昌捷，聊作滑邑犒此功。無今劉錡開府公，老矣真文人。

詠史樂府四首

（全糧憲課二名）

袁嘉穀

信陵君竊符救趙

爲趙即爲魏竭力，爲趙魏即爲六國。六國不亡周亦存，請以論定信陵君。當日趙苦虎狼秦，魏王同懼虎狼吞。晉鄙軍，如姬盜。朱亥椎，侯生教。竊符符合軍救趙，苦心上告魏宗廟。君不見虎符掌握多鼠輩，陰符揣摩工狐媚。誅心只知竊祿位，敢薄信陵天下計！

班定遠投筆從戎

非惟虎頭心亦虎，壯氣欲吞西域土。丈夫不效腐儒腐，毛錐子豈甘爲伍。萬里身，三軍主，抗者誅之降者虜。可惜手筆弟異兄，燕然碑銘待誰補？吁嗟乎！有文事，有武備。聖人體用原無異，殘編呫嗶非英雄。大言講武亦庸庸，不見趙括李景隆。

李元直雪夜入蔡

往亡日，軍反行；置死地，軍反生，淮西之功田懇成。助軍聲，鵝鴨池；助軍威，雪花飛。雪花愈寒心愈熱，夜程百里旌旗裂。將軍亦似天上來，破蔡州城湯沃雪。君不見豐碑穹窿昌黎筆，有如白戰不持鐵。彼哉夜奪昆崙功，無人濡筆彰英風，讒言偏在唐宮中。

虞允文江上誓師

犒師江上敵將渡，宋虞允文唐裴度。金帛誥命待有功，蕪湖殘卒忽稱雄。五戈船，眾旗鼓。敵兵百萬舟七十，采石一敗兵氣沮。兵氣沮，金京久已立新主。大定改元豈非天，乖龍如蚓虎如鼠。嗚呼大功出書生，人謀之臧天意成！

詠史樂府四首

（全糧憲課三名）

張儒瀾

信陵君竊符救趙

長平坑血猶未乾，虎狼百萬驅邯鄲。邯鄲子弟年未壯，孤城早入秦掌上。魏軍鄴下壁，魏王猶恐秦來擊。公子兵車僅百乘，以肉餧虎嗟何益！天心未亡魏宗社，中壽猶留抱關者。朝竊兵符魏宮中，暮破敵軍趙城下。侯生信陵何可企？嗚呼如姬奇女子！紛紛求和曰奉詔，九原竊恐蛾眉笑。

班定遠投筆從戎

漢家戎患數百年，幾見筆硯能安邊？末路英雄奮而起，半生誤我毛錐子。投之投之，用爾何為？男兒當封萬里侯，行將帶甲青海頭。紛紛左右莫相嗤，鴻鵠志豈燕雀知？他年西域奇勳著，應識此投何曾誤！吁嗟乎！後世抄胥拔士子，管城誤國伊胡底？丈夫投筆雪國羞,俗儒何須笑不休!

李元直雪夜入蔡

北風雨雪天無色,平沙萬里迷一白。西平生兒跨乃翁,如斯寒夜奏奇功。丈夫志滅虜,豈其惜辛苦?蔡州雖定敢專功,槖鞬還須拜晉公。韓碑柳雅君休許,黨同伐異亦何取?惟有連州七字詩,《春秋》史筆同無私。鴻呼莫謂蔡州彈丸地,奇兵襲取非無意。履霜堅冰謹其初,無使滋蔓蔓難圖。

虞允文江上誓師

北朝旌旆蔽天來,江南城門晝不開。韓岳名將安在哉?信叔抱病空雅度。敵兵竟從采石渡,顯忠不來大事去。誓師天降虞雍公,矯詔破虜陳湯同。焚舟縱火乘東風,赤壁再見周郎功,力撐半壁真英雄。真英雄,讀書子,南宋不亡賴有此,劉錡武夫宜愧死。吁嗟乎!朝廷養兵數十年,忍看畿輔遍狼煙。大功千古書生奏,豈無人繼允文後?

詠史樂府四首

(全糧憲課四名)

吳承鑫

信陵君竊符救趙

兵符夜竊梁王宮,偕行力士來軍中。夷門監者七十翁,畫策綽有豪俠風。翩翩公子真英雄,邯鄲一戰成大功。强秦虎狼兵不東,救趙救魏先後同。君不見荊軻行刺雖無成,田光自刎如侯嬴。燕太子非魏公子,於期借頭亦枉死。

班定遠投筆從戎

祭酒布衣諸生耳，丈夫當效傅介子。安能久事筆硯間？不屑蘭臺爲令史。虎頭燕頷飛食肉，萬里封侯自茲始。取虎子，入虎穴，三十六人計已決，縱火攻虜虜使滅。威行西域廿二年，五十三國戴漢如戴天。臣不敢望到酒泉，但願生入玉門關。嘻嘻！侯封倘使無骨相，投筆從戎志空壯，安得畫圖凌煙上？

李元直雪夜入蔡

文城冷透鐵甲鐵，含枚馬踏雪夜雪。將軍不畏朔風烈，報國熱沸一腔血。百二十里宵潛行，蔡州城破天初明。手縛元濟獻天子，出奇制勝有如此。嗚呼！定方踏雪襲雙河，一戰遂擒沙鉢羅。

虞允文江上誓師

金亮至淮北，氣已吞江東。王權一敗半壁震，諸軍無王坐待李顯忠。參謀來犒師，適當采石衝。江上集諸將，誓師力犯百萬之凶鋒。書生一戰成奇功，用兵變化略與神龍同。養士三十年，愧死劉侍中。君不見雍公才媲裴晉公，可惜高宗信任未能如憲宗！

詠史樂府四首

（全糧憲課五名）

錢良驥

信陵君竊符救趙

邯鄲與大梁，輔車相唇齒。姬竊符爲公子死，公子爲魏非爲姊。椎殺何惜一晉鄙，却秦存趙魏亦存。夷門報國非報恩，安釐智匹虞公昏。不慮下陽亡,翻騰擅殺怒。虎狼不懼懼讒妒。君不見日夜飲酒近婦人,成敗權操巾幗身。

班定遠投筆從戎

秉筆既非蘭臺史,珥筆未侍漢天子,備書給食亦何恥! 既燕頷,復虎頭,管城幾誤萬里侯。壯哉定遠知幾早,能得虎子虎穴掃,不然終抱毛錐老。西域功名已都護,拔穎笑謝中山兔,昭固未免史遷誤。

李元直雪夜入蔡

軍聲夜雜鵝鴨吼,壓頂雪花大如斗。旗裂馬凍銜枚走,雞鳴雪止薄蔡土。成禽已縛穴中虎,京師檻送血膏斧。緋衣兒,入蔡州,橐韃躬具道旁留。祇惜蛾眉見已陋,首功翻恨昌黎漏,文昌徒詔淮西詬。

虞允文江上誓師

逆亮吳山欲立馬,胡騎新破陽州下,紛紛士卒如解瓦。捧檄蕪湖來犒師,星零軍散坐江湄,收合餘燼往戰之。憂及社稷吾奚辭,采石戈船風鶴走。大功竟出儒生手,天奪完顏終授首。不然劉錡既抱采薪災,代軍忠顯復不來,臨安半壁亦危哉! 朱仙鎮,黃天蕩,不圖書生能嗣響。

詠史樂府四首
（全糧憲課六名）

吳　琨

班定遠投筆從戎

妻不下車有蘇秦,佩六國印相六君。脫穎自薦有毛遂,竟成平原救趙志。不意西京班氏子，奮志功名亦如此。雕蟲小技羞壯夫，況復區區刀筆徒。儒林女史編《漢書》，讓吾兄固妹曹姑。從此擲筆向西域，燕頷虎頭飛食肉。只期馬革裹尸還，那顧生得玉關入！吁嗟乎！男兒當封萬戶侯，英雄有志先後伴！君不見終軍請纓繫南越，介子劍斬樓蘭頭。

李元直雪夜入蔡

將軍帳下三聲鼓，從征戰士壯氣吐。銜枚夜渡張柴村，刀光如雪雪花舞。昌雪直上蔡城開，柝聲得得軍聲哀。此時元濟酣睡醒，應驚將軍天上來。朗山兵斷洄曲阻，可笑老羆勢如鼠。出奇制勝真神謀，箕裘不愧紹忠武。君不見狄青夜奪崑崙關，應與涼公功並傳，撰碑惜無昌黎韓。

虞允文江上誓師

完顏至淮北，吐氣無江東，諸將雌伏孰攖鋒？參謀來，權已去；顯忠來，軍未遇。大敵適當采石衝，草間潰卒胡爭雄。激勸戰士入陣中，一戰再戰收成功。恍如朱仙鎮，五百騎使金人震；又如黃天蕩，兀术雖走胆亦喪，侍中愧死知何狀！惜哉南宋主和甘自弱，難滅生女真部落。惜哉南宋非中興，書生不繪凌煙閣。

詠史樂府四首
（全糧憲課七名）

袁丕承

信陵君竊符救趙

春申鑿江利千古，孟嘗平原不足數。若論力戰破秦軍，春申安及信陵君？信陵君，竊符救趙爲私親。私親果救魏亦救，虎狼不敢大梁寇。迂儒寸光矜目力，妄譏信陵非中國。吁嗟乎！手持虎符若而人，見賊不戰狐鼠奔。如譏信陵輕鬭秦，狐鼠當賞第一勳！

班定遠投筆從戎

居下者手居上足，漢朝戎禍賈生哭。賈生而後一班生，恨不飛去食人肉。筆一枝，傭書時。丈夫當封侯萬里，何用區區毛錐子？他日西域煙塵掃，回首玉關人已老。上書幸有曹大家，操筆能回天聽無。不然骸骨葬喎烏，嗚呼投筆胡爲乎？

李元直雪夜入蔡

帝曰汝度視朕師，帝曰汝愬師久持。度能任愬深入危，天公以雪助軍威。破蔡州，擒元濟，深夜功載淮西碑，惜哉内言聞於帝。君不見橐鞬迎度愬何謙，一身之謙國威嚴。有功不矜真可欽，讒言當不出愬心。

虞允文江上誓師

顯忠未來權已去，軍士三五死可慮。書生犒軍救軍生，置之死地生乃成。誥命榮，金帛富，束手何如張拳鬭？敵舟七十無行列，五分戈船堪一繫。雙刀更揮陣後人，采石江上水流血。君不見劉錡名將病中驚，大功乃出一書生。

詠史樂府四首

（全糧憲課八名）

張崇仁

信陵君竊符救趙

邯鄲城外伺豺虎，邯鄲城内人如鼠，魏王不救真不武。公子怒欲摧秦氛，一推收得晉鄙軍。晉鄙軍向邯鄲來，却秦救趙真奇才。
吁嗟乎！魏與趙，相脣齒。況復秦人肆併吞，得隴望蜀將無已！公
子存趙實存魏，奇奚之才乃知此。

班定遠投筆從戎

奇男子，當封侯，備書雖爲供母計，肯使壯志隨年休？且焚筆
與硯，來持戈與矛。仲升豪氣凌雲漢，慷慨萬里從軍遊。三十六人
貔與虎，三十一年風與雨。直入賊穴殺賊子，張傅何人能與此？

李元直雪夜入蔡

賊據淮西五十載，諸將頻年未奏凱。丞相持節來督師，李愬兵
到鵝鴨池。雪滿鐵衣風刺甲，將軍馬到成功時。吁嗟乎！丞相未
出日，將軍詎無力；丞相方已來，將軍乃擒賊。丞相功人將軍狗，論
功終推裴度首。韓公碑碣自千秋，空令女子肆簧口。

虞允文江上誓師

允文奉命來犒師，已是金主渡江時。數百艘忽抵南岸，官軍星
散何能爲？賴公識時兼達權，遂令猛將揮龍泉。更復旗鼓山後發，
賊兵膽落相逌還。賊兵逌，勁弩出，(手)[首]尾相擊賊勢失，數十
萬眾死灰色。不料書生耳，亦復能爲此。允文尚引咎，天子竟褒
美。吁嗟乎！鄂王當日如達節，矯詔直掃金人穴。黃龍飲罷長歌
還，普天之憤一朝雪。

詠史樂府四首

（全糧憲課十四名）

李維明

信陵君竊符救趙

秦王怒，趙王懼。吁嗟晉鄙魏小兒，援趙雄師鄴上駐。信陵欲救救不得，邯鄲如破五國滅。趙王兵符臥內藏，如姬有寵力能竊。代鄙鄙心疑，佐以朱亥椎。遂使安平生降王齕走，公子威名長不朽。君不見當時垣衍欲帝秦，仲連拂衣蹈海濱，夷門監者真奇人。

班定遠投筆從戎

虎頭燕頜，飛而食肉。班生生具封侯福，功成生入玉門關。髩毛已共毛錐禿，男兒成功恨不早，功未成時身已老。異族猖獗古已然，安得手挽狂瀾倒。吁嗟乎，挽百石弓不如識一丁，休羨李霍與衛青。

李元直雪夜入蔡

蔡州城，不可上，半夜雪花大於掌。半萬精兵銜枚往，陂內鵝鴨聲亂響。元濟高臥投羅網，李公智略真無兩。君不見武襄元夜建奇勳，天上飛下飛將軍。

詠史樂府四首

（全糧憲課十五名）

路安衢

信陵君竊符救趙

邯鄲下，戰血流，西人歡喜東人愁。却秦軍，繼五霸，功成尚惹
迂儒罵。金虎符藏王卧内，無異肉投饑虎喙。惟有美人解報恩，爲
公子死拚珠碎。奇謀乃出監門輩，諸賓客一士，無眼識侯生是
丈夫。

班定遠投筆從戎

毛錐子，誤煞人，安能赤手縛麒麟？管城君，吾語汝，誰復終朝
對墨楮？虎頭燕頷相生成，不願學書棄學兵。一朝禿管盡抛擲，大
劍長槍萬里行。不斬樓蘭虛此生。玉門關，馳露布，人生誰似班
都護？

李元直雪夜入蔡

昏黑宵，瓊瑤世，天心欲滅吳元濟。刁斗寂，陣雲高，漫天匝地
鋪鵝毛。蔡州城下何無備，四十年無官軍至。賊人畏冷尚高眠，號
令已聞傳常侍。風急雪花飛，淮西失復歸。兩河跋扈者，視此定從
違。吁嗟乎！昌黎之碑善言狀，晉公爲帥涼公將。

虞允文江上誓師

敵兵來，統將去，長江危若風飄絮。撫弱卒，奔强酋，一洗山河

181

社稷羞。奉命犒師非督戰，奇功天許書生擅。嗟哉金亮太披猖，馬立吳山巢徙汴。不惜軀命感諸軍，始爲朝廷延一綫。君不見十二金牌抵死催，空説岳家有背嵬。又不見順昌城下誅金賊，奸臣方畫淮以北。

詠史樂府四首

（全糧憲課十八名）

趙 銘

信陵君竊符救趙

竊狐裘，狗盜士；竊虎符，魏公子。竊符竊裘若同揆，惜哉孟嘗爲身謀，不及信陵欲赴死。雖赴死，私情耳，非識大義重唇齒。當時若無瓜葛親，破秦何遽能若此？趙王欲以五城封，公子何敢貪天功？君不見陳湯矯制羈獄中。

班定遠投筆從戎

殺樓蘭，傅介子；漢張騫，西域使。侯封萬户行萬里，丈夫豈甘牖下死，安能鬱鬱久居此？投筆從戎奮而起，不作記室作長史。莎車龜茲望風靡，重譯貢獻漢天子。漢天子，微還京師隔彈指。將軍生入玉門關，愧殺文場麅戰士。君不見繫南越，謁光武，請纓杖策孰爲伍？超乎與汝並千古。

李元直雪夜入蔡

淮西竟夜大風雪，孤軍深入志何烈！欲抵賊城埽賊穴，何恤馬凍旌旗裂！進兵州城夜始半，鵝鴨聲混軍聲亂。賊登牙城來拒戰，民負芻薪賊路斷。相繼降者逾二萬，三十餘年破一旦。吁嗟乎！元濟就擒獻天子，不戮一人折一矢。大憝既誅大欲起，求仙服藥自茲始，惜哉帝志已盈矣！君不見晉武平吳山濤愁，外患息，生內憂。

虞允文江上誓師

金兵日夜臨江淮，天子畏怖如嬰孩。幸越趨閩計何左？欲不親征勢不可。紛紛敵騎攻瓜州，李橫劉汜皆失籌。軍士星散道旁坐，解鞍束甲安足尤！隆州儒生虞允文，指揮將士何紛紛。竟將戈船分爲五，乞援奚待南霽雲！撫時後背俊出戰，敵舟平沈死將半。以兵疑賊賊始竄，一鼓破敵逾十萬。吁嗟乎！因人成事李顯忠，收復兩淮貪天功，彬甫真如裴晉公。

詠史樂府四首
（全糧憲課二十名）

楊恩第

信陵君竊符救趙

趙與魏，等唇齒，秦既滅趙魏禍始。魏安釐王唉豎子，輔車相依竟昧此，甘心帝秦臣姜彼。智哉信陵豪傑士，邯鄲一戰雪國恥。竊虎符，救晉鄙，罪固可原功莫比。君不見項羽矯殺宋冠軍，大破秦軍筆諸史。

班定遠投筆從戎

冠儒冠，服儒服，不爲雄飛甘雌伏，磨穿鐵硯空碌碌。奇哉班定遠，奮臂起諸生。壯士未必死無名，安用終老事筆耕！一朝虎穴探虎子，百戰功成侯萬里，西征將相首屈指。吁嗟乎！人各有志世安知，英雄英漫嗟栖遲！君不見平原約合從，毛遂處囊中。

五華山晚眺 七律二首

（全糧憲課一名）

李　坤

拜雲亭子五雲中，明滅蓬山認絳宮。眾嶺猶然爭向北，六河無自挽朝東。瀾翻黑水龍偏卧，氣洩金精馬亦空。萬里京華消息杳，風前不敢問來鴻。

隔城漭蕩見滇池，野曠山遥落日遲。天地容迴舟一葉，江湖肯泣路雙歧。西風駭浪鯨初動，遠浦衝煙鷺尚飢。伏向菰蘆仍未穩，行藏欲敏鄂王祠。

五華山晚眺 七律二首

（全糧憲課二名）

袁嘉毅

又是昏黃日暮時，黑雲深處隱滇池。涼秋夜色鳴雄鬼，畫解邊聲鬭健兒。天地星霜何處曉？湖山風月幾人詩？紛紛倦鳥歸松柏，我亦依栖漢相祠。

側身北望霧漫漫，鴻雁南飛厲羽翰。金馬門高天路近，碧雞山瘦雨聲乾。萬家煙火城頭接，五夜燈光市面寒。懷古獨嗟揮玉斧，開基時已兆偏安。

五華山晚眺 七律二首

（全糧憲課三名）

張儒瀾

茫茫世事久蹉跎，晚上華峰感慨多。仰止高山空暮氣，倒流滇海又風波。南瞻不見中流柱，西顧難揮落日戈。笙管滿城催月出，處堂燕雀問如何？

岡後岡前盡夕曛，徬徨四顧酒方醺。驪呼競看穿楊枝，燈火遙知細柳軍。祖舍三山愁晚景，皇都萬里蔽浮雲。望京誓欲螺峰撼，日暮途窮乏斧斤。

五華山晚眺 七律二首

（全糧憲課四名）

吳承鑫

俯視蘭城氣壯哉，梁州重鎮自天開。岡迴石虎當關臥，江浙盤龍抱郭來。一炬袄祠秋色冷，十年邊戍角聲哀。花門平後重洋偪，救世誰爲撥亂才？

斜陽獨立望冥冥，雙塔風鈴攪客聽。倒影岉山經雨碧，隔城昆水拍天青。紅羊劫後兵銷氣，白馬盟成患久形。南憶越裳西驃國，鬼方蠶食伺門庭。

五華山晚眺 七律二首
（全糧憲課五名）

錢良驥

歸巢無數夕鴉鳴，不禁登臨感慨生。西去湖光浮遠樹，南來塔影隔重城。誰家樓閣繁燈火，聞道津沽苦戰爭。漫詡苴蘭好風月，側身北望客心驚。

淡煙疏樹鬱青蒼，拂袂清風入夜涼。鐘磬遙聞蓮寺外，旌旗密護柳營旁。誰將兵氣銷貔虎，莫遣妖氛召犬羊。滿目河山無限意，臥龍不起古祠荒。

五華山晚眺 七律一首
（全糧憲課十二名）

張　坤

華山高處暮雲浮，蒙段關河眼底收。一萬頃湖通洱海，八千里路隔皇州。甘泉北望邊烽警，落日西沈畫角愁。丞相天威誰繼起，武侯祠畔土花秋。

五華山晚眺 七律一首
（全糧憲課十七名）

張　權

拜雲亭外夕陽紅，古意今情入望中。蒙段興衰隨去燕，幽燕消息問來鴻。珝戈北地收餘燼，畫角南天咽晚風。欲向武侯祠下哭，奈何當代竟無公！

翠湖秋柳 七律四首

（湯糧憲課一名）

李　坤

柔質何堪霜氣侵，春城漸漸逼秋深。光增柳宿知無分，影護書堂尚有心。寂寞青衫塵土色，淒涼玉笛亂離音。東皇不管人間事，一任飄零野水潯。

薊邱煙樹失青蕊，字影難尋太液東。永憶珠斿拂朝露，空餘銅輦夢西風。鴉棲凍比山頭雀，人去愁生陌上驄。多少天涯搖落感，湖干不忍問來鴻。

疏林缺處見雙旌，猶說前朝上將營。古樹晚涼團肅氣，空條夜雨作邊聲。陰機每向秋來發，舒意還從慘處生。落木飛飛飆正疾，曾將兵法授西平。

枯榮隨化命難讐，蓮界皈依悟得不。幸免江頭悲杜甫，懶從壁上識絛侯。禪幾無眼談難盡，天尚多情問不休。彈指梅花報春信，可能重到水明樓？

翠湖秋柳 七律四首

（湯糧憲課二名）

袁嘉毅

西風一夜度滇池，十里垂楊信早知。露粉滴殘新黛色，霜華瘦削舊腰支。金城手植同嗟老，玉笛聲吹莫怨遲。豈料依依臨逝水，憐人已是不堪時。

蓮寺鐘聲皓月浮，流年差喜閏中秋。香池波碎絲絲影，涼雨花飛點點愁。一葉畫船煙外繫，幾家酒幔水邊收。清宵慣惹飄零感，且折低枝寄遠游。

九月深秋翠眼迷，北風無那又凄凄。臺城何處聽鴻語，太液誰來試馬蹏？舊事心憐洪化府，殘陽夢斷阮公隄。紅萍白絮蹤難覓，樹樹依然盡向西。

斜陽留坐采蓮橋，兩岸長條接短條。碧意纏綿騷客夢，綠陰旖旎美人嬌。最難消受惟秋冷，未免多情是晚凋。一語欲呼張緒問，丰神明歲早來描。

翠湖秋柳 七律四首

（湯糧憲課三名）

張儒瀾

西風已到九龍池，又見彫殘碧柳枝。幾度蕭蕭增感慨，前番濯濯想丰姿。魂銷蓮寺雲深處，影瘦華峰月上時。歎息托根非太液，天涯搖落有誰知？

前度煙花前度風，阮公堤畔柳營東。千重密葉棲黃鳥，萬縷長條繫玉驄。白髮何期悲顧悅，朱顏無奈老桓公。祇今試上螺峯望，霜葉遙疑萬樹楓。

平生得地匪高岑，寄跡偏宜在水潯。翠海樓前秋雨急，碧漪亭外晚霜侵。縱教落葉堆紅板，猶有清陰覆素琴。漫道邊荒天氣暖，柔枝亦抱歲寒心。

羈寄昆華歲十週，一番衰柳一番愁。樹如美色終須老，秋似征人不可留。此日陳沅惜憔悴，當年張緒擅風流。無端又續漁洋句，腸斷苴蘭古渡頭。

翠湖秋柳 七律四首

（湯糧憲課四名）

李光明

　　搖落西風鬢欲絲，愁懷種種柳條知。縱能常住春三月，已恨遲生天一涯。隑嶺曉霜容黯淡，龍湫涼月影迷離。王孫金絡無消息，賸有寒鴉解擇枝。

　　飄零暮暮復朝朝，懶向塵塗慣折腰。猶對昆明一湖水，勝依灞岸半弓橋。孤標誰復頻相賞，弱質由來號獨搖。自分生同交讓木，底須過慮北山樵。

　　羈情梁館枚乘賦，異兆清溪孝緒占。此日關山應有怨，早春雨露記曾沾。滇池青草空天馬，兜率瓊樓冷玉蟾。但使靈和移植近，後彫詎惜歲時淹。

　　遺材絕徼恨何窮？蟲字公孫夢漢宮。別有因緣官道外，不堪蕭瑟暮煙中。秋深氣暖顏猶駐，隄曲條長意若通。寄語林棲彈指者，雪霜霏後有春風。

翠湖秋柳 七律四首

（湯糧憲課六名）

李楷材

　　悲秋宋玉自吟詩，搖落偏生觸景思。幾度浮萍添弱絮，一時夾岸見疎枝。鶯聲老去遊人歇，鴉影高飛夕照遲。愁詠漁洋衰柳句，阮公隄畔水漸漸。

萬條垂線並爭妍，回首春光在眼前。綠水波平風似剪，青陰濃蘸雨如煙。漁舟巨纜金隄繫，繡女高樓綵縷牽。轉盼韶華成隔別，暫時相賞總堪憐。

中年潘髩滯天涯，暮景還增羈旅嗟。感慨深秋仍作客，驚心翠海尚浮家。炎曦轉冷成霜霰，被服裝綿換夾紗。遠道欲歸歸未得，攀條誰與策征驪。

秋雨蕭蕭晝掩扉，年來事事與心違。緇塵却浼游都倦，青眼相看世亦稀。汁染因言猶有待，丰神張緒覺全非。湖邊曲曲沿隄路，我欲持竿作釣磯。

翠湖秋柳 七律四首

（湯糧憲課七名）

張崇仁

憶昔春生碧海頭，青絲萬縷柳枝柔。而今冷落西風夜，便是蕭條黃葉秋。去國桓溫偏有恨，暮年宋玉總多愁。北門景物何堪望，每對斜陽怯倚樓。

燕子橋邊霜降後，三三兩兩葉初飛。風來翠海潭紋細，日薄西山樹影微。沐院笙歌聲已歇，吳宮粉黛夢全非。繁華一樣同銷盡，不識芳魂何處歸？

阮公隄畔柳株株，病葉殘條慘欲枯。寒月半鉤沈淺水，疎煙一抹鎖平湖。宮中柱自懷張緒，營裏何曾有亞夫？閱歷風塵今已老，可憐青眼一時無。

蓮笑樓前向晚行，愁黃慘綠不勝情。鏡中爾自憐消瘦，道上人還憶送迎。兩岸疏枝霜色暗，滿隄落葉月華明。紛紛枉説菀枯事，轉瞬東風吹又生。

翠湖秋柳 七律四首

（湯糧憲課八名）

許韻璋

龍池不敢憶京都，柳色蒼蒼半已枯。鶯語春深成舊夢，馬蹄秋瘦莽平蕪。彩雲天外風枝頓，青草湖邊雨點麤。彷彿御溝凝目望，三眠三起記來無？

阮公隄上翠陰流，柳外搖搖不繫舟。殘絮一湖浮水面，低枝幾縷抹橋頭。塵飛有力爭馳馬，萍化無蹤嬾浴鷗。最是惱人深淺路，久留明月閏中秋。

隔岸旌旗故柳營，拂來綠影將心驚。折腰偏愛柔絲引，媚眼爭憐舞態輕。一色華林思沐鎮，半城流水送昆明。多情輸與桓司馬，搖落年年涕淚傾。

永清橋畔夕陽斜，客坐衣涼溼柳花。秋影迷離張緒老，人行旖旎小蠻誇。淺黃風度金城外，冷碧霜飄翠海涯。莫話雨中深色好，四圍煙樹晚棲鴉。

擬白樂天《驃國樂》詩

（湯糧憲課一名）

李 坤

驃國樂，驃國樂，云是舍利佛城王所作。玉嬴銅鼓叶宮角，珠繽花氅紛騰踔。金繩牀奉雍羌樂，詎足帝廷備象箾。誰歟進者南康王，圖摹容器均殊常？誰歟頌者開州唐，盛稱絕域皇風颺？臣工拜表老農歟，私謂感人致平非樂章。有迂者儒曰否否，汝農祇知事畎畝。九州之外更九州，我鄀豈無他人受？微論撣國：大秦以西猶有人，吐蕃即與驃國鄰。雲南新爲唐外臣，驃儻不來蕃與親。聽蕃嗾擊南詔軍，蜀能勿救西師勤。四裔多事終疲民，問農無樂忻不忻？屏國最難閉關守，懷遠交鄰古亦有。舒難陀既獻南音，忍令韋皋麾以手。後事試擬淪朱波，夷兵日逼紅蚌河。防驃戰士宵枕戈，有樂如驃不獻何？驃國驃國奈爾何？

擬白樂天《驃國樂》詩 並序

（湯糧憲課二名）

袁嘉穀

《新唐書·南蠻傳》："貞元中，驃國王雍羌遣弟舒難陀獻其國樂。是時也，德宗荒甚。香山老欲王化之，先邇后遠，宜哉！"考"驃"，即今之緬甸，亦即《後漢書·哀牢傳》所坿之"撣"也。撣王雍由調已於漢永甯元年獻樂，豈緬人雅善聲律耶？何漢唐一律也。今緬已淪矣，樂不復聞。令香山當此，必轉惜德宗之不勤遠略，致貽千古之患耳。爰擬其詩，廣其意，古之傷心人，其同此懷抱矣乎？

驃國何傳傳以樂，入朝吹樂似吹角。驃國何亡以樂亡，樂聲愈靡國愈傷。君不見鐘簾移，山河改，樂工未聞雷海清，少師擊磬應入海。回憶入貢唐貞元，婆娑跳擲星辰翻。花氅卉服銅鼓喧，熒聽唐帝歟天顏。臣曰驃樂不足尚，唐帝曰吁余懷暢。臣曰驃樂宜書史，唐帝曰俞叶宮徵。雍羌王使舒難陀，太仆之賞榮如何？咸陽百尺山峩峩，從此長留《驃樂歌》。《驃樂歌》，漢已獻雍由調光。史傳歷漢逮唐幾千年，樂聲國祚同緜緜。豈知海上風腥羶，爭宅人宅田人田。藩籬傾指臂弱狐，伏莽燕巢幕君聽。驃國樂，轉恨唐帝不遠略。

擬白樂天《驃國樂》詩

（湯糧憲課三名）

張儒瀾

謹案：擬古詩有二體，或代古人言，或借古題自抒己意。唐貞元中，驃王雍羌遣舒難陀獻其國樂。德宗授舒難陀太仆卿。樂天此詩，意在戒不務德而勤遠畧，故注曰："欲王化之，先邇後遠。"予生十年，而驃國沒於英。感藩封之淪陷大異樂天之時，故今擬此詩，僅擬其體；而自抒己意，蓋傷驃國而不第傷驃國也。

驃國樂，驃國隔萬里。驃人持樂獻唐家，唐之臣民盡歡喜。唐人歡喜驃人歌，驃樂驃樂奈爾何！朝看驃樂陳鳳陛，暮見驃國起鯨波。鯨波萬丈沒驃人，驃樂從此不復聞。驃人不來吾不責，驃樂奈何獻他國？獻他國，非得己。驃樂不奏唐宮中，驃人含淚他人喜。他人喜，唐人憐，驃樂不來已十年。君不見歲歲春祈喧社鼓，唐人空效驃人舞。

擬白樂天《驃國樂》詩

（湯糧憲課四名）

李光明

驃兮驃兮古朱波，屬城首數迦羅婆。去京萬有四千里，革心奉聖獻樂歌。西川節度綏荒裔，贊曰彼樂得古製。花氈藜縷疊㠇妝，工器斒斕八音備。譜次一一聲爲調，黃鐘律正靡膠戾。貞元天子唐德宗，拓土丁零心益雄。更欲深居滌煩督，大開明堂廓天聰。朝霞被服蹈且舞，皮韡華鬒金伕苴。淵淵搥鼓雙鳳翹，肅肅銅鉦幾鷺羽。拜手稽首媚天子，詠陶能使龍顏喜。詔賜外臣舒難陁，官以太僕遣還里。胥師從此知南音，百僚表賀帝曰欽。勒之青簡昭聲律，不數祈招歌愔愔。猗歟作樂亦嘉名，五帝不沿由功成。化及四夷省風土，靺師鞮鞻鳴周京。後王德薄聲教阻，蕪穢堂奧思寰瀛。洱河六萬生靈血，當年南詔空經營。貞元之政遜開元，吐蕃寇邊兵力煩。羊苴咩城實唇齒，區區樂章何足言！驃兮驃兮今非昔，蠶食駸駸他族逼。秋風怕聽鼓鼜聲，極目邊雲三太息。

擬白樂天《驃國樂》詩

（湯糧憲課五名）

席聘臣

永昌西南二千里，驃國疆域接金齒。心懷唐德畏唐威，貢表進朝唐天子。天子臨軒觀舞容，珠纓長袖驕春風。或吹玉蠃擊銅鼓，音聲畧與中華通。歌舞中節天顏笑，左右侍臣咸舞蹈。既施德澤柔朱波，無慮甲兵抗南詔。樂終天子賜羊酒，醉以瓊漿酌以斗。爾裔世世爲唐臣，太僕卿職諭爾守。我聞徼外諸蠻來漢廷，白狼槃木歌同聽。天威所讋遠近服，邊陲永息軍鼓聲。自從火輪馳海面，百年時局滄桑變。巴蛇果腹香象吞，貢樂不聞來緬甸。安得邊臣復出韋皋才，揮兵一戰炎方開？我唇既全齒亦固，驃樂重向咸陽來。

擬杜少陵《喜達行在所三首》用原韻

（興鹽憲課一名）

李　坤

贈勤王也。

已聞孤雀凍，仍望六龍廻。門啓延兵氣，池乾見劫灰。五臺宸趨過，四扇古關開。應咎勤王晚，心隨月早來。

賦事稽班固，奇謀決奉春。生容依帝闕，死得作王人。南望愁何極？西來喜乍新。免夫危腦帽，安穩岸冠巾。

王室欣粗定，臣鄉劇可憐。幾成甌脱地，堅戴大清天。夢繫朱鳶外，心披黃馬前。縱然揮玉斧，莫似建隆年。

擬杜少陵《喜達行在所三首》用原韻，五律

（興鹽憲課三名）

張儒瀾

主上蒙塵日，家山未忍回。風雲志豈改，妻子念全灰。忽迓天顏近，難禁笑口開。馳驅君莫哂，吾輩幾人來。

北狩懷先帝，於今四十春。可憐儀衛士，猶有舊朝人。隨駕王公少，從龍將吏新。笑他東晉客，對泣枉沾巾。

爲告三秦士，同心定我憐。本期蹈東海，何幸見西天。譎諫宣臣意，新詩奏帝前。聖躬當振作，正是卧薪年。

擬杜少陵《喜達行在所三首》用原韻

（興鹽憲課十名）

孫文達

道遠狼初卻，巢新燕屢回。年華悲漢節，典籍慘秦灰。地使詩心迫，天教醉眼開。鳳翔風甚緊，吹送紙鳶來。

烽煙前度劫，天地舊時春。問夜多離夢，從官少故人。鼎遷風鑄古，盤浴日銘新。不盡孤臣淚，涔涔落酒巾。

幸有生還候，生還只自憐。重光虞帝日，再造杞人天。白雪驚頭上，黃沙悵目前。一成復一旅，願祝少康年。

擬杜少陵《收京三首》用原韻

（興鹽憲課一名）

李　坤

勖諸將也。

帝座今移曜，欃槍亟掃除。豈容麟鳳宅，常作虎狼居。罪已定頒詔，答蕃休用書。六師南苑獵，勉效太宗初。

干戈猶擾擾，凱奏甚寥寥。戰輒聞三北，恩難報十朝。蒼梧從帝舜，丹水佐神堯。力捧咸池日，重光麗絳宵。

傳箭收金闕，郵章過石壕。王風廢離黍，霸贈繼投桃。揮手國旗偃，封尸京觀高。筑壇迎灞岸，詎惜萬夫勞。

擬杜少陵《收京三首》_{用原韻，五律}

（興鹽憲課三名）

張儒瀾

蔓草迷丹陛，潛滋未易除。始知燕趙地，不是帝王居。罪已傳明詔，收京聽羽書。有苗終可格，和好又如初。

都城殘破後，人士歎寥寥。最慮重洋逼，休誇萬國朝。天心終眷漢，聖主幸逢堯。又見西秦地，皇居矗九霄。

形勝關中擅，黃河可作壕。文公如徙楚，小白定投桃。薊北烽雖静，燕南浪尚高。舊京休再返，免使帝憂勞。

擬杜少陵《收京三首》_{用原韻，五律}

（興鹽憲課六名）

袁　樸

羯狗漁陽窟，殷憂蔓不除。燕驚林木宿，馬踏帝王居。西顧失天眷，東征嚴詔書。勤王多異姓，殺氣及秋初。

捷報西京復，歡聲動碧寥。金戈千里息，玉帛萬方朝。陶侃羞王導，周昌廢趙堯。重開新日月，撥霧見清霄。

故鬼哀青坂，新軍免石壕。仁風噓小草，春日醉仙桃。皇輦巴山返，民脂渭水高。萬年期有道，今事莫忘勞。

擬元遺山《出都二首》用原韻

（興鹽憲課一名）

李　坤

憫京宦也。

同谷安排和七歌，空城飢守奈愁何！未聞河朔收銅馬，那便渠胥貢玉駝。六國縱依蘇季子，七年病少草師婆。陶然亭上重迴首，華蓋參胈本不多。

真見長安似覆棋，遠人猶問是耶非。徵從巫鬼計原左，哀到王孫心更悲。水擊天池鵬乍徙，月明華表鶴言歸。崇臺自古無承露，只欠金人兩淚垂。

擬元遺山《出都二首》用原韻，七律

（興鹽憲課二名）

袁嘉穀

豈意幽都動楚歌，九江兵應漢隨何。燕臺千里空求馬，鹵簿三軍效馭駝。元時崇天鹵簿，飾騾以鍍金鉸，具馭者服，同馭駝者。見《元史·輿服志》。河水舊愁溢瓠子，雪城先烈定蓬婆。蔡州一樣秋宵月，野史亭前老淚多。

山川破碎幾殘棋，古汴回頭事又非。淪落西江司馬恨，噫歌東雒伯鸞悲。狡童好我麥偏秀，望帝飛魂春未歸。天日重開燕故土，中興爭詡慕容垂。

擬元遺山《出都二首》_{用原韻，七律}

擬元遺山《出都二首》用原韻，七律
（興鹽憲課三名）

張儒瀾

師出何曾奏凱歌，鸞輿西向歎如何？關中王氣興龍虎，薊北皇都滿駱駝。敵艦常憂渡楊子，蕃兵還恐越蓬婆。揮鞭遙指三秦去，回首京華灑淚多。

長安自古一枰棋，追憶前年事事非。君惠笙簧何日報，故宮稷黍不勝悲。千重妖霧天邊滿，萬里家山夢裏歸。羨彼黃金臺上客，覆齊雪恥大名垂。

擬元遺山《出都二首》用原韻，七律
（興鹽憲課九名）

張崇仁

道上誰賡麥秀歌？途窮日暮奈之何！渡江昔記乘泥馬，伏闕新看貢玉駝。血淚有班留竹子，商絃何處調鼙婆？心傷故主恩難報，旅館寒燈怪夢多。

河山一局已殘棋，迴首生平舊事非。抃羨陶潛能自隱，誰憐庾信轉多悲？天涯此去金門遠，日角空瞻玉璽歸。最是孤臣出都日，不堪獨自淚垂垂。

玉照堂壁刻唐梅圖歌

（興鹽憲課一名）

李　坤

　　梅花昔爲蒙鳳香，龜茲笛韻聲悠揚。滄桑厭覩思蛻去，豫留玉照嵌西堂。點蒼文石截一丈，堅於良玉明於霜。槎枒老樹弄疏影，怳如清夜窺林塘。銀蟾不去孤鶴嗦，階前交臥雙虯僵。霜寒勒花花愈怒，冰氣鑠飢肌不尫。是誰鉤摹汹石骨，刻畫兼擅三橋長？以刀作筆石作紙，石性石忘刀亦忘。縱橫逸氣恣剷削，斜枝側幹窮毫芒。怪風盲雨不敢蝕，希微水墨凌歐陽。我生更千百年後，宋元孫枝成老蒼。幸從壁石見古物，詩句如讀中盛唐。迻拓翠墨囊古錦，德化碑本同珍藏。

玉照堂壁刻唐梅圖歌 七古

（興鹽憲課二名）

袁嘉毅

　　屋外看花花氣晴，屋裏看花人氣清。移花入屋苦無術，況乃老梅千丈橫。老梅植自大蒙國，一株撐破天雲青。天使屈頭折入地，怒氣猶洩開瓊英。千年不耐困塵土，欲化神物歸蒼冥。畫師神悟忽失色，一筆留寫梅花精。梅枝蛟直幹虯曲，幹一枝萬花交生。花或吐艷或半放，苔活蘚潤皆天成。鐫之大石嵌之壁，四座快灑香風迎。龍泉有龍龍眼照，楚莊亦應優孟驚。壁間豈少梅畫贊？惜非韓杜來昆明。我爲唐梅三歎息，畫縱有迹詩無聲。

玉照堂壁刻唐梅圖歌 七古

（興鹽憲課四名）

楊恩第

老梅幹老生鐵鑄，壓倒羅浮三百樹。矯首化龍潛深潭，雪魄冰魂渺何處？我來獨酌玉照堂，山川顏色黯無光。偶然微月升東牆，髯虬神龍攫雲翔。大枝蟠屈結冰霜，小枝點綴如星芒。壁石掃盡蒼苔蒼，龍泉隱隱紛清香。誰作此圖真畫手？入眼丹青未能有。涼風乍覺生衣襟，古月猶疑照窗牖。吁嗟乎！天荒地老年復年，唐家鐵柱埋荒煙。神物猶然留迹象，使我坐對開心顏。

玉照堂壁刻唐梅圖歌 七古

（興鹽憲課六名）

袁樸

駭然唐梅今不死，唐梅如死那有此？一枝半枯一枝活，一花色赤一花紫。就中老幹最桀驁，既折復伸臥復起。諦視始知畫者工，筆下造物供驅使。我聞唐梅生蒙國，羅浮山移彩雲裏。玉斧揮後林逋出，暗香疏影不足比。邇來劫燒元明火，不知何日脫塵滓。畫師收得梅花魂，濃墨灑上鴉青紙。壁本合自紙上來，如龍如虯莫逼視。回看補梅千萬株，山月冷浸碧溪水。

玉照堂壁刻唐梅圖歌 七古

（興鹽憲課八名）

袁嘉端

唐梅化去留不得，縱補萬株梅無色。玉照堂壁高七尺，忽見唐梅活消息。畫師前身在唐時，眼見梅幹幹而枝。一枝高聳一枝垂，半有花放半苔迷。知梅最深梅同契，寫梅直奪天工慧。濡染石上何雄直，點蕊分肌又何細？君不見閻立本、吳道子，曹霸、王維傳畫史。畫人畫馬兼山水，今古巨手孰與比？惜哉南詔據自蒙，彩雲不與長安通。諸家畫梅無梅本，梅亦不幸空山中。不知何日梅既死，尚留此畫嵌屋裏。梅魂在畫香在詩，請以梅詩寫窗紙。

玉照堂壁刻唐梅圖歌 七古

（興鹽憲課九名）

張崇仁

我今訪古遊龍泉，宋柏千尺森參天。唐梅已死無處覓，孤根化作蒼山煙。直到玉照堂之隅，壁上忽看梅數株。梅刻石上石已古，誰歟作此唐梅圖？一枝勢如凌雲起，一枝尚埋白雪裏。一枝珊珊如美人，一枝斜臥似高士。更有一枝形尤奇，直肖老龍飲潭水。當日花放鏖東風，梅之骨幹唐詩同。劫火累經花不悴，妙筆能使天無功。怪底世俗耽游觀，年年春到仍登山。誰知其樹俱是後人補，唐梅乃在壁上塵埃間！

玉照堂壁刻唐梅圖歌 七古

（興鹽憲課十名）

孫文達

千歲神龍喚不起，凍魄晶晶照潭水。水能監影不留影，雷艷香殘分已矣。神物未便色是空，空便色香艷滇史。一身欲化千億身，化身文石自唐始。骨僵神留天地閒，生氣常生死非死。我昨玉照堂中游，摩挲花幹數花蘂。綽約不減南詔時，崛强猶然朔風裏。雪中身忽壁中立，一幅全身尺有咫。拓痕石上苔色蒼，詩句壁間墨花紫。名花惜名名苟存，何恤劫灰冷沒齒。乃知百卉草同腐，未堪寫照與梅比。梅獨人世留餘馨，歷宋元明已如此。年年潭上山月清，令人爭購洛陽紙。

玉照堂壁刻唐梅圖歌 七古

（興鹽憲課十六名）

張楷蔭

劫灰燒盡元黃血，精靈上訴真宰泣。亟遣巫陽下大荒，招返真魄入龍穴。千年神物人未知，畫師圖壁留真跡。摹刻妙肖極精工，附與世人爭愛惜。奇姿猶然凌冰雪，根骰怪石石背裂。枝芽怒著千萬花，苔蘚堆積百尺鐵。夭矯不羣空萬象，雌雄合一神不失。是誰刻畫誠無瑕？真才久喪亦何益。吁嗟乎！人世際遇皆如此，名士對之色灰死。

唐梅 七古，用蘇文忠《定惠寺海棠》詩韻

（謝縣尊課一名）

袁嘉穀

年年梅花冠竹木，歲歲詩聲和猨獨。花日日奇詩亦新，糞屑陳言墮流俗。唐梅骨格唐詩品，初唐四傑晚鄭谷。橫肆猶未肖花神，合讓秋風一茅屋。一花浸雪香含韻，一詩凌雲骨勝肉。果教老杜逢老梅，冷蕊疏枝興不足。黑水祠上春寂寂，學杜笑我還私淑。對花詠花花氣雄，凍吐蛟涎蟠龍腹。日光破暖雪花肥，幽賞不許弄絲竹。面窗灑冰清夢魂，背山挂月炫心目。可惜彩雲陷南詔，永無詩聖來自蜀。蘚碑浪有花知音，戴逵琴空撫黑鵠。迎今送古劫灰熱，名顯身隱山路曲。他年梅詩敵盛唐，花應畏我怒相觸。

宋柏 七古，用杜工部《孔明廟古柏行》韻

唐梅無友友宋柏，靈根嵌入無根石。雙株高嶀龍潭前，撐天不知幾千尺。枝倒仍起雲持扶，皮縐如裂煙護惜。香葉盡收山氣清，積陰莫透月光白。蔥蘢十里蘭城東，虯種端合盤蛟宮。寒歲挺生節矯矯，傲古反恃心空空。歷春又秋元明世，借人喻物夷齊風。霜剝雪削老而鍊，一樹千載天無功。陋哉宋廷鮮國棟，揮斧未計疆土重。段家植柏天一隅，孤寄年年水聲送。秦松受封羞祖龍。漢柳衰運悲五鳳，何如宋柏今猶雄，大材留資聖朝用。

唐梅 七古，用蘇文忠《定惠寺海棠》詩韻

（謝縣尊課二名）

張儒瀾

龍泉仙觀蔚林木，唐樹一株天使獨。前殿海棠後殿梅，佳耦天成兩不俗。我生素志笑孤僻，久厭紅塵愛山谷。聊同和靖愛梅花，恨未孤山結茅屋。豈期采蘋今相遇，不似玉環肥多肉。補梅今已作龍蟠，壁畫何勞添蛇足？高士品格同袁安，美人丰韻方徐淑。題壁聊詠藐姑句，枯腸搜盡王勃腹。鋤花月明踏蒼苔，賞花日暮倚修竹。古淡合邀表聖評，清奇早入補之目。摩詰善畫不來滇，少陵足跡衹栖蜀。唐梅不入唐賢詩，笑我無才效刻鵠。爲描仙人綽約姿，聊並白雪歌一曲。傲世孤高同見尤，吟罷梅花忽感觸。

宋柏 七古，用杜工部《孔明廟古柏行》韻

往年曾訪關嶺柏，古祠荒廢留碑石。陰垂古道不盈丈，幹挺空山僅計尺。漢臣手植語荒唐，游客頻經誰愛惜。讀史那見來關侯，擱筆何妨學太白。歸來尋勝昆明東，又見古柏龍泉宮。低枝覆地留濃蔭，高幹挐雲近碧空。獨與眾梅支寒歲，不似羣芳避北風。眾口喧傳段氏物，千年呵護神龍功。當年不作小朝棟，造物愛材令珍重。元明繼起幾徵求，山靈未肯輕斷送。方今秦地乘六龍，行見高樓起五鳳。邊土有材君莫輕，天心留待聖朝用。

唐梅 七古,用蘇文忠《定惠寺海棠》詩韻

（謝縣尊課三名）

吳　琨

玉笙山冷凍羣木,羣木欲折獨梅獨。豈是灌溉有龍泉,老樹著花尤絕俗。朔風幾透苴蘭城,積雪復壓篔簹谷。依然破凍花怒開,幾忘宋蹶元顚明社屋。湘妃隱約現全身,玉環嬌媚苦多肉。王元章畫林逋詩,猶覺形花花未足。況教題詠非陸蘇,未免遇人歎不淑。尋春偶然向水涯,騎驢不憚搜山腹。醉雲忽覿千樹梨,迎風瘦倚數竿竹。知花落拓羈紅塵,待我賞識來青目。謫仙縱未到南荒,杜陵又復隔西蜀。霜裘獨立歲寒天,不妨呵凍終刻鵠。忽悲天寶經亂離,霓裳久罷羽衣曲。看花不見種花人,花下懷人增感觸。

宋柏 七古,用杜工部《孔明廟古柏行》韻

龍泉老龍化古柏,柏亦猶龍骨裂石。劫周大地八百年,根浸寒潭二千尺。勁節直與天地爭,孤立終爲神明惜。祇有唐梅相弟昆,歲寒同戰雪霜白。五老峯近龜城東,年年載酒尋琳宮。六陵冬青縱凋折,正色不改凌寒空。恍如老龍拔浪起,騰霄酣戰生雷風。斤斧況無牧樵採,歷劫呵護煩天功。獨恨苴蘭儲梁棟,材大不爲天水重。玉斧甘劃蒙段間,丹霄時被風雨送。忽聞黑水起鯨鯢,未見碧梧棲鸞鳳。大廈撐持知有時,莫歎偃蹇空山難爲用!

宋柏 七古，用杜工部《孔明廟古柏行》韻

（謝縣尊課四名）

席聘士

龍泉觀內青青柏，根盤紫微殿前石。濃陰覆地豈計年？雲梢去天不盈尺。不生中土生苴蘭，摩挲每爲柏惋惜。骨堅久歷劫火紅，節勁飽餐霜氣白。千年挺立丹墀東，風來午夜鳴商宮。冰雪侵蝕砭不動，四時蒼翠凌高空。唐梅蟠屈足昆季，羣木羅拜居下風。造化靈氣鍾使獨，栽培扶植非人功。搜巖自合選樑棟，邊域難使中朝重。大渡河外玉斧揮，燕雲十六一例送。奇材委棄段氏彊，頗似海閾閟羅鳳。柏兮柏兮勸汝酒一杯，不爲古用爲今用。

唐梅 七古，用蘇文忠《定惠寺海棠》詩韻

（謝縣尊課五名）

孫文達

賦梅不肯賦凡木，廣平步向早春獨。廣平不朽梅已枯，安似此梅閱滇俗。李唐去今已千載，滄海化田嶽成谷。吾滇黑水祠上梅，自唐已伴道人屋。僵臥不起冬始蘇，鎔鐵爲骨血爲肉。慈恩應博青蓮詞，健步合移老杜足。惜哉李杜未到滇，詠花人惜遇不淑。神龍恒爲尺蠖掩，梅如有知應捧腹。焉知梅是龍潭龍，苦陞風雲戀松竹。化身喜對歲寒友，抱珠那惜混魚目。但恨唐後無好詩，更值南詔寇巴蜀。生逢亂離幾劫灰，飛去有類楚王鵠。祗今玉照堂中圖，形似如談羽衣曲。補梅幸多好事人，天柱請防共工觸。

宋柏 七古，用杜工部《孔明廟古柏行》詩韻

宋人栽檜不栽柏，膏肓豈能愈藥石。柏性崛强若趙鼎，方直復如玉界尺。或者與檜太冰炭，投荒弗爲宋人惜。吾爲柏惜更爲幸，檜朽終難滓清白。矧乃南渡京弗東，土木營造錢塘宮。當時工匠括林木，長江兩岸鴉鵲空。錯節安忍睹和日，稚條豈耐摧朔風。不遭烽爐必斤斧，遺憾忠武同無功。造物有心壽隆棟，生死計到泰山重。玉斧以外培根株，留向聖朝瑞争送。霜皮怪翻舒甲龍，翠葉倒挂展翎鳳。我時五老峰下游，賀柏恥爲宋廷用。

唐梅 七古，用蘇文忠《定惠寺海棠》詩韻

（謝縣尊課六名）

張崇仁

天心豈是薄羣木，而於梅花生使獨。年年歲寒花始開，自標高格不同俗。唐人識淺愛牡丹，梅花屏棄在空谷。本來不受紅塵侵，豈羨婀嬌侍金屋。藐姑雲裏現全身，玉環鏡中笑多肉。山巔水湄態欲仙，雪冷霜清韻尤足。古來美人誰與同？幽閑不減淑妃淑。怕經天寶宮中秋，冰魂甘葬滇山腹。流水出山花未隨，一枝橫斜倚修竹。歲暮遊人競來集，可惜相賞多俗目。謫仙昔祇流夜郎，拾遺亦復老巴蜀。唐梅未入唐人詩，紛紛凡手工刻鵠。不尚清奇尚綺麗，詩與梅花已異曲。從來高人少知己，我對梅花同感觸。

宋柏 七古，用杜工部《孔明廟古柏行》韻

冬青彫後餘此柏，根似削鐵骨裂石。森森拔地干青雲，不讓貞桐高百尺。當時重檜不重柏，遠方投之不甚惜。直至大廈將傾時，求材未到昆水白。煙塵倏忽來向東，覆巢杭宮如汴宮。北地無材可支拄，歎息六陵煙樹空。惟有湯陰一木起，嶙峋獨立排北風。此柏早經揮玉斧，縱欲扶持難爲功。豈料天折湯陰棟，此柏戴宋獨矜重。大材段長安敢私，壽命元兵不能送。深山長此潛虬龍，高岡何日止鳴鳳？貞心未没宋社灰，柏兮肯爲他人用？

唐梅 七古，用蘇文忠《定惠寺海棠》詩韻

（謝縣尊課七名）

袁丕緒

不見仙祠見林木，黑龍之居信幽獨。何年龍身化作梅？倒臥空山避塵俗。龍以雲從梅以風，雲變風生吹黍谷。一枝初開萬枝隨，餘香灑徧山中屋。老幹直勁金僕姑，嫩肌肥膩玉環肉。水聲斷處鳥聲鳴，月色淡時花色足。疏影橫窗逞奇秀，雅韻移人謝嬌淑。若教盛唐詩聖來，巡簷大笑真捧腹。吁嗟仲通棄南詔，龜茲老伎罷絲竹。只留一樹名以唐，仙人合並忠臣目。陸凱芳春寄隴頭，劍南梅龍詠西蜀。倘非思邈徙天南，誰守唐梅如立鵠？祠內供孫真人像。持酒酹梅兼酹龍，龍吟儼聽《鈞天》曲。題詩便與三唐争，不甘蝸角競蠻觸。

宋柏 七古，用杜工部《孔明廟古柏行》韻

宋人無滇空有柏，龍種蟠入龍精石。柏不生宋以宋名，老樹大
名高尋尺。及今重愁玉斧揮，撫柏柏亦長歎息。況我憂柏兼憂滇，
欲寄清酒浮大白。直幹倒折西復東，香葉密處烏鵲宮。春陰濃濃
障赤日，秋氣矯矯騰青空。雲煙扶持不肯受，自雄綽有段氏風。鍊
皮如銅骨如鐵，山之靈秀天之功。莫似柏臺作梁棟，空山志比廊廟
重。莫似岱柏近風塵，來往客多冠蓋送。徬徨既久嘯聲作，古觀疑
來仙家鳳。柏上聲止柏下鳴，幽泉又疑霖雨用。

唐梅 七古，用蘇文忠《定惠寺海棠》詩韻

（謝縣尊課八名）

錢良駿

玉笙山富古花木，老梅僵臥出幽獨。苔蘚繡根根鐵堅，枝柯奇
怪絕塵俗。恩浮近在五老峯，一樣爭春回嶙谷。虯枝迸發香國花，
龍泉漫擬林逋屋。仰臥壽陽粧點額，危立湘妃雪侵肉。元明歷盡
臕孤芳，冒雪聯蠻騁驢足。酹酒絮語告君前，得地勿嗟遇不淑。開
元天寶誰身植？使汝奇崛託山腹。昔日蒙詔井蛙驕，定西軍敗如
破竹。戰血凝碧草木腥，此梅歷歷皆在目。又聞棧道雨淋鈴，上皇
翠輦幸西蜀。梅於此時大幾許，憶否有人歌《黃鵠》？問花不語花
怒開，笛聲吹裂龜茲曲。壁詩不見唐人名，樹亦化龍增感觸。

宋柏 七古，用杜工部《孔明廟古柏行》韻

天水一綫留滇柏，枯根盤踞崛鐵石。蒼雲垂地披龍鬐，大過十圍高百尺。空山風疾晝欲陰，歷劫不朽神護惜。嵳嵯古幹皮盡蒼，俯視羣木眼加白。託根遥在苴蘭東，老龍夜守龍泉宮。潭前怒作鱗甲動，夭矯勢欲凌長空。竊幸建隆玉斧劃，八百餘載多悲風。不然豈免宋斤斧？採伐徒資花石功。或向汴京備樑棟，楨幹例與徂徠重。只憐南渡兵燹摧，宮闕灰燼興亡送。未必如此保天全，憑弔有人歎巢鳳。柏兮甘老黑水祠，奇材千載不求用。

唐梅 七古，用蘇文忠《定惠寺海棠》詩韻

（謝縣尊課十一名）

秦光玉

塵劫迭遭勦古木，遂使宋柏生是獨。唐梅化去新補之，祇堪翫賞驚流俗。結想古梅睡魄動，夢到太極山上谷。龍泉觀裏玉照堂，彷彿王冕梅花屋。階前老龍森鬣鱗，枝上湘妃膩肌肉。千歲鐵心貞不死，珠蕾玉蕊破山足。冰雪寒洹花愈開，豈待陽和春氣淑。童子告余曰唐梅，樹雖云老未空腹。倒臥古徑盤崩崖，榦傲何必倚修竹？可惜南詔久割據，未入唐代詩人目。太白遷謫僅夜郎，少陵淹留在巴蜀。紛紛俗眼空品題，燕雀安能比鴻鵠？言訖倏爾草堂醒，知是一夢羊腸曲。芸窗展視唐梅圖，圖耶夢耶相感觸。

宋柏 七古，用杜工部《孔明廟古柏行》韻

明社已屋歌松柏，龍女花去化爲石。況復趙宋時代湮，素馨枯
絕無寸尺。豈意古柏老不死，鬼物撝呵神護惜。喬枝直薄雲霄青，
廣蔭能籠日月白。地以樹重誇拓東，元氣磅礴黑龍宮。聯綴數圍
手未合，經歷千祀心無空。憶昔高麗貢二柏，南宋猶使人從風。此
樹不與大廷獻，得資地力復天功。豈徒南山作梁棟，嵩陽將軍譽並
重。厚滋雨露飽經霜，未識春秋幾迎送。吁嗟乎！斧劃南詔已非
宋，柏以宋名猶附鳳。南人自愛屬中朝，無似藝祖棄弗用。

唐梅 七古，用蘇文忠《定惠寺海棠》詩韻

（謝縣尊課十二名）

張　權

南詔山多凡草木，玉笙唐梅世所獨。着花一洗桃李姿，賞花遂
成苴蘭俗。初冬十月跨蹇來，恍如麻源第三谷。踏雪曾試謝公屐，
抱琴疑到林逋屋。人驚枝幹橫虯龍，天降冰霜作肌肉。非佛非仙
品之逸，乍寒乍暖韻尤足。大蒙國中乃有此，當年遇人真不淑。蠻
長往來盡椎髻，癯仙顧見應捧腹。古幹縱橫鍊劫灰，疏影參差伴修
竹。淪落猶存鐵石心，孤芳不中風塵目。尋梅浩然未入滇，浣花工
部僅居蜀。高士隱處彩雲中，燕雀豈能知鴻鵠？出山猶鎖溼雲溼，
敲詩幾忘曲路曲。明春無事訂重游，祗恐落英增感觸。

宋柏 七古，用杜工部《孔明廟古柏行》韻

（謝縣尊課十三名）

李熙仁

鬼神呵護龍泉柏，蟠根怒裂階前石。垂地倒懸雲萬層，凌霄削立鐵千尺。元顛明蹶幾滄桑，勁節不改堪珍惜。黛色歷殘劫灰紅，銅柯鏖戰雪霜白。雙株屹立唐梅東，奇材同棄潛龍宮。一株化去杳無迹，一株突兀撐青空。眾卉榮枯忽易態，此樹終古含春風。金碧秀靈特鍾毓，山川生色誰爭功？方今漢廷需梁棟，新甫冀州何足重！楨幹深匿彩雲鄉，廢興累閱斜陽送。誤疑此地盤蛟螭，還愛凌風舞鸞鳳。柏兮柏兮吾語女，大器晚成終有用！

昆明池神馬歌

（堂課一名）

袁嘉穀

昆明池水深潛龍，騰作神馬光熊熊。一馬張口嘶金風，一馬履水履山同。後出二馬尤英雄，四蹄竟欲飛青空。猗歟盛時東漢章帝元和中，有吏王追治幕古文翁。漢天子曰汝公忠，五馬之守功汝功。太守涖滇儒教崇，敢將鄒魯之化化蠻賓。學校如林士如叢，書聲震動龍王宮。龍宮龍馬精氣通，曾負河圖出河啓鴻濛。中州文已昌儒宗，何妨南徙滇水開愚蒙。一躍池上波洶洶，前者逐電繼者奔長虹。黑者煙黷赤者朝霞紅，疊疊馳騁斗牛沖。雲中君亦俯相從，欲施羈絡不可蹤。峩峩百尺太華峰，恨無王良作良工。良工神

馬倘相遇，一氣踏盡滇山以外諸伏戎。

昆明池神馬歌
（堂課二名）

秦光玉

黃霸能集穎川爵，劉昆能渡弘農虎。古來德化類如斯，況乃蠻荒敦古處。漢家章帝元和時，益州政治稱王迫。滇池周迴二百里，中有神馬相奔馳。騰空直挾雲濤走，長嘶頓使海風吼。禹同金馬嗟弗如，渥洼天馬甘隨後。盱衡時局傷如何？馳驅王事揮天戈。安得神馬今再出，踏徧紅河與朱波。

昆明池神馬歌
（堂課四名）

孫文達

金精光燄含昆明，越秦漢魏生龍精。滇池潛龍鬱不得，騰身怒浪飛驚霆。鱗甲一變踏波出，黑白雙驪龍舒形。是馬是龍識者寡，駿骨那慣凡眼評。我滇伯樂董聰子，九方皋技艷滇史。頌之太守貢司馬，鐵獵雪鵠兩無比。神異一時騰南荒，晉武幾勞漢皇使。馬復化龍歸碧淵，山已華山水昆水。千餘年來呼龍媒，龍影池中喚欲起。嗚呼龍藪昆明池，晉後豈無神駿姿？按圖悵隔景公世，買骨慳遇昭王時。雲螭斂魂月駉伏，千秋幾獲孫陽知。

昆明池神馬歌

（堂課五名）

李　澤

浪花簇簇翻空起，怒湧千丈滇池水。水聲亂吼神馬出，一刻踏周三百里。黑馬雄烈真烏騅，白馬昂昂澡雪比。十二天閑耿星精，不知何時降於此。雄姿養成肯輕出，常與潛龍潛波裏。日光燦爛蛟霧空，鏡開水府生清風。此時奮鬣騰浪頭，毛花照耀光瞳矓。華山生色滇雲麗，千人矯首觀神驄。羣目睽睽駭靈異，爭誇此馬非常同。偶然隊逐凡牝游，生駒夭嬌如游龍。吾滇僻處梁州裔，君門萬里嗟淹滯。安得持勒羈以歸，駕之北走幽燕地。朝罷金闕覽九州，縱橫馳騁增壯遊。西窺大洋海，東矙扶桑洲。朝登泰岱暮衡嶽，俯看六合周地球。名山大川跡已徧，駿足宏展當歸休。歸來恥與凡馬伍，顧盼偉如空驊騮。葡萄首蓿嫌重濁，思向東南飲清流。原知龍種難久馭，依然縱汝滇池頭。

昆明池神馬歌

（堂課六名）

錢良駿

自昔衛甲騰龍驤，渥洼神駿追重光。誰其繼者炎祚昌，天駟忽降滇池翔。益州太守仁風揚，四馬應運離駉房。星流電疾風鬣張，炯目夾鏡森豪芒。或嘶或怒或低昂，颺忽出没波汪洋。造父難以羈勒將，何論牝牡與驪黃。或者穆王朝帝鄉，八駿忽逸奔夜郎。又或金馬脱彎韁,控馭已失阿育王。鴻鷔龍翥殊蒼茫,精金縹碧遥相望。御策安得有王良?夕刷幽薊朝扶桑。天閑効駕征八荒,銷盡兵甲武庫藏。祗惜真賞無孫陽,龍種應亦俛首傷。

昆明池神馬歌
(堂課七名)

席聘臣

登太華而望遠海,坐見浩淼之昆池。相傳池内出神馬,屢見東漢元和時。白者似雪黑似鐵,電光生目風生鬣。蹴波時入蛟龍宮,破浪直登黿鼉穴。飆然出水雲滿身,池水欲立池欲渾。虎身勇士難控馭,神物豈受凡彎馴?有時游戲兩岸側,驊騮騄駬全無色。四蹄經過風颼颼,萬里程途歸頃刻。益州太守偏好奇,日求磊落昂藏姿。欲隨方物貢中土,每苦羈勒無所施。龍種自古羞立仗,喜向中流狎巨浪。食禾方立玉山巔,揚鬣並出層霄上。噫吁嚱,神馬公,豺狼當要道,麟鳳猶自危,伯樂雖生且難識,舉世更少知音知。胡不飛去青海之北,崑崙之西,匹衛文之駿驪,友應夢之熊羆?慎勿對塵俗而長嘶兮,以甘就夫絡鞿。

昆明池神馬歌
(堂課八名)

張 璞

西山碧儀不世出,呼馬山荒金馬逸。滇海汪汪千頃波,雲煙漠漠蛟龍窟。漢代紛紛説龍媒,昆水渥洼並奇絶。益州太守青於水,誠信以將神物格。矯然變化真龍種，池濱騰踔波出没。五色如披白崖雲，霜蹄蹙踏雲濤翻。白馬將軍有遺廟，以禍所寄理或然。流沙大宛競來獻，南滇神物誰能牽。時平滄海無狂瀾，邊風蕭蕭逼人寒。金沙萬里西南户，不貢馴象貢豺虎。越裳白雉無消息，交州銅柱空懷古。安得此馬天遣再見於斯時，共我十州三島之奔馳，如周穆駿，項王騅。

昆明池神馬歌

（堂課九名）

袁嘉端

漢章皇帝元和中，滇池飛出四神龍。神龍一變水波立，四蹄洒洒生寒風。駕有屏翳乘豐隆，四馬來往池西東。號曰神馬非凡馬，金馬山下烟冥濛。來非西極自南極，黑者爲騅花者驄。一馬前行三馬從，履波坦坦山陸同。行如驊騮日千里，拓滇何必恃唐蒙！今日時勢縱艱險，高歌投筆甘從戎。安得神馬復輩出，馳驅助成汗血功。吁嗟乎！滇二千里二萬户，秣馬厲兵勱日武。蠢茲鬼子乃敢爾，請以滇池神馬保滇土。

昆明池神馬歌

（堂課十名）

李熙仁

滇池浩蕩奔長空，銀河倒瀉潛神龍。神龍出没總無定，化爲神馬姿何雄！一朝掀騰波浪裹，彷彿雲雨來相從。四匹追逐各異態，父老傳說驚兒童。或爲麟駒乘時見，慶雲遥覆光融融。或爲步景高九尺,繞日曾歷扶桑東。或名騰黃或騕褭,降精疑自冥晦中。倜儻權奇難具論,是龍是馬深辨皆勿庸。凡馬感之産良駿,頃刻千里誇追風。循吏異政乃致此,白鳥甘露徵熙雍。考《漢書》云:"蜀郡王追,政化尤異。有神馬四匹見滇池中。白鳥見,甘露降,遂興學校。"學校漸修文明啟,負圖瑞兆將勿同。我今訪古挂帆席,神馬去矣無由逢。寫照惜乏曹霸筆,題詩未遇蘇髯翁。安得龍種今再見,願扶景運呈皇宮!

昆明池神馬歌

(堂課十一名)

張　坤

神馬出矣,乃在黑水之區,彩雲之裏。既不貢作天閑珍,徒聞渴飲滇池水。入水即爲龍,煙雲出没波濤中。出水復爲馬,風雨馳驟華山下。是龍是馬兩不知,堪笑土人識者寡。鳳凰且誤碧雞名,安識騰黃騕褭之精英!但見黑者如雲白如雪,有時四馬紛成列。芻豆不受凡人羈,圉人僕夫皆駭絶。吁嗟乎,神物豈終潛池底,世間駑駘羞自比。一朝雷雨化龍飛,瞬息早經千萬里。

昆明池神馬歌

(堂課二十名)

彭承澤

浣花先生工詠馬,後有作者皆出下。惜祇入蜀未入滇,神物終虚椽筆寫。此馬曾見東漢時,天閑之選遜奇姿。雪比其白鐵比黑,每見游戲昆明池。幡然並出水噴注,巨浪縱橫若道路。一鳴能使驊騮驚，四蹄常有風雲護。風鬃霧鬣洵罕倫，見者頗疑龍化身。圉人不敢施勒控，迅速有類星電奔。君不見天馬曾生渥洼水，太乙之歌傳於此。由來符瑞重漢家，不獨白鳥甘露相誇美。

翠湖草木詩十首 用東坡《和子由記園中草木十首》韻

（堂課一名）

蔣　谷

我生誤儒冠，兀兀等文彥。壯志獨不磨，況遭人世變。憂思時勃發，達旦還不倦。消憂竟何物，把玩惟書卷。曉鶯亂五華，憐汝聲柔婉。柔婉亦徒然，縈我愁難遣。散步阮公隄，蓮舟拂荇蔓。何事冰莽滋？雪藕乃同盌。願告種蓮人，芟刈莫太晚。

全湖總蓄翠，蓊鬱皆成林。千態不可狀，萬姿各相矜。弱柳苦春風，魂醉不能任。微雨打新荷，泣下淚沾襟。況復蕭艾萌，叢生稱盍簪。誰體造化心，雨露知恩深。繁華樂及時，過眼即廢興。悠悠此終古，忍與亦焉能？

翠葆倚精廬，不傷春色老。凌雲抱高節，不受西風倒。清操令俗避，虛衷容極造。甘蕉何必彈，層心具天巧。天巧亦可愛，惜未免虛耗。勸君重苦心，卷舒莫草草。

花何名君子？出汙能自拔。試倩攄浩然，折來合鬢插。亭亭謝泥塗，不染自芽蘗。光風相與期，霽月相與約。伊人儻可即，雪香詩腸潑。聊用慰心期，免教傷零落。

暑雨熟瓜瓞，炎風動菰蒲。早種茭抽白，晚鋤芋生鬚。老農三五家，何菀亦何枯？香稻才數頃，開門水滿湖。滿湖蓮綻紅，年年賣花劬。誰遣顧陸筆，描成一幅圖？

翠湖草木詩十首 用東坡《和子由記園中草木十首》韻
（堂課二名）

袁嘉毅

十年翠湖濱,裁詩角諸彦。詩裁今猶昔,草木日以變。三行兩行柳,眠起精神倦。汁縱染衣遲,炫名豈溫卷。行行中路長,嫩條柔且婉。鶯語向人樂,縈春情難遣。垂絲密密綠,纏縣已滋蔓。昔也固水隄,今日迷田畹。感此心一驚,一湖夕陽晚。

湖心亭翼然,亭背青一林。干霄十丈竹,高節堪自矜。心虛久師事,撐空力能任。避地人不到,清水滌塵襟。竹上牽紫藤,竹下蔭玉簪。玉簪芬可挹,紫藤雲蔽深。茫茫湖中景,桑田幾廢興。孤芳自古難,混俗亦何能?

芍藥二月開,送春春未老。可憐脂面紅,不欄根欲倒。聞汝相花王,正氣鐘大造。金帶果成圍,玉盤器亦巧。花王王迹消,花相相業耗。何如老柏枝,立身不草草?

人生重自立,物生貴自拔。蒿隨地力長,芹待農人插。東君扇暖風,青青吐萌糵。勿踐得生機,請與馬牛約。君看水面萍,聚散尚活潑。猶勝寄塵土,未秋先自落。

大夫稱古松,仙人號菖蒲。攀松批龍鱗,斬蒲捋虎鬚。蒼蒼霞彩裂,節節煙痕枯。託根天南隅,高隱昆明湖。不羨封秦皇,登岱行艱劬。不羨生蓬島,引年誇壽圖。

夏雨戰池荷,送來涼風早。菡萏葉半舒,醉紅如漁老。左傾蘆荻扶,右揞蘋蘅槁。雜草競芳色,牛驥胡同皁。我欲一葉航,烟波縈懷抱。紉得香草多,佩之比阿縞。

一院前後屋,一屋東西廳。靜參玉版禪,細採白鼓釘。院中時有聲，似聞誦黃庭。院外陰羃羃，桃枝斜玲瓏。燦彼衣鉢蓮，花赤葉獨青。傳燈佛日朗，避熱天風冷。

憶我故鄉居，山水秀東南。蒼葉捲翠雨，蕉實一何甘！茲土蕉不實，綠天雲氣涵。欲餐天然香，只有菊盈籃。寒蛩啼秋處，菊冷人亦堪。可歸不竟歸，對菊有無慚？

茉莉白於雪，簪花游女游。酴醾豔如霞，醰酒幽人幽。伊出風塵者，梅香流一溝。不娛庸耳目，殘冬葉始抽。有花花鐵石，有枝枝龍虬。蓮華精舍外，莫使花賊偷。

我不知草木，草木應我知。願與草木同，無喜亦無悲。滇產甲天下，一一問水湄。山茶及木槿，灼灼當何期？何以淡古心，涉湘翦江蘺？何以蕩我懷，居泌水療飢？

翠湖草木詩十首 用東坡《和子由記園中草木十首》韻

（堂課六名）

丁中立

吾鄉有翠海，草木滿成林。四時一爭發，色豔各自矜。乃當春三月，弱木俱能任。桃李放滿樹，香氣襲衣襟。池邊荇蔕草，錯擬釵股簪。東風一搖曳，楊枝繞隄深。天生雖微物，感物知廢興。逞豔終非巧，抱質斯爲能。

春去又夏來，韶光容易老。榴花紅五月，火豔真絕倒。終莫比蓮花，清品人難造。蒲艾雖靈根，莫奪天工巧。天工莫有私，不使斯人耗。時當夏雨來，綠漲一池草。

西風吹葵花，孤芳自超拔。不及玉芙蓉，點點池中插。悲秋尚有柳，冷露浸萌蘗。海棠獨何心，芳心時略約。自在香室邊，亭亭泣淚潑。傲霜惟秋菊，猶自護籬落。

冬青數竿竹，猗猗葉如蒲。根盤吐鳳甲，稍長比龍鬚。嗟爾各物姿，已歷霜雪枯。何如梅數點，長與伴翠湖？我生苦勞碌，萬事口勤劬。安得四時閒，依繪草木圖。

古劍行

（堂課一名）

張儒瀾

異龍湖龍飛不起，化作古劍墮滇水。神物埋地三千年，寶光燭天九萬里。石函深鎖世無名，夜深時作不平鳴。斬蛇斬馬非夙志，安得海上屠長鯨。張華雷煥非吾屬，何勞相尋拔出獄。琴書伴我殊無謂，奴僕視我真堪辱。腥風南吹彩雲開，下有蛟鱺跋浪來。隨君數載君不用，忍聽匣裹鳴聲哀。方今中國患積弱，爲君殺敵意非惡。待看四海如唐虞，鑄爲農器吾亦樂。

古劍行

（堂課二名）

袁嘉穀

土花裂處乖龍鳴，騰出古劍光晶晶。是劍化龍龍化劍，雷煥久死誰知名？劍名不知劍自若，土蝕一半色斑駁。血痕點點紅於脂，曾揮十萬妖星落。妖星今古無時無，東海之外西海隅。如鬼幻化如狐嘯，利器況與利劍殊。安得朱雲生今日，請劍先須佞人黜。安得荊卿好身手，刺仇不使環柱走！酒酣一擊悲歌生，惟帝將將將將兵。惜哉古將不復作，匣中有聲空夜驚！

古劍行

（堂課三名）

孫文達

龍精胎化歐冶子，善剚鯨鯢斷蛇豕。鋒棱太露天爲憂，孕之富媼匿光彩。塵土埋没心不灰，劫火鍛鍊節不解。其時遷變經滄桑，此中呵護有神鬼。豐城鬱鬱千億年，光氣照人滿城紫。神物那便逸世人，一朝騰身寶匣裏。飲人之血封以塵，寒人之骨慄於水。古道太息非時宜，一怒真教萬人靡。陸離光怪問時代，請搰越語考吳史。此物衛人壯人膽，生人並能殺人死。但抱剛健中正心，不假懦夫假壯士。

古劍行

（堂課四名）

楊壽昌

四壁閃灼輝七星，有客舞劍開中庭。寒光逼人不敢視，撲面猶聞腥血腥。此劍料是歐冶鑄，殺盡么魔知何數？化龍飛去復飛來，天意留爲英雄助。誰歟仗此抒國憂，先斬佞臣後歐洲。三尺橫行九萬里，誓掃鬼穴梟鬼頭。摩挲至再心奮激，起舞我欲師祖逖。書生有路可請纓，莫謂僅足一人敵。

古劍行

（堂課五名）

李熙仁

虛堂有物作龍吼，夜夜寶氣冲牛斗。何年古劍懸壁間，良工鑄成知誰某？晝觀倏見雲霓泣，霄擎定使魑魅走。千錘百鍊聚精金，陶鎔疑出歐冶手。屈之如鉤直如絃，干將莫邪此其偶。燈前仔細重摩挲，斫地悲歌一杯酒。腥血淋漓留餘痕，當年幾斷讐人首。土花已蝕芒猶寒，劫灰歷盡質不朽。方今海宇風塵昏，筆硯從事安能久？誓提三尺斬長鯨，問罪重溟殲羣醜。太息知己竟無人，獨抱利器老窗牖。

古劍行

（堂課六名）

吳　琨

虛堂夜靜老龍吼，童婦膽怯潛驚走。偶然擎燈向壁觀，瑩瑩三尺劍在手。不知歐冶何時鑄？未聞風胡青眼來相顧。但見星光隱耀血模糊，當年殺人知何數！英雄按劍苦摩挲，難洩荊卿一腔怒。西望驃國南交州，獻雉貢象今何處？可恨鯨鯢肆吞噬，紛紛銜尾復內渡。安得學班超擲筆從軍去，安得如列子仗劍將風御！南渡紅河，西周印度，青電直磨老蛟頭，狂瀾悉平滄江路。從此橫行地球九萬里，妖魔斬盡天開霧。依然醉臥昆明湖，秋水三尺伴書住。吁嗟乎！南宋和金金燄張，一誤再誤歸汪黃。誰效朱雲請上方，庶免壯士拊劍空悲傷！

古劍行

（堂課八名）

席聘臣

空齋颯爽生長風，劍逼燭光光不紅。龍韜虎背千載物，觀此一拓平生胸。出匣初如電影掣，又如十月天飛雪。階下斫石石立碎，筵前削鐵鐵盡折。塵土難掩百鍊精，依稀猶識前朝銘。不加拂拭已殊眾，午夜往往蛟龍爭。我今得此不易得，縱橫起舞欲殺賊。利器復有張華知，豈教封豕食上國？何當仗此行五洲？百怪斂迹鯨鯢愁。亞歐火器非其儔，武庫何論戈與矛？沿邊萬里風颼颼，盡斬魑魅梟蚩尤，劍兮劍兮吾汝求！

古劍行

（堂課九名）

黄　禮

君不見葛廬之山金未發，紫氣紅光射明月。良工掘得鍛鍊施，鑄就寶刀賽鈇鉞。自從太甲生有商，甲子冶劍名定光。數傳武丁承厥緒，戊午照膽森低昂。牛斗衝霄鎬京起，虎賁脫劍桓桓士。身莖重銤定制三，上下中兮紀桃氏。春秋七十有二君，戰國攻戰何紛紛。精英五山六金採，八方五枚天下聞。祖龍化去漢膺籙，手提三尺寒芒綠。斬蛇大澤寶庫藏，舞如龍虵蟄如蠋。晉魏隋唐宋元明，名劍古怪難僕更。蓮花琉璃匣中吐，巖阿沈埋鬼魅驚。龍泉太阿本神物，精光那得甘秘鬱。憶昔持斬樓蘭頭，頸血交流未拭拂。壯士伏劍吳伍員，魚腸鷗夷相後先。奮怒閶門蹲白虎，殺氣千古猶騰天。青剛龍鱗亦堅利，旌陽水怪爭趨避。登城一麾軍白頭，血縷腥紅蝕蒼翠。吁嗟天下靖塵氛，收斂元氣空氤氳。凄凄遰室風刺骨，黯淡寶篆列仙文。室廬獨抱星月臥，秋水泠泠光入座。龍歸海壑氣如虹，一聲長吟四壁破。方今瀚海掀波濤，鯨鯢蛟鱷肆貪饕。安得鋒芒一掃中原定，引杯看劍痛飲千葡萄！

古劍行

（堂課十名）

楊恩第

斑斕古劍三尺強，血花隱隱星文藏。有時當筵抽出囊，皎皎白日寒無光。青天無雲氣蕭瑟，長風萬里來虛堂。風胡不作張華死，甯識莫邪與干將？目擊時艱急愈急，顧此皆張毛髮立。應知神物出不時，髴髵鬼方鬼夜泣。生不願提劍封通侯，死不慕掛劍歸荒邱，得劍但如添健僕，百年伴我長遨遊。山城夜靜燐飛碧，手把銛鋒時一拍。雷聲隆隆電驚飛，山林魑魅都辟易。但勿佩近延平津，或恐化爲蛟龍入大澤。

古劍行

（堂課十二名）

丁中立

三尺白虹一灣水，化作雙劍世莫比。豐城城內光射紅，昆吾溪畔烟飛紫。純綱鍛鍊經百年，俗眼那識良工堅。琉璃珮帶星文隱，精金匣裏血花鮮。血花淋漓時一見，瑩瑩滿室光閃電。抽出起舞生寒風，劍影天光渾一片。雌者性柔雄者剛，當年造製分陰陽。何物能經幾灰劫，雙劍飽歷千風霜。只因遭棄流中途，匣中常使豪氣粗。不願佩隨豪俠子，亦常親近英武夫。儻逢邊關烽火亂，此皆執戰一敵萬。誰云淪落老風塵？不能爲國除滋蔓。

古劍行

（堂課十三名）

張崇仁

鬼哭荒塚聲啾啾，寒光萬丈冲牛斗。有客登樓識劍氣，鑿得一劍名純鉤。匣中袖龍忽躍起，小兒女子不敢視。其鋒何所同？湖上芙蓉初出水。其紋何所似？天上行星疾於駛。我聞薛燭云含天地精，今之此劍毋乃是？周秦漢晉迹已陳，誰知此劍硎猶新！沙場幾回飲戰血，孤踪淪落羈風塵。太息妖氛滿疆圉，壯士聞雞競起舞。安得千金來市汝，與汝同心靖邊土！

觀岳鄂王書諸葛前後《出師表》歌

（堂課一名）

錢良駿

有客遺我古石刻，蛟龍盤屈蘚痕蝕。生氣勃鬱秋毫巓，鐵騎萬隊撼山力。知是岳家少保紹興戊午八月書，拜謁夜宿南陽廬。走筆借淘胸抑鬱，手摩二表心欷歔。吾憶卧龍輔蜀漢，偏安帝業三分歎。中原北伐志未成，忠貞已揭星辰貫。鄂王身際南渡秋，誤和權相黃皓流。預知黃龍痛飲不易遂，私心期許聊將鞠躬盡瘁上媲武鄉侯。故爾墨花噴灑光四溢，勢如風馳復雨疾。又如鳴金擊鼓酣戰逐胡羯，風雲變態聞陀叱。壁閒疑是蛟蛇走，湯陰片石重山斗。可憐俗儒辨真贗，書以人傳書不朽。成名何幸金牌促，抗六出者三字獄。觀畢更讀《正氣歌》，能將韻語作公續。

觀岳鄂王書諸葛前後《出師表》歌

（堂課二名）

袁嘉毅

一心直欲收中原，一氣直欲吞金人。一生壯志苦未售，寄之一筆筆花翻。《前出師》，《後出師》，諸葛二表千秋垂。伊訓說命堪鼎足，非鄂王筆誰肖之？鄂王之筆本非筆，赤心血與墨痕溢。墨痕黯處血痕明，紙上忠魂呼欲出。昔得《寶刀歌》，《滿江紅》詞尤嶒峩。墨莊二字大壁窠，未如二表拓紙多。紙多恨益多，西蜀南宋今如何？湯陰祠下徵文獻，兩忠武矢平生願。嗚呼！讀《出師表》，淚涔涔；況觀鄂王書，能勿泣沾襟？契古人書須契心，有字處，跡可尋；無字處，心可欽。

觀岳鄂王書諸葛前後《出師表》歌

（堂課四名）

胡商彝

幽齋忽覺悲風起，兩賢丹精聚一紙。西蜀南宋等播遷，我今見書淚不止。平生心慕諸葛公，《出師》兩表見精忠。鞠躬盡力死乃已，秦漢而後誰能同？千年繼起岳鵬舉，出師誓抵黃龍府。特書兩表見素心，後塵真步武侯武。休論表似日月垂，休論筆具龍虎姿。
即今無相更無將，安得二公生此時！我不能文不工寫，讀表觀書胡
爲者？得爲斯人願亦足，一腔熱血何處灑！

仿李太白《上皇西巡南京歌十首》

（堂課一名）

蔣　谷

錦江迴繞錦城頭，御輦西來擁八騶。玉露金風正無恙，當年何
似廣庭游？

驛亭昨夜惹愁多，鈴雨聲聲可奈何？放眼且看明月峽，回頭莫
憶紫雲歌。

驪山巡幸又眉山，依舊行宮月一彎。大惜九齡竟彫謝，曲江凝
望慘龍顏。

劍門風雨作秋濤，不似秦關百二豪。此地山川真用武，健兒慣
解詠《同袍》。

仿李太白《上皇西巡南京歌十首》并次其韻

（堂課二名）

袁嘉毅

擬古之作，所以代古人言。若曰"仿古"，仿其體，可不代其言
矣。然如仿太白《上皇西巡南京歌》，即本太白意衍之，當無不可。
但以西巡之典近事有，然下士憤懷，歌泣難已。既於唐家之事渺不
繫心，姑效太白之聲，且以寫志。

炎風五月扇燕臺，妖魅曾招魍魎來。多少杜鵑啼不住，天津橋上陣雲開。

一統元明會大都，海襟河帶擅雄圖。憑誰寄到秋鴻信，佳氣西山問有無？

八月西巡閱歲豐，六龍飛度太原宮。遙知野老稱觥處，霜醉楓林映酒紅。

鳴雨淋鈴蜀道難，東流渭水咽高歡。爭如聖主星言駕，甆建關中策治安。

濟濟王公護蹕時，回豀垂翅奮澠池。崤陵收骨思黃髮，函谷封泥靖赤眉。

百二山河據上流，自今沈陸挽神州。漢宮雲鎖雙魚鑰，唐苑花明五鳳樓。

漫將西苑賦蕪城，北極天樞拱眾星。九陛有居皆勝地，八荒何事不來庭？

旌斾龍蛇耀斗牛，七騮八駿飲河流。終南山色連天綠，捷徑將無似薊州？

無疆頌壽拜車塵，萬姓瞻雲競入秦。更向璇宮王母祝，八千秋又八千春。

天南無路叫天門，冀北縱橫萬馬屯。地利人和皇建極，且從豐鎬振乾坤。

仿李太白《上皇西巡南京歌十首》有序
（堂課三名）

李楷材

上皇暮年倦勤，內訌外侮，倉皇西幸，禍由自取。太白以本朝臣子，不敢斥言乘輿，故其詩惟"胡塵輕拂建章臺"一語微見其意，而以《長安形西蜀》一篇之中反覆寄慨，立言最爲得體。間嘗讀太白詩，因用其韻，擬爲《上皇西巡南京詩十首》，兼綜時事，正言無隱，匪曰與太白異曲，亦讀史誌盛衰之迹云爾。

潼關四扇一時開，容易漁陽胡馬來。倉卒六龍西幸蜀，可應花蕚憶樓臺？

錦水風光入畫圖，天餘王氣作陪都。蠶叢蜀國稱幽險，擬似秦中形勝無？

柳色蕭疏認永豐，傷心人過故行宮。御溝豈是胭脂井？依樣花飛逐水紅。

絲管聲闌極夜歡，君王盡醉古長安。沈香亭畔春無限，肯信悲歌《行路難》？

回憶華清出浴時，澹粧王母見瑤池。馬嵬一去無消息，誰復螺痕輕掃眉？

但聽巴猿已淚流，不須曲更奏涼州。上皇他日歸南内，凄絶鈴聲夜倚樓。

一朝關陜罕堅城，愁見寒芒有彗星。天寶若教盈盛戒，那容胡虜及王庭？

王畿自古說秦州，涇渭參差日夜流。一自乘輿去巴蜀，可堪開國問金牛？

山河光景異咸秦，觸目何心王壘春。曾說老臣金鑑上，可憐簡册已灰塵。

避地倉皇入劍門，六軍扈蹕若雲屯。洗兵諸將勤勞甚，翊運旋乾更轉坤。

仿李太白《上皇西巡南京歌十首》作四首
（堂課四名）

秦光玉

太白詩爲明皇幸蜀而作，今外夷犯順，聖駕西幸關中，爰仿厥體，藉抒下懷。

紛紛海上起鯨鯢，北地烽煙望裏迷。差慰六龍渡汾水，翠華玉輦向關西。

秦關四塞擁羣峰，險要爭誇百二重。新覿長安天子氣，千宮鵠立盡從龍。

荆襄爲腹吳爲足，函谷從來説上頭。高屋建瓴控天下，千秋萬歲奠金甌。

姬嬴劉李四朝俱，赫赫京師鎮四隅。迴輦表來君莫聽，秦中自古號皇都。

仿李太白《上皇西巡南京歌十首》選三首
（堂課五名）

孫文達

宮鶯憶昨動蘆溝，輦底驚沙拂玉旒。回首倏看狼燧遠，六龍緩導七星斿。

預鼓皇風入太原，慈雲福雨衛金萱。堯墟壽母神呵護，北極蚩尤不到轅。

六宮鳳掖壓藍田，百職鳩巢簇醴泉。冠蓋仍然天子宅，河山扼塞壯幽燕。

仿李太白《上皇西巡南京歌十首》有序

（堂課六名）

錢良駿

案：太白原詩爲明皇幸蜀而作，故語多諷頌，末章仍望明皇之迴鑾。此太白意也。今者外患紛起，象燧達於甘泉；法駕幸巡，鸞輅臨乎汧渭。誠以燕京濱海，輪船易通；天府雄都，屛藩可恃。宅中區夏，光復舊京，萬世不拔之丕基也。謹效太白之體製成十章，事則專詠今日，未識有合於風人斷章取義否也？

歲逼龍蛇起禍胎，甘泉烽火煽飛灰。翠華遙指長安路，古帝王州整鑾來。

隨鑾日駕萬鳴駝，北地風沙翠輦過。聽得邠州耆老語，從行更比太王多。

羽葆珠旗駐太原，山西豪俊喜攀轅。六龍更向潼關去，箛鼓秦川擁路喧。

披帶山河拱帝都，乾坤於此覘雄圖。李唐劉漢興王地，今古居中竟合符。

昆明池底劫灰殘，渭水通渠近亦乾。織女石鯨望疏鑿，渚荷宮柳上林看。

板屋雲封百萬家，膏腴土地富桑麻。健兒慣詠同袍句，日落橫吹馬上箛。

驪山高下起行宮，金爵觚棱指顧中。朝夕終南佳氣好，五雲多處太行同。

灞橋煙柳似蘆橋，不見西來虜氣驕。畿甸列營三十里，帳中應有霍嫖姚。

龍虎風雲會一時，幽燕回首懶人思。津沽浪接戈船泊，不及秦中百二奇。

中興事業畫麒麟，萬里心懸草莽臣。瞻斗每依鶉首望，銀河早洗屬車塵。

仿李太白《上皇西巡南京歌十首》選三首

（堂課七名）

席聘臣

無端瀛海湧狂瀾，直北烽煙不忍看。一夜天書傳遠近，六飛西幸到長安。

鳳輦鸞車行向西，灞橋煙柳翠華迷。風馳夏后雙龍轡，雲擁周王八駿蹏。

上苑重開勤政樓，八方冠蓋萃皇州。王通著有太平策，擬向西京拜冕旒。

仿李太白《上皇西巡南京歌十首》選三首

（堂課八名）

楊壽昌

秦地山河古帝鄉，名都形勝本非常。天心默眷中興主，故啓雄圖授我皇。

皇恩被處普天同，玉輦遙臨五柞宮。最羨秦民真有福，龍光先覩得呼嵩。

遙聞薊北已休兵，王氣重瞻日月明。自此八方皆控制，西京端自勝燕京。

仿李太白《上皇西巡南京歌十首》選四首，有序

（堂課九名）

張崇仁

按：太白之詩，詠上皇幸蜀也。今帝方西幸長安。謹仿其體，以詠時事。

神京東北起煙塵，蛇豕縱橫慘劫人。全仗天心佑明聖，風雲擁護到西秦。

太后徽猷馬鄧同，奉觴依舊有皇躬。頤和風景莫相問，益壽花開長樂宮。

中朝王氣向西來，日下羣宮閶闔開。從此萬方公使集，一瞻龍首一徘徊。

隴底崤函天下雄，皇都自古説秦中。君王若問迴鑾計，試展風詩讀《小戎》。

擬陶淵明《九日閒居》一首 並序

（堂課一名）

袁嘉穀

光緒丙申冬，悟陶集舊有目錄，故北齊陽休之《序錄》先明言之。《序錄》云：“先有兩本：一本八卷，無序；一本六卷，並序、目。”按：序自序，目自目。休之之言甚明。《序錄》又云：“蕭統所撰八卷，合序、目、誄、傳，而少五《孝傳》、四、八目。”然編錄有體，次第可尋。今錄統所闕，並序、目等合爲一帙。按：《昭明》本先有目，故次第可尋，非四、八目也。《隋書·經籍志》：《陶集》別有錄一卷。《志》云：“《陶集》九卷。”又云：“梁有五卷，錄一卷。”目即錄、目錄，即《五

柳先生傳》所謂"著文章示己意"者。《宋書》本傳云："義熙前，書晉年號；永初以來，惟云甲子。亦即見於此録中。"本傳用《五柳傳》而改之，云"所著文章皆題年月"，後人不知指目録言，而疑每篇題首皆有年月。天下有如是拙作耶？惜乎此録之亡也。《隋志》云："《集》五卷，録一卷。"《唐志》僅云："《集》五卷。"又宋庠《私記》云："有八卷者，合序、傳、誄在前。"據此，已無"目"字，是亡於宋以前也。不揣弇陋，補成一卷，凡"目"之下，考而注之。

《九日閒居》一首，定爲元熙己未作，注云："義熙戊年，王弘遷江州刺史，欲識淵明，而不能致。半道邀之，極懽終日。嘗九日把菊無酒。弘餉之。"王質作《年譜》，謂此詩序云"秋菊滿園，時醪靡至"，當即此事。蓋去歲弘來，今歲相懽於時，爲合也。宋濂乃據"空視時運傾"之句，謂爲禪代後作。不知裕弑安立恭，晉家大變，即謂爲"時運傾"，奚不可乎？以上皆丙申舊注。

今又四年矣，微風小雨送來重陽。時既屢遷，學且無進。尋此題，不勝慨然。漫步原韻，豈敢希江文通、蘇文忠之萬一哉？抑以舊業依歸，此心未改，並節補録之意，庶以得論定焉爾。

懷來一卷詩，對茲秋菊生。東籬千萬花，知花不知名。涼風吹北牖，朝日掩朱明。土階細雨浥，蟋蟀啼無聲。采菊醉杯中，服之以延齡。墟煙淡將夕，頹然一壺傾。化遷理可悟，殘英日日榮。何必登高處？乃足曠余情。俯仰天地間，余生將何成？

擬陶淵明《九日閒居》一首

（堂課二名）

席聘臣

秋風盪吟腸，意欲吞溟澥。況爾登高節，倍覺興瀟灑。一雨忽廉纖，佳會豫休罷。終日無所爲，俗慮難脱擺。菊釀聊自酌，將使百憂解。霜前郭索肥,曉市論觔買。登盤慰老饕,味鮮勝魚醢。酒酣拈詩筆,得句屢刪改。詩成倚危樓,頓忘天高矮。遙指翠微峯,定有故人待。

從軍行 用杜工部《兵車行》韻
(堂課一名)

袁嘉穀

將無彭韓相無蕭,守令爲米爭折腰。杜鵑啼到天津橋,釀成妖氛騰青霄。鬼方之鬼爾何人? 武丁死後入寇頻。沿邊處處黃沙田,要須拔劍清九邊。盤盤六韜山,渾渾四溟水。移山填海豈得已? 不辭征戍走荆杞。有功當使夷庭犂,無功當葬西域西。山風挾沙擊戰馬,陣雲迷月凍晨雞。骸骨堆,無人問,君國恥,無窮恨。一朝大勳捷,猶羈長戍卒。凌煙閣上名已標,烽火隊中身未出。君不見毛錐好,高談用兵剗塞草。又不見爛羊頭,天家功賞若人收。豈知疆場萬里外,年年白鳥鳴啁秋。

從軍行 用杜工部《兵車行》韻
(堂課二名)

席聘臣

千金駿馬鳴蕭蕭,執箭在手弓在腰。行人欲別灞陵道,載酒餞飲東渭橋。有客復贈昆吾劍,匣中紫氣冲雲霄。寄語反慰送別人,莫向臨歧揮淚頻。丈夫落拓雄四海,世亂何戀千頃田。出塞斫得名王首,烽火當息青海邊。不平強敵如此水,少年壯心原未已。忍教胡馬度陰山,再見銅駝臥荆杞。曉行古蒲犂,暮宿蔥嶺西。永夜漫漫添㲯秫,殘星歷歷聞晨雞。長征萬里絕音問,何日能紓家國恨？將軍幕夜籌密勿，朔方健兒領强卒。朝來酣戰燕支山，胡虜紛紛突圍出。烏孫入貢橐槍掃，玉門關外月色好。論功特進萬户侯，幸免白骨埋荒草。君不見閨中少婦望刀頭，夢魂惟冀邊塵收。冷雨敲窗愁不寐，那堪促織聲啾啾！

從軍行 用杜工部《兵車行》韻

（堂課四名）

袁嘉端

瀚海月落風蕭蕭，天山殺氣橫山腰。有石恨不鞭成橋，有翅恨不飛沖霄。吁嗟中國有聖人，北服流鬼西大頻。沿邊萬里興屯田，天戈指處開九邊。滄海何日倒流水，足上首下禍無已。波中未見山戴鰲，雲外真憂天墜杞。昂昂七尺軀，提劍捐鋤犁。攜手挽回斜日西，宵征焉用乘明駝？曉行不待聞啼雞。同軍姓名不暇問，一心只期滌國恨。誰言犄角恃眾卒，么鼠藏穴嗫不出。誰言困敵溝壘好，戰馬雙蹄踏秋草。君不見李猨臂、班虎頭，生作戰士奇功收，死亦戰鬼鳴聲啾！

從軍行 用杜工部《兵車行》韻

（堂課五名）

錢良駿

塵沙漠漠風蕭蕭，蛇矛在手刀在腰。誓將北上雪國恥，雄心飛渡蘆溝橋。是時妖氛近京邑，幽燕殺氣騰雲霄。我愧儒冠坐困人，忍見宮闕煙塵頻。拔劍四顧前請纓，欲焚筆硯抛廬田。晉希祖逖漢終軍，揮戈直指太行邊。殺賊如麻血如水，腥羶滌盡恨未已。百戰非徒車功名，免使銅駝憂荆杞。深入再能虜庭犁，復生郭李收京

西。不然馬革裹屍亦快事，主平愛聽劉琨雞。不圖時局不堪問，無
路可洩包胥恨。北來鼙鼓震津沽，鐵騎已潰朔方卒。初聞消息傳
邊隅，熱血一腔噴欲出。犬羊放肆滔天惡，謀國始歎誤和好。從茲
戎馬輕死生，切莫傷悲隨白草。君不見班超投筆相虎頭，奇功竟見
西域收。何事鑽紙如蠹魚，朝夕徒作秋虫啾！

從軍行 用杜工部《兵車行》韻

（堂課八名）

胡商彝

丈夫爲相不獲作管籥，爲吏又不甘折腰。聞道鯤鯨突過蘆溝
橋，腰閒寶劍氣冲霄。誓將投筆從戎師古人，豈復鬭句哦詩學李
頻？脫我青衿，棄我硯田，且學仲華杖策去，去謁邊將共籌邊。悠
悠驅馬出昆水，茫茫四顧悲無已。南憂鐵艦渡李仙，北感銅駝臥
荊杞。虜穴未埽庭未犁，反見鸞輿行向西。使我愁思不能寐，中
宵起舞聽鳴雞。從軍行，君莫問；一曲歌，普天恨。安得帥眾卒，
征伐從此出。健兒殺賊身手好，書生立功亦橫草。君不見仲升昔
斬戎王頭，千里西域一旦收。至今客過玉關路，猶聽番鬼泣啁啾！

從軍行 用杜工部《兵車行》韻

（堂課九名）

吳 琨

燕京戰馬鳴蕭蕭，英雄奮起刀橫腰。投罷班超筆，還題司馬
橋。不封萬户非男子，一生壯志騰雲霄。況我中國有聖人，肯容汝
輩輕侮頻？刺秦擬佩荆卿劍，平羌復屯充國田。從茲雄視地球九

萬里,鯨鯢遠遁冰海邊。也如祖生擊楫渡江水,不復中原誓不已。縱教鐵馬老風霜,忽見銅駝埋荆杞。又如衛霍直將虜庭犁,聲威遠播西漢西。休笑書生終懦弱,淮陰力豈能搏雞?得失莫問,死生無恨。馬革倘裹屍,終勝牖下卒。況經血戰苦,將相皆所出。却恨桑梓忘同仇,避地爭羨桃源好。桃源古洞有無不可知,何如一腔熱血灑邊草!吁嗟乎!宋高不斬賊檜頭,韓岳在外功難收。誰歟請得上方劍,旋見亞歐鬼哭聲啾啾!

從軍行 用杜工部《兵車行》韻

(堂課十名)

張廣文

辨色點士卒,登程日初出。倚馬渡偏橋,馬鳴風蕭蕭。塵沙何茫茫,鹿盧玉繫腰。出關一極目,壯氣直沖霄。始知天地間,滄海復桑田。丈夫誓許國,安慮死戍邊。今我有行役,亦復無東西。落日照邊城,邊地無人犁。事勢異今古,蕭條犬與雞。人生似流水,有憂亦同杞。含笑別父老,殺賊心未已。依依楊柳秋,城郭宛然好。慷慨出營門,踏碎祁連草。蒼蒼不可問,流離復何恨!寄語家中人,相憶勿頻頻。他日戰功收,兩手提仇頭。定知征戰地,鬼亦哭啾啾。

龍池精舍梅花詩 七古

(堂課一名)

秦光玉

百年樹人十年木,人自清超花不俗。花如有意來親人,一十二株伴書屋。有時朔風料峭吹，花片捲入書簾飛。有時釀雪精神出，一枝兩枝窗上來。雪裏寒香猶勃發，風中古幹更奇倔。梅耶人耶兩化之，毋使梅花笑人拙。盤根錯節夙所師，新花亦是新相知。共鍊鐵心保寒歲，龍池人有廣平思。

龍池精舍梅花詩 五古
（堂課二名）

袁嘉穀

一樹紅如脂，一樹白於雪。一樹蟠虯龍，一樹鍊金鐵。一樹根半枯，一樹枝欲折。都有耐寒心，森森未磨滅。伴花居五年，愛花不肯別。況當天地晦，百卉摧晚節。階空鳴蟋蟀，樓高叫鶹鳩。一語告梅花，訂交誓不絕。

龍池精舍梅花詩 七古
（堂課三名）

蔣 谷

龍池老龍睡未起，夢中作劇魂出水。飛入精舍矜幻奇，化作瓊枝破珠蕾。凍骨臨風格逾高，冰肌戰寒色未改。暗香飛動來書樓，似向幽人索知己。高齋歲晏正寂寥，我亦邀梅入座裏，願結同心吾與子。

龍池精舍梅花詩 七古

（堂課四名）

孫文達

　　劍戟騰貴輕詩書，文藪幸留滇一隅。老梅性情薄時尚，恥託華屋偎寒廬。藏書樓下石橋外，枝枝爭待春風噓。筆鋒喜爲削荆棘，墨瀋幸賴滋根株。今冬勃然作生氣，錦開雲爛風雪餘。想是龍池九龍種，梅龍幻化翔靈湖。不然有力奪之去，天心胡惓迂闊儒。我生何修飽清福？癡夢覺來梅屢呼。佯狂有類花怒發，一梅一友何榮枯。人世風波慮摧折，潛藏尚不心迹孤。地雖近市俗非俗，天豈空憂愚不愚？寸心只有老梅見，濡毫願繪梅花圖。

龍池精舍梅花詩 七律二首

（堂課八名）

錢良駿

　　看花湖上已三年，初種新條突過肩。玉立數枝聳蛟脊，鐵僵萬樹讓龍泉。團成香雪得春早，憶到東風覺歲遷。漫擬孤山結廬去，石欄杆外發幽妍。

　　倚樓人望枕經□，開兩三枝向水涯。如此孤高何待詠，不饒嫵媚自然佳。怪虯傴蹇草書態，老鶴清寒倚士儕。一事花前重記憶，臨風笑指護花牌。

龍池精舍梅花詩 七古

（堂課九名）

張　璞

九龍池頭數株梅，移根豈自龍泉來。龍泉梅花唐所植，凍蛟臥地埋蒿萊。孫枝一照翠湖水，後千餘年恐如此。有花且爭天地春，無事更待新桃李。苴蘭城下三更月，凌波仙子愁欲絕。阮堤柳枯霜雪深，百鍊乃知歲寒骨。書樓學子相比鄰，鐙下苦吟花亦瞋。香雪成海有時涸，詩魂誰護龍蟠根。不見劫火西山麓，香銷玉瘞生冤燐。

龍池精舍梅花詩 五律一首

（堂課十五名）

吳　琨

萬木凍將折，一枝方怒開。能爲羣卉冠，却是後彫材。潭影疑龍起，書聲恐鶴猜。不須傷歲晚，春氣直爭回。

龍池精舍梅花詩 七古

（堂課十九名）

李中銓

虬枝夭矯花含怒，凍練冰霜開遲暮。昔聞菜海居人家，繞屋梅花三十樹。詰經精舍龍池隈，藕花開盡梅花開。梅形幻龍龍攫挐，是龍是梅兩相猜。暗香疎影列文苑，意態翛然清且遠。此花開向百花先，何事空山悲偃蹇？幽居笑倚樹根前，對月吟哦手一篇。愛惜何須紙帳護，留連且向蕉窗眠。梅兮梅兮苦幽獨，冰玉爲魂雪爲肉。華山不似孤山高，翠湖更比西湖綠。我來欲繪梅花圖，書聲鳥語相歌呼。放艇水田起野鶴，更從何處招林逋？

龍池精舍梅花詩五律

（堂課二十名）

李熙仁

九龍飛出水，化作老梅枝。影倒波心臥，香清檻外吹。寒潭橫笛夜，明月讀書帷。桃李春來茂，成蹊一樣奇。

縈過蓮花寺，梅花香徹天。料應三十樹，開向翠湖邊。寒雪眠高士，清芬入古編。《漢書》當夜讀，驚起老龍眠。

卷六　經文

曰雨，曰霽，曰蒙，曰驛，曰克，曰貞，曰悔

（丁撫憲課一名）

袁嘉毅

　　折兆卦之衷，古注不可輕也。夫雨也，霽也，蒙、驛與克也，皆兆也。卦則有"貞"與"悔"，非古注，奚以折衷乎？且自《洪範》與《易》表裏之說興，衍《範》者於《稽疑》之七名，別之而分配五行，"五行"之義刓矣，則內外卦之義，亦豈盡於古哉？

　　夫古義本不必泥。特以不必泥之故，舉訓之磏者並廢之。將兆之體氣，兆之光明，兆之色澤，與不澤之氣，相犯之色，皆由莫喻，即內卦外卦亦失之遠，《洪範》且昧《易》云乎哉！君子曰是，當專求之古注。立卜人、筮人而命之，放之則萬變矣，斂之則一理矣。顧《範》之稽疑定以七，將欲次第之，而灼龜所遇無定後先；將欲混淆之，而一詞之殊必有發語。於是表而別之曰"兆"。

　　非徒雨，雨則兆之尤顯者。雨止曰霽，霽本作"濟"，然觀於《爾雅》，"濟"謂之"霽"。知"濟""霽"等，"雨止"之義。《周禮·太卜》以邦事作龜之八命，七曰"雨"。注者曰："謂雨不也。"夫有雨必有霽，故傳龜策者曰："卜天雨不雨。雨，首仰有外，外高內下；不雨，首仰足開，若橫吉安。"卜天雨、霽、不霽，"霽"呈兆，足開首仰；不霽，橫吉，然則占"注"以兆之體氣如雨。

　　然兆之"光明如雨止者"，旁徵絲證，不亦信歟？曰蒙，曰驛，本

245

爲曰圛，曰霧。圛者何？色澤而光明也。霧者何？氣不澤鬱冥冥也。注者至明，故箋《詩》亦有"圛明"之訓。注《禮》之古人亦云"凡卜象吉，色善，墨大，圻明，則逢吉"。知兆圛之爲吉。則因"圛"讀若"驛"，而遂作"驛"者，其誤可知。彼異文之爲"弟"，爲"涕"，爲"浹"，可無辨矣，況"霧"從"霧"省，即古文"霧"。《爾雅·天氣下》"地不應曰霧"，與"氣不澤"之注合，則因"霧"聲近"蒙"而遂作"蒙"者，誤更可知。彼異文之爲"蝱"，爲"被"，爲"昇"，尤無庸辨矣。

且夫齊人之卜攻慶氏，得兆曰"克"；楚卿卜戰吳人，得兆而"尚大克之"。較祲氣之色，相犯之注，義若有殊。然相争求勝，相犯求克，"克"之古注，不與"雨""霧""蒙""驛"之注而並碻耶！

至若内卦曰"貞"，外卦曰"悔"，自秦卜徒父筮蠱，曰："蠱之貞，風也。其悔，山也。"内外之義顯然，後人故不復異之。然古注釋"貞"爲"正"，容有信者；以"悔"本爲"卟"，"卟"之言"晦"，"晦"猶終也，則信之者仍寡。

夫文必詳説，字必通解。考《説解》之書："貞，卜問也，從卜貝；以爲贄。一曰鼎省聲。""卟，《易》卦之上體也，從卜，每聲。"《稽疑》本卜筮事，豈"貞"從"卜"，而"悔"不從"卜"乎？《易》不云乎："元亨利貞，取貞爲主，可也。吉凶悔吝，取悔爲歸，可也。"五卜二用，古注以爲《龜》用五，《易》用二。審此道者，乃立之也。後之學者，審《稽疑》而折衷於古，其亦庶乎其可也？

曰雨，曰霧，曰蒙，曰驛，曰克，曰貞，曰悔

（丁撫憲課三名）

袁丕鏞

詳兆卦之名，異文宜廣徵也。夫雨、霧、蒙、驛、克，兆也；貞、悔

卦也，異文至廣無徵，其可信乎？

且經義之不明，文義晦之也，況卜筮兆卦之词紛紛而各異哉？顧或以古今之異解也，次第之異序也，與異文而並重，不知次序偶異，於義無傷。若解義之異者，則非由異文求之，斷乎不可，則甚矣。考文之學，重矣。立卜筮人，命卜筮，其兆維何？曰雨，曰霽，曰蒙，曰驛，曰克。其卦維何？曰貞，曰悔。考異次，則驛居蒙先；考異解，則兆配五行；卦則仍以内外别，均易於明。

不易明者，文耳，何則？雨、霽、蒙、驛、克、貞、悔，其異文莫寡於雨，然雨之古文爲"𩅧"，不必從一以象天，龜兆之體如"雨"然。當如古文"𩅧"，但從"门"，象雲，而水多需其間已。況"霽"之異文曰"濟"，一從"雨"，齊聲；一從"水"，齊聲，聲同而文遂通。段《爾雅·釋天》："濟，謂之'霽'是也。""蒙"本爲"雺"，與"霽"皆從雨，乃籀文"霧"之省。古或通作"霧"，後或增作"霧"。精《周禮》者引作"蟊"；精於史者一作"被"，然皆不如"雺"爲碻。若因"雺"聲近"蒙"，遂改爲"蒙"，則失之矣。

至有謂《古尚書》以"牵"爲"蒙"，其説無據，奚足信？"驛"之異文尤眾，而以譌傳譌亦特甚。箋《詩》者引《古尚書》以"弟"爲"圛"，"圛"即"驛"也。疏《詩》者又以爲《洪範》稽疑曰"圛"，古文作"悌"，今文作"圛"。至或由"弟"而轉作"涕"，由"涕"而轉作"悌"，由"悌"而轉作"洟"，始則義通，後實形譌，反不若因"圛"讀若"驛"，徑改作"驛"者，猶止一譌耳。

克，肩也，象屋下析木之形。文一重作"㝉"，古文也。夫"㝉"，上從"占"，與貞、䒦從"卜"同。"㝉"下從水，與"雨"從"门"，"雺"從"雨"，"圛"從"囗"、"濟"從"水"同。《書》本作"㝉"，後以"克"代之。其有引作"尅"者，尤失經旨也。

内卦曰"貞"，"貞"從卜。外卦曰"悔"，"悔"詎不宜從"卜"耶？古之解字者，原引《書》爲"曰貞曰䒦"，特後人不考即知"貞"，而不知"卟"。"貞"一曰"鼎"，省聲，字作"鼎"。然與從"貝"之"貞"，一字而已。若"卟"之從"卜"，則與從"心"之"悔"異。《古文》本爲"卟"，亦何必易爲"悔"乎？《詩》有之，古訓是式。

讀書而廣征異文，夫然後兆卦之碻訓，可由"曰雨，曰濟，曰圛，曰雺，曰叀，曰貞，曰卟"而得之。

曰雨，曰霽，曰蒙，曰驛，曰克，曰貞，曰悔

（丁撫憲課六名）

張　坤

詳卜筮之法，仍其舊文可也。夫"雨""克"與"貞"無異義，而"霽""蒙""驛""悔"皆不能無譌者也。仍其舊文，而卜筮之法乃備。且後人不善讀古人之書，而古人之微言大義，顛倒錯誤而不可考者，蓋亦多矣，非獨卜筮爲然也，而卜筮之譌爲尤甚。

夫古人之書言於千載之上，而傳於千載之下，顛倒錯誤，在所不免。然使善讀書者，因文以考其義，不至爲顛倒錯誤所掩，而由此以求合乎古人垂示後人之深心，當亦後起者之責所萬不容辭者爾。

説在《洪範》稽疑所稱卜筮之法是。夫所謂"曰雨，曰霽"者，何也？謂龜兆形有似"雨"者，有似"雨止"者，古本作"曰雨""曰濟"。《爾雅》："濟，謂之霽。濟，雨止也。"後人以"濟"訓"雨止"，遂加"雨"爲"霽"，以明其義。故"濟"之與"霽"，文雖不同，而義實相通。然古本既作"濟"，"濟"即雨止，何必妄爲增益以滋後人之疑議耶？夫"濟"改爲"霽"，猶得曰義可相通。

至若"曰蒙，曰驛"，"蒙"本爲"雺"，在"驛"下；"驛"本爲"圛"，在"蒙"上，不惟義不相通，而次第亦倒置矣。且明明"圛"者，色澤

而光明也；"霿"者，色不澤鬱冥冥也。上文"雨""濟"對言，則此亦對言。"圛"訓明，與"霿"對，安有倒置其文而其義可知者乎？況"蒙"之與"霿"，"驛"之與"圛"，義本不相通也。或有釋其音者曰"霿"讀若"蒙"，"圛"讀若"驛"。此釋其音，非謂某字即可作某字也。讀者不察，以音代字，徑改爲"蒙"與"驛"，失其義遠矣。

若夫"克"者，如祲氣之色相犯，非兆相交錯之謂也。《周禮》眡祲掌十煇，一曰祲祲者，言陰陽气相侵也。按《字書•克部》："克，肩也。上從占，下從水。"或解爲"侵克"，或解爲"交錯"，皆就其下之"水"爲説。然"勝物"謂之"克"。《易》曰："大師克相遇。"《左傳•莊十一年》："得儁曰克。"無"交錯"義，則"祲气"之説是也。

至如内卦爲"貞"，外卦爲"悔"。貞，正也；悔，當作𣇵。"𣇵"猶"晦"。晦，言終也。《字書•卜部》："貞，卜問也，從卜貝，以爲贄。"𣇵，《易》卦之上體也，從卜，每聲。"是古人本作𣇵，非"悔吝"之"悔"也。且"貞"既從"卜"，則𣇵亦從"卜"無疑。今從"悔"者，亦"霿""蒙""驛"之類耳。

嗟乎！古人往矣，而其文幾經俗儒竄亂，以至於顛倒錯誤如此類者，可勝道哉！是宜仍從舊文爲當。

曰雨，曰霽，曰蒙，曰驛，曰克，曰貞，曰悔

（丁撫憲課八名）

李法坤

歷舉卜筮之法，可與六書互參焉。夫雨、霽、蒙、驛、克、貞、悔，其取義固得形聲、轉注、假借之例也。歷舉其法，不可與六書互參歟？

嘗觀六書之例，首列形聲。至依聲託字，本無其義，則假借生

焉。依形作字，引意相受，則轉注起焉。聖人本六書以觀兆，於形之可象者定其主名，聲之可諧者別其精義。至於形無可象，聲無可諧者，復爲之就其形而引伸以他訓，依其聲而會通以別名，因文考義之中，具見觀象玩占之妙焉。竊嘗讀《洪範》七稽疑命卜筮之法，而得其義矣。

曷以命卜筮哉？夫卜筮之法，不有所謂雨、霽、蒙、驛、克、貞、悔者哉？"雨"者何？象形字也。"一"象天，"冂"象雲，水霝其間也。古文作"𩂖"，故曰："雨，羽也，如鳥羽動則散也。"又作"宋"，故曰："雨，水氣也。"兆之象形以此。無論暴曰"涷"，久曰"淫"，疾曰"驟"，徐曰"零"，亦取其醲郁如將雨然。一曰"霽"。"霽"之從齊，義取諧聲。"霽"又從雨，體兼會意。本文作"濟"。"濟""霽"皆從齊聲，故謂之諧聲字也。凡古云"止"多曰"濟"，《詩‧載馳》："不能旋濟。"又有謂"霜雪不濟""大風濟"，是其義矣。兆之諧聲以"霽"，又在"雨"後，盡取"雨止"也。

至於蒙，從艸，冢聲，亦諧聲字也。"蒙"當作"雺"，天氣下、地不應曰"雺"。古作"霿"，或作"霜"，又作"霧"。三者不同，皆音闇也。"雺"轉爲"蒙"，以聲相通，故得通也。兆象得此，亦見日光不明，蒙蒙然也。

何謂"驛"？"圛"之假借也。回行曰"圛"，升雲半有半無曰"圛"，駱驛連屬曰"圛"，霍驛消滅曰"圛"，色澤光明曰"圛"。"圛"之義廣矣，眾矣。兆假借爲"驛"，蓋"蒙"取陰闇，此取光明，亦互文，亦對舉也。古文作"悌"，或"婛"，作"弟"，別作"涕"，誤作"洟"，皆假借而遞變也，非"驛"本義也。

至於"克"，肩也。古文"𠅏"又爲"㯓"，以肩任物曰"克"。物高於肩，故從高。"婛"下象肩形，本象形字。兆取乎"克"，亦"剋"之轉注也。剋，勝也；克，亦勝也，言以力相勝也。《易》曰："大師克相遇。"《禮》曰："我戰則克。"皆言勝也。或言相侵，或言相犯，蓋侵則勝，犯亦勝，詞雖異，義實同也。轉注爲"克"，言陰陽相勝，"克"殆似之矣。

若夫"貞"，卜問也。从卜貝以爲贄。古文以"貝"爲"鼎"，故亦爲"鼎""婦"聲。貞，上从卜，下从鼎，象形而兼會意者也。兆以"貞"爲正，蓋假借字也，蓋卜問必以正。爻从下起，則以下爲正也；卦由內主，則以內爲正也。故曰"貞"。

若夫"悔"，古文作"毎"。"貞"从卜，"悔"亦當从卜也。經傳多以"悔"爲之。蓋"悔"之轉注爲"吝"，爲"凶"，亦爲"咎"。兆以此終，亦"悔"之假借也。"悔"猶"終"也，其本文實"毎"也。後人混作"心"部之"悔"，"毎"字遂廢。惟《易》說引此作"毎"，其古義猶未盡泯也。

卜筮之古兆如此，非與六書之義相表裏歟？

稱彼兕觥，萬壽無疆

（丁撫憲課一名）

袁嘉毅

舉觥頌壽，質而文也。夫稱觥於君，民何質也？頌之曰"萬壽無疆"，郁郁乎文哉！

且自虛文日熾，上索下而下奉之，上驕下而下諛之。淺者曰："周人尚文，弊流至此。"不知文不可勝質，質亦不可勝文。周文之盛也，其始固寓於質中，雖以下民區區，而酒禮之微，頌禱之善，彬彬乎文質備焉！不質不足以親君；不文不足以尊君。躋彼公堂，是以民而上君之堂也。

或曰："公堂，學校也，民升序學之上也。"或曰："君饗臣而正齒位，躋者臣而非民也。"夫眾說之異，一準乎經；經義之湮，求通其理。納稼滌場之民，繼以躋堂，堂不必屬之序學，躋不必屬之臣也。

試進徵其質，述其文。質莫質於君門萬里，葵以向君；尤莫質於媚茲一人，芹以獻君。君曰："嘻！念爾民勞，其勿用獻。"而民也且熙熙而來，攜者壺，挈者榼，殷殷而爭以觥獻。觥者何？鄉飲酒禮。所謂獻用爵，其他用觶是也。以兕爲之，與角爵、角觶等。如曰"兕觥"，罰爵所以誓眾。訓非不古，理則未通。《卷耳》之詩，"兕觥"與"金罍"並舉，將何所誓而何所罰耶？

天下惟分之殊者，賞罰行焉。既略乎分而言情，罰安用者？況豳民之稱"觥"也，非止稱"觥"，將以稱"壽"。方競競以示罰，忽離離而稱壽。於物理不相協，於經文不相屬也。夫條桑而爲公子裳，于貉而爲公子裘，其于豜也，且獻于公，何獨於稱"觥"爲疑？

雖然，親而忘尊，民之質也；親而復尊，民之文也。天子之貴，富有四海，富貴勿祝，祝壽焉可也。八十、九十曰"耄"，百年曰"期頤"，壽未及萬，祝"萬壽"焉可也。特是"萬壽"之期終有竟時，君之壽而有竟時，豳民何忍虜之曰"無疆"？"無疆"即"無竟"也。傳《春秋》者曰："'疆'之爲言猶竟也。"烈文之惠我無疆，駉之思無疆，烈祖之申錫無疆，義無不合。或據楚茨之萬壽無疆，"疆"竟"界"也，通作"境"，言大壽竟之無有疆畔，斯亦傳《詩》舊説，而總之不離乎壽永者近是。

至於精通《禮·月令》者，引《詩》作"稱彼兕觥，受福無疆"。考《書·洪範》："壽列五福。""福""壽"異文，祝實無異。在《士冠禮》之祝詞，亦曰"眉壽萬年"。似"萬年"之詞，不專祝君。然而天子萬年，惟君爲宜。故豳民舉觴，迥非泛譽。

讀"爲此春酒，以介眉壽"之章，可以知豳民之事親養老；讀"稱彼兕觥，萬壽無疆"之句，可以知豳民之親上尊君歟歟！休哉，文質其彬彬乎！

稱彼兕觥，萬壽無疆

（丁撫憲課五名）

秦光玉

舉罰爵而祝高年，立教也。蓋以"兕觥"罰鄉人之失禮者，以"萬壽"祝鄉人之老者，皆立教也。

且自後世諧媚之風開，而臣民之在下者，動稱觴以祝聖天子之壽焉。論者不察，遂欲以後世頌禱之辭上測古昔，豈知古之時興養而後繼以立教？鄉之人有礙於教化者，則舉爵以罰之；鄉之人有繫於教化者，則引年以祝之。此皆先公立教意也。

躋彼公堂。公堂者何？學校也。即《周禮·黨正》以禮屬民，而飲酒於序者是也。獨是躋公堂而必稱兕觥者何哉？兕觥，罰爵也。考《地官·閭師》掌其比觵撻之事；《春官·小胥》掌學士之徵。令而比之，觵其不敬者。"觵"與"觥"同，故古書之言"兕觥"者，皆有罰之之意。當此閭人聚會之時，毋亦有長幼之失序歟？毋亦有出入不相友、守望不相助者歟？毋亦有不慈不孝、不愛不恭、不睦嫻不任邮者歟？爰稱"兕觥"以罰之。

雖然，稱"兕觥"，所以禁其失禮也。若夫從容化導，不識不知，濡染漸漬於禮法之中者，則有敬老之禮在。鄉飲酒之義，六十者坐，五十者侍；六十者三豆，七十者四豆，八十者五豆，九十者六豆。所謂"萬壽無疆"者，蓋舉鄉人之老者而禱祝之也，豈必頌人君始然哉？考之《士冠禮》，再加祝曰"眉壽萬年"，三加祝曰"黃耇無疆"。夫冠者尚可祝之，況老者乎？則以"萬壽無疆"爲祝鄉人之老者勿疑。

要之，《七月》一詩，多言養民之事。故絲麻布帛，所以資其衣服也，而皮裘爲之助矣。黍稷菽麥，所以資其飲食也，而蔬果爲之助矣。豳民至此，養之之道，美矣，備矣，蔑以加矣。豳公乃於農隙之時，行鄉飲之禮，躋公堂而謹庠序之教焉。曰"稱彼兕觥"者，所以垂非禮之戒也；曰"萬壽無疆"者，所以明養老之誼也。故曰立教也。

《易》："窮則變，變則通，通則久。是以自天祐之，吉无不利。"

（張學憲課二名）

袁嘉毅

《易》道由窮而得利，可釋文字錯簡之疑也。夫不知窮、變、通、久之道，則疑"變則通"爲衍文，"祐"爲誤字。經語悉爲錯簡，奚以見天祐之利耶？

且夫《易》之爲書也，變而通之以盡利者也。故釋《易》之名三，而變易居其一。天地不變，氣不能通；政教不變，時不能濟。況天地閉、政教衰之日，剝期其復，困期其升，是必曉以功效。曰化而裁之，謂之"變"；推而行之，謂之"通"；舉而措之，天下之民謂之事業。夫而後天道與易道成，經義不與異義，混如聖人制作，皆取諸易而獨謂黃帝、堯、舜通其變者，誠以天地變化，聖人效之。天道不能有通而無塞，《易》理豈能有達而無窮？ 天道且以變通配四時，《易》理豈以終窮悖天道乎？

是故言《易》，必言天；欲言通，先言窮。古之人有言："作有利於時，制有變於物者從；事有乖於數，法有戾於時者改。"故行於古有其迹，用於今无其功者，不可不變。觀其所感，感而遂通。天下之故，有親則可久，可久則賢。人之德，非天下之至變，其孰能與於此？ 或乃謂經以"窮""通"相對，"變則通"當爲衍文。不知非窮不變，非變不通，非通不久。使無變則通之文，則乾坤幾乎息矣，又安見其不息則久哉？

考《大有》，成革則窮，變通於蒙，蒙成益則窮，變通於恒。茲之引《大有·爻辭》，俾知坤爲自，乾爲天，兌爲祐，故自天祐之，坤爲順，乾爲信。天之所助者順，人之所助者信。履信思順，故吉无不利。利也者，即窮、變、通、久之利也。或疑"祐"古只作"右"，安在爲天之祐助？夫"右"誠古文也，從又從口。口不足而手助，其義與"祐"同，何必以祐爲誤乎？

至於疑窮、變、通、久之文，上下不倫，當爲上篇錯簡。天祐吉利，亦上篇之重出。夫庖犧作網罟，教民以取禽獸充食；民眾獸少，其道立窮。神農教播殖以變之，此窮變之大要也。古之經訓本明，上下豈不倫耶？矧《大有·上九》之辭，因觀象、觀變而一引，因天助、人助而再引，今因窮、變、通、久之理而三引。如曰重文錯簡，錯者僅一簡乎哉！

千古之經義，晦於疑經。經既晦，天道人道無往不晦。宜乎矯枉之論，謂"善《易》者不言《易》也"。夫《易》也，而可不言哉！言窮之可變通，變通之可久，則人道不至終窮；言通、久之爲吉，吉之爲利，則天道可以蒙祐，與陰陽相感召，與天地相始終，天人合一。此之謂《易》之道也，疑《易》何易！

天子乃命將帥選士厲兵，簡練桀俊，專任有功，以征不義。詰誅暴慢，以明好惡，順彼遠方

（張學憲課六名）

袁丕鏞

振武備以順遠方，助天地之義氣也。夫武備修於將帥，遠方之順也，宜也，大哉天子之命，非助天地之義氣乎？

今試令日域月窟，卉服氈廬，威懔秋霜，歸懷夏甸，則必內之政教煒爍乎王家，外之威棱震鑠乎軍府。聖天子申錫休命，而遴才則健軍虎變，制器則激矢蝱飛，任幽明暘昧之區，莫不狂狂榛榛，化其土風之悍。麟麟炳炳，彰其天性之公。夫豈好大喜功耶？抑南北東西無思不服，不忍使內嚮而怨曰："今獨曷爲遺己耳？"

孟秋之月，盛德在金。金，兵象也，是謂天地之義氣，常以嚴肅而爲心。越在遠方，其必懷此嚴肅，不勞天子慮耳。然而天子將將，將帥將兵，兵可百年不興，不可一日不備。觀夫立秋之日，賞軍帥武人於朝，君命重矣，請詳後命可乎？緣徑者雁耶？度梁者魚耶？仡仡勇夫，執干戈以衛社稷者，疇不矢同仇之志。特非帥師長子，則貪近功，忽遠略，其奚以義征不憝，早息兵而宣日月之光。屯谷者雲耶？鳴野者雷耶？桓桓介士，左縶弱而右忘歸者，疇不揚敵愾之聲？特非識拔人才，則失遠望。揖天威，又奚以向義偕來，厚賞功而壯風雲之氣。有是夫，士多而不選，則疲兵再戰，一豈當千？兵多而不屬，則器械不精，以卒予敵。

天子曰："嘻！爾將帥其克用命。"兵者，凶器，不得已而用之。有不義者，征之也，可夫？征之究非黷武也，不過欲靈蠢之眾，勿好人之所惡，勿惡人之所好耳。故當是時，千人之俊，萬人之桀，爲將帥所簡練者。凡閫以外，將軍制之，其任不可謂不專；非其種者，鋤而去之，其詰誅不可謂不肅。試問八荒之外，九地之下，氈裘君長，鞮譯戎蠻，有不順天子者其誰？夫遠方且順，彼暴下慢上之流，有不受治於有功者其誰？吾於是乎稱將帥，吾於是乎慶天子。庸臣誤人國家，往往畏敵如虎，甘心棄甲而逃軍。即令慷慨誓師，而櫛比屯營，真將軍真容輕許，況邊聲四起，制飛狐者幾人乎？茲何幸將帥同心，用兵以安民爲本，朝廷之懲勸，播於疆場，將見燋齒梟瞷，雄軍懾目，韋韝氄幕，利器忕心，順之爲言服也。其斯爲誠服心悅也乎！

上天弼我丕基，往往示弱於蠻戎，命僉壬而辱國。即命戎軒肇迹，而鉦聲震宇反側，子何以自安？況耀武九垓，搏猛獸者幾時乎！茲何幸天子聖哲，制夷以得將為先，華夏之聲威宣於沙漠，遂使離身反踵，先降後誅，髧首貫胸，遷善改過，順之通作循也。其斯為率循向化也乎？爰作頌曰：豹其略哉！虎其縛哉！天子義聲，懿乎鑠哉！

天子乃命將帥選士厲兵，簡練桀俊，專任有功，以征不義。詰誅暴慢，以明好惡，順彼遠方

（張學憲課十五名）

李熙仁

乘時講武，天威振而遠人服矣。夫選厲、簡練、任有功，皆天子命將帥之要務也，由是以伸征討之威。彼遠方之人，有不順之者哉？

且懷遠者莫如德。然徒知尚德，而不先示之威，則必至武備廢馳，國日益弱，而敵日益強矣。聖天子乘秋出令，整我戎行，凡教技藝、礪戈矛、拔才能諸大端，無不力求實際。彼包藏禍心、妄生覬覦者，未嘗不欲逞邪志而肆狡謀。迨天戈一揮，萬方歸命，然後知王者之師為無敵也。

賞軍帥武人於朝，以立秋耳。今夫秋也者，其氣主殺。氣既主殺，則凡可以殺者，宜及時斷之矣。天子若曰：“天道有舒即有慘；有國家，有文必有武，予敢不承天時、伸國威？”於是環顧廷臣，有可以任專閫之寄者，乃臨軒而命之曰：“兵，凶器也；戰，危道也，豈可

不講求於無事之日，而輕用於有事之日乎？今者師徒有未精者，汝其訓練之；器械有未利者，汝其鍛礪之；負不羈之才者，汝其錄取之；立非常之勳者，汝其信用之。此數端者，皆經武整軍之大略，闕一不可以爲治也。汝往欽哉，無有不繕。"

將軍於是再拜稽首，承命而往。召軍士而告之曰："士卒不精良，是以將予敵也；兵器不堅利，是以士予敵也。"賢豪之輩置以閒散，勳舊之臣屛諸草野，而身歷戎伍者多屬碌碌無能。承平之時，諸事上官，刻待軍士，私吞軍餉。嗚呼！欲其不以國予敵，烏可得耶？今與軍中約，士有老弱者汰之，驕悍者懲之，怠惰者戒之，而又教以尊君親上，有勇知方之道，是在選。士選矣，又在厲兵。夫兵器不一，或爲弓矢，或爲甲胄，或爲矛盾，或爲車乘。制造日奇，修繕宜亟，是在厲。士選，兵厲，遂可以用之乎？曰："未也。傑俊之才，尚未簡而練之也。"乃爲之朝取一人焉，拔其尤；暮取一人焉，拔其尤。迨試之，以事果能達時務、諳機宜而有功也，又必專任之，不以讒言疏，不以微嫌棄，如此，則武備修而天下無不順矣。

雖然，天下順豈易言哉？古昔盛時，聲教遠訖，德澤廣被，猶不免有苗民逆命，密人不恭；況三代以下，世變愈大，戰爭愈多。彼遠夷之人，富強自詡，負固不服。始則借互市而來，甚或要割我土地，凌侮我職官，苛虐我民人，侵奪我利權。將帥切齒，乃請於天子曰："是不義也，願征之。是暴慢也，願詰誅之。"天子乃赫然震怒，命將出師，以討其不庭。向之恃富強者，莫不聞風破膽。斯時也，梯山航海、納貢修幣者輻輳於闕下，蓋一人之好惡既明，斯萬方之歸順恐後。噫，何其隆也！

厥貢惟金三品

（張學憲課十名）

孫文達

貢金而詳其品，以別其色者，爲碻也。

夫金三品者，銅三色也。或以金、銀、銅當之，謬矣。烏足言揚州之貢？且《周禮》職方氏所稱，荊州利丹銀，揚州利金錫，故《禹貢》稱金三品者有二，荊與揚無異辭焉。

特《説經》謬説，則又以揚州貢金爲最。竊謂辨揚州之金，斯荊金自不辨而辨矣。然則將何説之？辨曰：詳其品，別其色，有經文可考，有地志可稽，有職官可據，此殆碻論歟？彼以金、銀、銅而附會其文者，吁，陋已！金、銀、銅之説，説者一家，踵之者不一家。夫以金、銀、銅爲三品，統之曰金，分之亦曰金、銀、銅，有是理乎？噫，是殆不知品之別乎色也？然烏得不辨？

《禮運》曰："范金非銅，胡以修火？"《春秋》曰："賜金非銅，胡以鑄鐘？"《爾雅》曰："鉼金非銅，胡以祭帝？"考羣經之所載，金之爲銅，又昭昭矣。況《釋器》以黃金爲鏐，白金爲銀。鏐、銀備舉於他州，似淮海徵財，不必載從同之獻。淮夷曰賂金，則銅誠美利。大屈曰寶金，則銅本奇珍。章山曰出金，則銅原恒産。稽大塊之所生，銅之在揚，又鑿鑿矣。況章郡無麗水濫金、華山鎔金，濫鎔遠來於異域，則彭湖達貢，當必輸獨異之珍。卝人曰："掌金，則銅可識其器。"鼓司曰："奏金，則銅可聆其音。"𣪊氏曰："攻金，則銅可別其質。"據庶官之所掌，銅之名金，又明明矣。況《考工》之"削金爲劍，爍金爲刀"，刀劍業取於殊方，豈吳越呈材不復需擅長之用？金，固銅也，非金、銀、銅也。蓋鉛書於冀，錯書於荊，銀、鏤、鏐、鐵書於

259

梁,而銅獨無聞,故知金爲銅也。

　　且三品者,三色,曰青,曰赤,曰白。或鼎鐘之用,或槃盂之用,或錢幣之用,均帝都所急需者。禹以揚州貢此,取之有節,用之有度,豈猶有流弊耶? 雖然,難言矣。混沌之竅之日鑿日開也,世主嗜欲無厭,輒欲罄宇内菁華。駢羅府庫,乃鼓鑄置官,奸吏假朝廷而工聚斂,阜通師古,窮黎苦山海而通流亡,利不在國,殃實在民。以兆姓之脂膏,供數人之中飽,古今來誅求之弊,有因貢金而厲民者矣。以三品限其程,豈猶滋擾乎?

　　上不貪,下不匱;内不匱,外不貧,此聖王微意也,而采金求金之詔可勿興。錐刀之源之彌爭彌亂也。愚民貪婪成性,亦欲綜人間財富,充塞橐囊,乃招亡命以鑿山,利未興而禍已伏。惑上心以銷幣,財未足而釁已開。吏脅於前,兵威於後,以羣黎之谿壑,蓄累世之隱憂,天地間搜括之災,有因貢金而釀亂者矣。

　　以三品明其制,何至招尤乎? 爭者平,讓者裕,悍者化,勤者豐,此盛世宏規也。而盜金殉金之風可自革。世有飭八材開九府者耶? 知三品别色之義,雖百世行之可也,獨禹乎哉!

四月秀葽

（李藩憲課七名）

吳　琨

　　《豳詩》始詠"秀葽",宜審其音以詁其字矣。

　　夫"秀葽",即《夏小正》所載"秀幽"是也。《詩》以之詠四月,非審其音以詁其字哉? 且《豳風》一詩,紀物之生,與生物之候,大畧與《夏小正》相同。凡《詩》所不易知之物,皆可於《夏小正》徵之也。

　　自説《詩》者不知《夏小正》爲何書,而於《詩》中所詠之物又不能審其音，詁其字，於是"秀葽"與"秀幽"遠相迥別。豈知《詩》言"四月秀葽"，而《夏小正·四月》亦言"秀幽"？其時既同，其字與音亦不甚相遠。使學者於音學、小學果能爲之三致意焉，則《詩》言"秀葽"自得所碻據已。

顧或者曰："物生，自秀葽始。"《夏小正·四月》"王萯秀葽"其是乎？奚獨以"秀幽"當之與？不知後儒以"王萯"爲"葽"，皆泥《四月》之文，遂以《夏小正》"王萯秀"當之，非也。"王萯"即《月令》所謂"王瓜生"，古注所云"括蔞"是也，於"葽"之義何切？且葽，草也；王瓜，果也。安得疑"葽"即《月令》之"王瓜"耶？

曰：然則"葽"之碻訓，當從何説？曰：《詩》之"秀葽"，疑即《夏小正》之"秀幽"。"幽""葽"同聲，以《詩》之"秀葽"當《夏小正》之"秀幽"，義不較"王萯"爲當乎？且"葽""幽"同音，古故通用；其草幼小，故得此稱。"幽"從"丝"。丝，小也。前儒謂目之纖好者曰"要眇"，然則"要"亦有"小"義也。故曰"葽"曰"幽"，皆取"幼小"之義而已。

至於"葽"之爲草，前儒雖未明言，據《爾雅·釋草》云："葽，繞棘蒬。短言之則曰葽曰幽，長言之則曰葽繞。"其爲一物，可知也。"葽繞"即今之遠志，一名小草。其所以名"小草"，即古人"葽""幽"之義也。遠志味最苦，則證以前儒"苦葽"之訓益碻。或曰：遠志以三月開華，與《詩》言"四月"，毋乃不符？況不榮而實曰"秀"，小草有華，又安得云"秀"耶？曰：秀，從禾，實下垂，吐華非本訓也。此詩以成物之始紀將寒之漸，其言秀者，專取成實之義。小草以三月開華，正當以四月成實，又何所疑與？不榮而實曰"秀"，榮而實者亦曰"秀"，如黍稷言"方華"，又言"實秀"之類是也。

故要而論之，"秀葽"即《夏小正》所謂"秀幽"是也。而其所以爲"遠志"爲"苦葽"者，皆繼起之名也。使學者審乎"葽"之音與"幽"同，"葽"之字與幽同，即"秀"之字亦與"實秀"之"秀"同，則

《詩》言"四月秀葽"自得所碻,據矣。故曰:審其音以詁其字,可知也。

黄裳元吉,文在中也

（李藩憲課十名）

孫文達

繹黄裳之象,以戒辭爲碻也。夫曰"文在中",是闇然曰章之義。黄裳之占元吉,蓋取諸此,其以爲戒辭益碻。

且《坤卦》黄裳一解,説經家聚訟尤繁,言臣道者一家,言君德者一家,言陰象居尊位者又一家。然大都見文明之著,而不知著之有藏;見文治之光,而不知光之有斂。竊嘗折衷羣説,考鑑百家,覺《坤》有炳炳麟麟之象,要皆有含蓄不露之精義存焉。噫,其儆戒微矣! 不然,釋《黄裳》者亦眾矣。

或者曰:卿士蟻裳,太保彤裳,大夫纁裳。"裳"固臣之宜也。《坤》承天而有人臣之道,其筮諸裳者,明矣。別縹緃紫紅而表之曰黄。黄原正色。夫亦謂聖朝黼黻,非正士無以佐昇平。或又曰:《風詩·繡裳》:"壁書繪裳,犧易垂裳。""裳"又君之制也。《坤·五爻》而有人君之度,其象諸裳者,允矣。外紺緅赤黑而取之曰黄。黄屬中央。夫亦謂海寓觀瞻,惟居中足以宣諭誥。或更曰:"深衣,裳二尺。"《爾雅》:"裳,六幅。"《周禮》:"裳,四章。""裳"又位之卑也。《坤》六五而有居位之規,其占諸裳者,當矣。綜正變奇邪而目之曰黄。黄仍受采。夫亦謂靈埏質陋,非采色無以著光華。

之數説也,言黄裳亦近之矣。特言質者不必言文,言外者不必言中。不失之鑿,必失之疏;不失之拘,必失之誕,豈《坤》所占"元吉"之意歟? 雖然,我知之矣。稽染職於天官,色澤倍昭其燦爛。

然春曰"暴練"，夏曰"纁玄"，秋曰"染夏"，冬曰"獻功"。雖極擬人間富麗，而英華過露，於《坤》之文采未符也。裳而重之以黃，黃者，色之中。《坤》殆有蘊蓄於中者焉？寶精華於大塊，故貢珍以黃壤稱良；昭樸質於方隅，故祭典以冠裳致敬。惡文之著以在中者，防其著黃裳之文，文之所謂"彬彬"也。試問諸鍾氏《染羽》《考工》《練絲》，當必以匿采韜光爲貴。彼經生誤會，或不免發洩太盡之憂。考服儀於《玉藻》，典章備極其輝煌。然天子玄組綏，公侯朱組綏，大夫純組綏，世子綦組綏，縱甚稱皇古規模，而位置過高，於《坤》之文章弗協也。黃而繫之以裳，裳者，飾之下，《坤》若有撝謙於下者焉。挹和光於審慎，似裳之在笥，懍於書瞻；愉色於謹嚴，似裳之章身，詳於傅慮。文之浮以在中者，斂其浮。

黃裳之文，文之所云"郁郁"也，試稽諸儒行易衣。宗伯命服，率皆以衒華佩實爲尊，彼後學誇張，或轉失謙尊而光之義。曰"文在中"，明明文在內而不在外，是即"衣錦尚絅"意也。《坤》其有憂患乎？故曰：以戒辭爲碻。

君子以自彊不息

（堂課一名）

袁嘉穀

《易》重自修，於法天之君子見之矣。夫不息在彊，彊在自，斯乾健之義也，君子以之。

今試舉疏經者之說曰："君臨上位，子愛下民。通天地諸侯，兼公卿大夫有地者，皆以人而法天。"夫以人法天是也，獨不知君子爲成德通名，幾令無位之士，或逆天，或違天，失弱失怠而不悟，惡乎其爲善釋經？果善釋經，則人人可爲君子。人人自務爲君子，人人無非法天之君子。天乎蒼蒼者,其正色乎? 其遠而無所至極乎? 姑論其行焉可也。日夜相代乎前,其行盡如馳而莫之能止,姑以爲健焉可也。吾始以爲知天之所爲也,乃今而知人之所爲者至矣。天亦一君子也,君子亦一天也?

吾言天,吾言君子生天之下,不知其凡幾也;共君子而立,不知其凡幾也。將盡人而語之曰:爾身即君子之身,盍學諸? 可也;將盡人而助之曰:爾無學,我成爾君子之學。則不可。何則? 君子之學,彊彊者,自彊也,將伯莫由而助也。山石莫由而攻也,監史莫由而立也。彊顧由人乎哉? 且夫弓有力謂之彊,人有志謂之彊,彊即强也。《記》曰:"知困,然後能自强。"又曰:"强立而不反。"又曰:"强焉日有孳孳。"惟知困,故志立;惟不反,故志堅;惟日有孳孳,故志於學而不息。

《記》曰:"至誠,無息不息。"則久至誠者天道;君子其即天道之至誠哉! 君子哉堯舜也! 一日萬幾而不待禹稷皋夔之助之。君子哉文王也! 日昃不遑,而不待太公散宜生之助之。顧今世無堯舜、文王,即人之助之,彊於何有? 即彊亦偶然爲之,不息何有?

噫! 人道之不行,天道之不明也。夫秉輕清之氣而御氣以遊無窮者,彼且惡乎待哉? 我有一國,一國自彊;我有一家,一家自彊;我有一身,一身自彊。彊則未有或息者,而要不過法天而已矣。欲知自修,不可以不知君子;欲知君子,不可以不知天。

有天地,然後萬物生焉

(堂課一名)

袁嘉穀

觀《序卦》所託始,道不在,天地先也。夫天地,乾坤也。夫子序《卦》,首及天地之生物,道豈在天地之先乎?

今有恒言,有物混成;先天地生,不知其名,彊名曰道。若是乎,道真居天地先也。不知六合以外,聖人不論,法象莫大乎天地,豈必舍天地而論法象耶?試觀夫狉狉榛榛,林林總總,無靈無蠢,天生之,地生之,即謂道生之可也。知此可以論《序卦》託始之旨。

厥旨維何?曰:始乾坤。乾之策,二百一十有六;坤之策,百四十有四。二篇之策,萬有一千五百二十,當萬物之數也。是知萬物之數,無不統繫於乾坤。《易卦》首之,誠以乾坤毀即無以見《易》也。然非《序》之以表之,惡乎可?乾,天也。天之道爲乾,乾之形爲天。坤,地也。地之道爲坤,坤之形爲地。道也,形也,二而一也。故曰:"大哉乾元!萬物資始,乃統天。至哉坤元!萬物資生,乃順承天。"資始資生之不已,故曰乾。其靜也專,其動也直。是以大生焉,坤其靜也,翕其動也,闢是以廣生焉。廣大配乎天地,故曰天尊地卑,乾坤定矣。天地之大德曰生,故曰生生之謂《易》。《易》有太極,是生兩儀。兩儀生四象,四象生八卦。聖人始作《八卦》,以類萬物之情,蓋所謂天地設位,聖人成能者。而天地絪縕,萬物化生之道,不於茲益信矣乎?

嘗聞之緯《易》者矣。乾坤者,陰陽之根本,萬物之祖宗,爲上篇始者尊之也。陰陽用事,長養萬物。天地不通,萬物不蕃;不易之理,昭昭無疑。又聞之注《易》者矣,物雖有先天地而生者,今正取始於天地。天地之先,聖人弗之論也。託始之義,更昭昭而無疑。乃言《易》之士,拘拘於先天地而有道之說,謂有太易,有太初,有太始,有太素。太素渾淪,萬物不雜;愈求愈深,愈先愈渺。考天地生萬物之古訓,已力斥後世浮華之學,彊支離道義之門,求入虛誕之域,傷政害民,故其所取法象,必自天地而還。

大哉《易》矣,斯其至矣,學於古訓乃有獲,猶信。

有天地，然後萬物生焉

（堂課二名）

席聘臣

天地定位，生機暢矣。夫未有天地，何有萬物？生生不已，兩大之功，《序卦》必先。可推其故。

粵稽洪濛之世，陰陽軖軖，剛柔鰩鰩。圜矩錯殽，洞洞震盪。沌沌乎無物之可名矣。洎夫玄黃剖判，動靜攸分，輕清者上浮爲天，重濁者下凝爲地。於是資生資始，壹壹渾元，成象成形，芸生蕃庶。二氣之機緘既啟，兩間之橐籥潛司。曩者榛榛狉狉，莫不游焉泳焉。歸陶融而欽包舉焉，則因氤氳之萃紐者，神也。

《序卦》而首及乾坤。夫乾，天也；坤，地也。天下之物，無一不爲天地所覆載，盡人知之矣。然試思天地未分以前，無所謂生，一無所謂萬物。天地既分以後，欣欣牲牲，始有形質之可求焉。是天地之有功於萬物，又不僅覆之載之，蓋能生之也。能生則天地處萬物之先，萬物不居天地之後乎？

今夫天地亦大矣，萬物亦繁矣。鱗萃鳥纍，物殊其方。跂行喙息，物判其族。鶉居鷇處，物分其彙。蠉飛蠕動，物別其性。裸離毛屬，物異其情。曠觀海內，亦讋聞罕漫而難昭察矣。乃欲神蕊質茹，氣煦形嘔，饗歙夷榮。驅駧靡闋，稍有所遺。嘻曷能濟，豈知一有未生，不足言生；一生未遂，不足以言天地？

我觀天之生物也，雨以潤之，日以暄之，皆生也。風以振之，露以霑之，皆生也。霜雪以搖落之，雷霆以鼓盪之，迹雖有類於殺，其實殺之正以生之也。又觀地之生物也，滋之者泉，培之者土；鍾毓之者山川，無論植物動物，皆使之得其所，暢其天，各正其性命。苟非乾綱隆眷，坤元效靈，孰克臻於斯？或者疑庶類紛繁，詵詵蠢蠢。幼而撫育之者，父母。剛則瓻，柔則坯；斜則偏，欹則傾。長而裁成之者，君相。況大造不言造，化工不言工，又何必遠溯蒼穹，廣稱赤縣？

謂非此不足以言生哉，乃何以問之君相？君相不居；問之父母，父母曰匪予。終古來物生不一，一任天地胎之，胚之，亭之，毒之，俾形形色色，怪怪奇奇，罔歖罔阨，日游於宇宙而不自知。

有天地，然後萬物生焉

（堂課三名）

馬燦奎

有天地乃有萬物，可以識大生廣生之義也。

夫萬物，非天地不能生；然未有天地，則萬物亦無自生也。《易》故首序乾坤，而更明大生、廣生之義歟？且天地之大德曰生，勿論爲"大生"，爲"廣生"，皆必有所以生生之道。是天地者，萬物之祖也。然天地能生物，而未有天地之始，必不能生物。此萬物後天地而生，天地先萬物而有。

蓋嘗觀於開闢以來，而知生天生地生萬物。夫固一生，而無不生焉，何言之？一氣之胚胎未兆，杳冥沕穆，在天地亦本無其主名，則混混沌沌，以莫形而茫茫者，曷可窺之無朕？兩儀之闒闢既分上下高卑，在天地已各昭其法象，則沖沖漠漠以交錯，而冥冥者直可會之一元。若是乎天地之有也。

然當其未有，則必有生乎天者。約天地於未有天地之先，而天地之真宰以定。抑當其既有，則必有主乎天者。妙天地於既有天地之後，而天地之變化以神，真宰定則化育成，而覆載攸分。

早有以蘊樞紐萬物之妙，變化神則氣機暢，而玄黃始判。遂有以昭發育萬物之功。然後剛與柔爲變通。二氣所充周，實有是兩而化一而神者，純純乎握其機於保合太和之表。而苞符之秘既啓，舉宇宙間形形色色，莫不得天地之氣，而摩盪相生。生於是乎罔極焉，陰與陽相合撰，五□□嬗實有是確然易隤。然簡者，淵淵乎執其樞於清穆無眹之中，而絪縕之氣既通，極天壤内，見見聞聞，莫不鍾天地之靈而滋生不已。生於是乎，靡窮焉，萬物不能終古而不敝，而有天地以上蟠下際，生理自萬古而常昭。未生必生，啟物之蒙；既生益生，大物之畜；無生皆生，俟物之復；不生亦生，順物之歸。闡其化於鴻濛頹洞之間，生物所以徵不測也。以是爲天地之大焉而已。

天地自足，悠久而無疆，而生萬物於名山大川，生機更無時而或滯。靈蠢皆生，生物類順。常怪並生，生物量宏。古今長生，生物道恒。中外咸生，生物途廣。運其機於穹窿，虛霩之内，於穆所以稱不已也。以是爲天地之神焉而已。故曰：有天地，乃有萬物也。

有天地，然後萬物生焉

（堂課六名）

丁庶凝

觀萬物於天地，而知乾坤之爲卦首也。

夫無天地，而萬物不生，猶無乾坤而諸卦不生也。仰觀天地，不可喻乾坤之爲卦首哉！

且吾説卦，而謂乾爲天，坤爲地。誠以天地爲萬物之本，亦猶乾坤爲諸卦之本也。卦必有所由起，乾坤變而諸卦始成。物必有所自來，天地和而萬物始備。事雖兩橛，而道實貫通。觀天地即謂觀乾坤，可也。言天地之生萬物，即不復言乾坤之首諸卦，亦可也。

聖人作《易》，何以有卦？而卦何以有序哉？今夫卦也者，天地萬物之法象也。蠕蠕者其動物耶？吾不知其幾千萬也。蓬蓬者其植物耶？吾不知其幾千萬也。上升下藏者，其飛物潛物耶？吾亦不知幾千萬也。天地動植飛潛之物，無時不有，亦無地不有，問其故，人蓋莫不知之矣。曰：生也，獨是物之動者生於動，物之植者生於植，物之飛者潛者生於飛與潛。有母也，有子也，生生不已，而有此萬物，是誠然也。

顧此動、植、飛、潛之物，子生於母。而溯其最初之母，又何所生耶？嗚呼！將不歸之天地，不得矣。今夫天，吾不知其始於何時也；今夫地，吾亦不知其始於何時也。即其始生，動、植、飛、潛之物之最初之母，果在何時？吾亦不得而知矣。第動物也，植物也，飛物、潛物也，無論其子，其最初之母，皆生天地之裏而未或出於其表。然則有天地然後有萬物，此不亦顯然易見耶？

抑聞之，太極動而生陽，氣輕清上浮者爲天；太極靜而生陰，氣重濁下凝者爲地。天數又一動生水，地二靜生火，天三生木，地四生金，天五生土，爲五行，五行生萬物。天，氣也；地，氣也，萬物亦皆陰陽之氣所化生而成。是故有天地，然後萬物生也。知此可以言卦，可以言卦序，可以言卦序之首乾坤，並可不必明言卦序之首乎乾坤。

有天地，然後萬物生焉

（堂課十名）

錢良驥

萬物化生，天地之功也。蓋非天地，則二氣不交；不交則萬物無由生。物而生也，天地之功不可忘。今夫物之遍兩間者，攘攘其眾乎？以物生物，其生也，物自生也，罔能分其功也。以物化物，其化也，物自化也，罔能助以力也。自生自化，自消自息，循乎自然，孰與爲力？

雖然，乾，陽也；坤，陰也，微陰陽而物克生，吾不信也。秉陽氣而生者，□□物乎？孰鼓盪是？孰含孕是？孰以陽氣磅礴之而育乎是？秉陰氣而生者，其植物乎？春榮夏實，孰絪縕之。秋殺冬零，孰披拂之？胎生者足。上古始生物，時果孰爲之胎？卵生者翅。上古物始生時，果孰爲之卵？意者形形色色，其自爲主張耶？意者生生化化，其自爲消長耶？意者萬物之生，其自生耶？未有生之者耶？羽者何以兩其足？角者何以去上齒？潛者胡不生於山？植者胡不生於水？之凡物者自生耶？自生，胡不自全耶？將有生之者耶？果孰生之耶？人處萬物之中，何以獨靈於萬物？其人能自靈乎？人能自靈，萬物胡不自靈乎？《禹貢》所書，聖人能取之。聖人胡不能生之？六經所載，古傳雜文所誌，君子能識之，君子胡不能生之？

噫，生化之妙，吾不得而知也。君子曰：桼爲而不知，物之受生，天也，地也。天氣屬陽，地氣屬陰；陽下降，陰上騰，陰陽交合，萬物生焉。絪縕之，含孕之，鼓盪之，品物於以亨，羣生於以遂。雷動風散，發其機也；雨潤日暄，□其氣也；□生消息，順乎運也；潛植羽足,得其偏也;惟人最靈,得乎正也。

　　而何疑乎物之生,而何昧乎生之理? 曰:非天地,而物克生乎? 曰:男無女,女無男,何以能育? 此其小也。以小喻大,陽不降,陰不升,二氣不交,萬物雖欲生,烏乎生? 曰:然則乾,父也;則坤,母也,萬物其出者也。